행복을 파는 브랜드,
오롤리데이

행복을 파는 브랜드,
오롤리데이

2022년 04월 07일 초판 01쇄 발행
2023년 02월 15일 초판 06쇄 발행

발행인 이규상 편집인 임현숙
편집팀 김은영 문지연 이은영 강정민 정윤정 고은솔 교정교열 이정현
디자인팀 최희민 권지혜 두형주 마케팅팀 이성수 김별 강소희 이채영 김희진
경영관리팀 강현덕 김하나 이순복

펴낸곳 (주)백도씨
출판등록 제2012-000170호(2007년 6월 22일)
주소 03044 서울시 종로구 효자로7길 23, 3층(통의동 7-33)
전화 02 3443 0311(편집) 02 3012 0117(마케팅) 팩스 02 3012 3010
이메일 book@100doci.com(편집·원고 투고) valva@100doci.com(유통·사업 제휴)
포스트 post.naver.com/black-fish 블로그 blog.naver.com/black-fish
인스타그램 @blackfish_book

ISBN 978-89-6833-371-2 03320
ⓒ박신후, 2022, Printed in Korea

행복을 파는 브랜드, 오롤리데이

좋아하는 것을
의미 있는 일로 만드는 사람들의
일과 삶을 넘나드는
브랜딩 철학

박신후 지음

블랙피쉬
Black Fish

추 천 의 글

나다운 일을 하면서 세상의 격려와 사랑까지 받을 수 있다면 얼마나 짜릿할까. 하지만 모두가 알다시피 그 과정은 결코 늘 즐겁지만은 않다. 모두의 행복에 진심인 브랜드, 오롤리데이의 박신후 대표는 그 어려운 일을 해내면서도 만나는 사람마다 동기와 에너지를 불어넣기로 유명하다. 오랫동안 그를 지켜본 사람으로서 책을 쓴다니 얼마나 귀한 노하우와 실전 지식을 담아냈을까 한껏 기대했는데, 읽어 보니 기대를 훌쩍 뛰어넘는 솔직함과 진정성에 또 반해 버리고 말았다. 하나라도 더 알려 주려고 작정을 했구나!

나만의 취향이 녹아 있는 브랜드를 만들고, 함께할 동료를 만들고, '찐팬'과 소통하며 더 멋진 미래를 그리는 오롤리데이 8년의 역사를 기꺼이 나눠 줘서 고맙다. 작은 브랜드를 시작하려는 이들에겐 백과사전이자 치유서가 될 이 책을 행복한 마음 담아 추천한다.

- 김소영(방송인, 책발전소 대표)

브랜드 팬덤의 시대. 오롤리데이는 브랜드의 소비자를 넘어 서로를 응원하는 팬덤과 함께 건강한 성장을 이끌어 내는 단단한 브랜드다. 오롤리데이의 메시지에는 그들만의 목소리가 존재하고, 그들의 웃음이 담겨 있다. 정체성이 확실한 브랜드의 성장은 그들이 치열하게 고민하며 용감하게 행동했던 모든 시간을 통해서 증명된다. 오늘도 오롤리데이의 못난이와 함께 입꼬리를 씩 올리며 웃어 본다.

- 서은아(메타 글로벌 비즈니스 마케팅 상무)

떠올리기만 해도 기분 좋아지는 브랜드, 오롤리데이의 브랜딩 스토리를 기록한 흥미진진한 책이다. 박신후 대표가 자신이 좋아하는 일을 하기 위해 어떻게 오롤리데이를 시작했고, 많은 부침 속에서 어떻게 브랜드를 만들어 나갔는지 여실히 보여 준다. 이제는 20명이 넘는 구성원과 함께 브랜드를 이끌어 나간다. 한 명의 개인에서 조직의 대표로서 겪은 시행착오들, 지금은 어떤 생각으로 브랜드를 만들어 가고 있는지 구체적으로 기록돼 있다. 나만의 브랜드를 만들고 싶은 사람들에겐 이보다 좋은 지침서는 없을 것이다. 변화를 만들고 싶은 사람들에겐 두려움보단 할 수 있다는 용기를 줄 것이다. 무모해 보일지라도 늘 자신감 넘치고 사랑스러운 오롤리데이의 이야기를 당신의 책장에 꼭 소장해 두기를 바란다.

- 이승희(마케터, 《기록의 쓸모》《별게 다 영감》 저자)

안녕하세요. 롤리입니다. 네, '오롤리데이'의 그 '롤리' 맞습니다. 제 이름을 걸고 사업을 시작한 지 벌써 9년 차에 접어들었네요. 대단한 꿈과 야망을 갖고 시작한 건 아니었어요. 그냥 저와 맞지 않는 회사에 다니기 힘들었고, 주도적으로 할 수 있는 일을 찾다 보니 그게 사업이 됐네요.

"초심을 잃지 말고 잘하자" "초심으로 돌아가자"라는 말을 많이 하잖아요? 고백하자면, 저에겐 '초심'이라는 게 존재하지 않아요. 왜냐하면 처음엔 정말 가벼운 마음으로 시작했거든요. 그 당시 제가 가장 잘할 수 있는 일을 찾아서 하다 보니 그게 오롤리데이였는데 어느새 오롤리데이는 제 삶의 전부가 되고, 누군가의 삶에 영향을 주기도 하는 번듯한 브랜드가 돼 있네요. 그래서 저에겐 초심보다 지금 이 순간의 마음, '현심(現心)'의 힘이 더 커요. 처음보다 지금이 훨씬 순수하게 열정적이고 진정성이 있으며, 거기다 묵직한 책임감이 저를 더 부지런히 움직이게 하거든요. 이 브랜드를 더 잘 이끌어 나가고 싶은 욕심이 날마다 커진달까요?

단 한 번도 '돈을 많이 벌고 싶어! 이 분야에서 최고가 될 거야!'라는 꿈을 가져 본 적이 없어요. 단지 제가 욕심이 나는 일에 최선을 다해 좋은 결과를 내고 싶었죠. 늘 쉽게 갈 수 있는 방법보다는 돌아가는 길을 택했던 것 같아요. 어릴 때부터 제 인생에는 유난히 고난이 많다고 생각했어요. 돌이켜 보니 그만큼 많이 도전했기 때문인 것 같아요. 고난과 실패가 많았던 만큼 성취와 성공도 있었죠. 오롤리데이는 제 인생에서 가장 큰 도전이고 성취고 성공이에요.

이 책에선 하나의 브랜드가 태어나고 8년간 성장해 나가는 과정을 '배'에 비유해 설명했어요. 조직이나 팀, 회사를 배에 비유하는 건 너무나 진부하고 상투적인 표현 같지만, 사실 그만한 비유 대상을 찾지 못했어요. 갈팡질팡하는 능력 없는 선장과 그를 따르는 선원들, 고장 난 내비게이션으로 인해 목적지를 찾지 못하고 위태롭게 흔들리는 배가 결국엔 선장과 선원의 성장으로 어떻게 변해 가는지. 그 과정에서 경험한 크고 작고 위대하고 하찮은 모든 것을 이 책에 담았습니다. 처음 이 일을 시작했을 때 저에게 그 크고 작고 하찮은 경험을 나눠 줄 누군가가 없어서 많이 어렵고 답답했거든요. 물론 어쩔 수 없이 맨땅에 헤딩한 경험이 저와 오롤리데이를 더 숙성시켰겠지만요. 그래도 소중하게 쓴 저의 이야기가 답을 찾고자 방황하는 누군가에게는 작은 실마리가,

위로와 공감이 필요한 누군가에게는 위로가 되면 좋겠습니다. 이 책이 모든 이에게 해답이 될 거라고 생각하진 않지만, 그래도 아주 작은 도움이라도 됐으면 하는 욕심이 생깁니다.

시작부터 대단한 브랜드는 없으며 과정이 순탄한 브랜드는 더더욱 없을 거예요. 매일이 고난이고 고비인 이 세계에서 '최선을 다한다'는 것은 더 이상 내세울 만한 자랑거리는 아니라고 생각해요. 치열하게 '우리의 것'을 '우리다운' 모습으로 쌓아 가 보세요. 오롤리데이도 진심을 다해 우리만이 부를 수 있는 노래를 오래도록 불러 보겠습니다.

2022년 3월, 봄이 시작될 즈음에
롤리(박신후) 드림

책에 등장하는, 오롤리데이를 만들어 가는 인물들을 소개합니다. 도전과 성취와 성공의 과정에서 제 마음을 가장 힘들게 한 것도, 풍요롭게 한 것도 '사람'이에요. 정성을 들이고 진심을 다하는 만큼 좋은 사람이 곁에 남고, 결국 그 사람들은 제 인생에서 돈과 명예와는 비할 수 없는 가장 값진 가치가 되더라고요. 그중 하나인 오롤리데이 팀원들에게 사랑과 존경의 마음을 전합니다.

해피어(happier) : happier는 영어 형용사인 happy(행복한)의 비교급(더 행복한)으로 쓰이는 단어입니다. happier는 오롤리데이의 미션을 설명하는데 가장 중요한 키워드입니다(자세한 이야기는 본문에서 다룰게요). '더 행복한'이라는 뜻과 동시에 오롤리데이에서는 '행복한 사람'이라는 뜻으로 쓰이기도 합니다. 영어에서 접미사 '-er'을 붙이면 보통 '~하는 사람'이라는 뜻이 되는데, 거기서 착안한 거예요. 우리는 오롤리데이의 모든 팀원을 비롯해 오롤리데이와 연관이 있는 모든 사람을 해피어라고 합니다. 오롤리데이를 구성하는 사람들 중 가장 중요한 '팬'을 부를 때도 해피어라고 합니다.

롤리 : 오롤리데이의 대표이자 이 책의 저자. 좋아하는 게 많고 행동력이 좋아 늘 새로운 일을 꾸밉니다. 자신으로 인해 누군가가 행복해지는 것에 굉장한 뿌듯함과 행복을 느낍니다.

 조쓰 : 오롤리데이의 이사이자 롤리의 남편. 롤리의 정신적 지주이며 팀원들의 든든한 아부지로, 회사에서 궂은일을 도맡아 하고 있습니다. 행복을 말하는 오롤리데이에서 일하지만 늘 행복이 어려운 사람입니다.

 뵤뵤(파트너 커뮤니케이터) : 2017년 겨울에 입사해 오롤리데이의 역사와 함께한 살아 있는 화석. 풀 네임은 '뵤뵤'지만 팀원 모두 그를 '뵤'라고 부릅니다. 일할 땐 냉철하나 가슴 안에는 따뜻한 소녀가 살고 있죠. 펭귄과 하늘을 좋아합니다.

 브라우니(메신저) : 2018년 봄에 파트타이머로 입사해 지금은 물류를 책임지는 메신저가 됐습니다. 말수가 매우 적지만 가끔 한마디씩 던질 때마다 모두를 빵빵 터뜨리는 재치꾼입니다. 포동포동하고 귀여운 고양이 두 마리의 집사입니다.

오미(해피어 커뮤니케이터) : 친절하지만 절대로 호락호락하지 않은 인물! 분리수거, 정리 정돈 등 규칙·규율에 엄격해서, 헐렁한 팀원이 있다면 오롤리데이의 '오은영 박사님'을 자처합니다(찰리가 갱생보이가 되는 데 큰 역할을 한 인물). 새로운 아이디어가 필요할 땐 반짝이는 아이디어를 제시하는 의외의 아이디어 뱅크이기도 하죠.

 에이미(디자이너) : 평상시 감정 표현이 풍부한 편이 아니라 예쁜 하늘을 보며 호들갑을 떨지도 않고 눈물도 많지 않아 한때는 로봇설이 있었지만, 그 누구보다 주변 사람들을 잘 챙기는 가슴 뜨거운 인물. 일에 대한 열정도 대단하지만 무엇보다 정말 웃깁니다. 적재적소에 치고 들어오는 찰진 드립은 그의 전매특허.

 호섭(마케터) : 입사와 동시에 20층짜리 사옥을 세우겠다던 순수한 야욕의 사나이. 뭐 하나에 집중하면 이름을 다섯 번 불러도 못 알아들을 만큼 집중력이 뛰어난 열정남이지만, 늘 안타까운 아재 개그를 시전해 동료들의 놀림(과 귀여움)을 받는 오롤리데이의 똥강아지 같은 인물입니다.

 다카포(마케터) : 오롤리데이의 모든 콘텐츠의 글을 담당합니다. 감성 지수가 남들에 비해 10배 정도는 높아 입사 초반에 롤리가 에세이 금지령을 내리기도 했죠. 우리에게 늘 서프라이즈 감동을 선사하는 오롤리데이의 최수종, 슈가걸, 용광로입니다.

야무(디자이너) : 오롤리데이의 만인의 연인. 귀여움이 사람으로 태어난다면 이런 모습이 아닐까 싶을 정도로 모든 팀원의 귀여움을 한 몸에 받는 인물입니다. 작고 동그랗고 말랑한 손으로 다양한 못난이의 모습을 만들어 갑니다. 롤리가 못난이의 엄마라면, 야무는 업어 키운 유모 정도?

 모나(해피어마트 프레젠터) : 부처님 같은 온화한 미소로 해피어마트를 방문하는 해피어들의 마음을 사로잡은 인물. 조곤조곤 상냥한 말투와 상대방도 같이 안 웃고는 못 배기는 눈웃음이 매력입니다. 해피어마트에 모나를 보러 오는 해피어가 많아질 정도!

 강(디자이너) : 누구와도 잘 어울리는 특급 친화력으로 입사와 동시에 완벽 적응한 오롤리데이의 분위기 메이커. 특유의 사투리 억양과 트렌디함으로 무장한 그의 드립에 오롤리데이 팀원들은 매일 깔깔깔 웃음을 터뜨립니다. (롤리를 제외하고) 오롤리데이에서 유일하게 인스타그램 인플루언서로 활동 중!

 나요(아이디에이터) : 굉장한 하이 텐션의 목소리와 행동으로 어디에 있든 존재감이 낭낭한 행복 바이러스. 특유의 말투와 하이 톤 목소리로 오롤리데이에서 성대모사를 가장 많이 당하는 인물이죠. '어떻게 하면 행복을 쉽게 설명할 수 있을까?'를 고민하는 것이 그의 일과입니다.

찰리(비디오그래퍼) : 오롤리데이의 모든 영상을 책임지는 찰리. 행동과 말, 생각이 독특한 인물입니다. 오롤리데이에 입사하자마자 담배를 끊고, 운동을 하고, 글을 쓰고, 투 두 리스트를 만들기 시작하며 오롤리데이의 공식 돌+l에서 갱생 보이로 다시 태어났습니다.

못난이 : 오롤리데이의 마스코트. 밝고 유쾌한 성격으로 주변 사람들을 함께 웃게 만드는 마력이 있습니다. 누군가를 기쁘게 할 때 가장 큰 행복을 느끼는 다정한 친구죠. 오롤리데이의 대표 모델로 열심히 활동 중이며, 해피어레터를 통해 해피어들과 소통합니다.

책에 등장하지는 않지만 정말 소중한 해피어마트 성수점의 새로운 얼굴 '프레젠터 해나', 해피어마트 판교점에서 행복 에너지 뿜뿜하는 '프레젠터 조이&앤&알루', 메신저를 도와 매일 최선을 다해 주는 '메신저 어시스턴트 아란&메리다', 오롤리데이의 새로운 세상을 함께 열어 줄 'NFT PM 비오', 그리고 곧 우리와 함께 시간을 보내게 될 뉴 페이스들과 오롤리데이의 시간을 함께 쌓아 준 지난 팀원들에게도 진심을 다해 감사의 마음을 전합니다.

* 팀원 일러스트: 강

차례

- 추천의 글 **004**

- 프롤로그 **006**

- 팀원 소개 **009**

(1장) 자유롭지만 위태로웠던 카약 · 1년 차

- 이름을 어떻게 지어야 할지 모르겠어! **021**

- 무슨 이야기를 하고 싶어? **022**

- '좋은 네이밍'이란 뭘까? **025**

- 작은 브랜드의 숙명: 발로 뛰어다니기(feat. 거래처 선정 기준) **028**

- 제품 만들기 에피소드 **033**

- 이것도 내가, 저것도 내가? 진짜 하고 싶은 일은 언제 하지? **043**

②장 화려하게 침몰한 통통배 · 2~4년 차

- 오롤리데이의 첫 쇼룸 오픈! 049
- 뜻밖의 성공 1: 오롤리데이, 핫 플레이스가 되다? 054
- 뜻밖의 성공 2: 오롤리데이, 다이어리 맛집이 되다? 057
- 첫 직원이 생겼다 058
- 번아웃을 통해 깨달은 리더의 자질 060

③장 목적지가 없는 돛단배 · 5~6년 차

- 새 시작, 다시 시동을 걸어 보자! 069
- 어떤 행복에 대해 이야기하고 싶어? 071
- 못난이의 화려한 컴백 074
- 드디어 '오롤리데이호'에 돛이 달렸다 077
- 돛단배를 움직일 선원을 채용하자 077
- 편안함을 못 견디는 사람, 또다시 새로운 파도에 올라타다 080
- 두 번째 번아웃 084
- 무능력한 선장, 목적지가 없는 항해 087
- why, what, how가 명확한 리더 094
- 알아차림, 직면하기, 그리고 받아들임 097
- 반가워 SWOT 분석, 오롤리데이는 처음이지? 098
- 변화의 시작, 선샤이닝 104
- My 2019 연말 리포트 106

(4장) 팀워크라는 모터가 달린 요트 · 7년 차

· OKR, 우리도 한번 해 보자! 115

· 나는 뭘 하고, 너는 뭘 하냐 프로젝트 121

· 안녕 오롤리데이, OKR은 처음이지? 124

· 실패가 없는 곳, 실패가 없는 소비 130

· 오롤리데이만의 웹사이트 탄생! 138

· 인스타그램 해킹이 알려 준 '진심'의 힘 140

· 마케팅팀을 만들어야겠어! 145

· '결이 맞는' 사람을 뽑기 위한 우리만의 채용 기준 148

· 새로운 변화를 맞이하다 155

· 강력한 팬을 보유한 브랜드 170

· 찐팬과의 관계를 더 찐득하게 하기 위해 180

· 행복을 파는 가게, 해피어마트 185

· 우리의 새로운 내비게이션, OKR 191

5장 더 많은 사람들이 행복해지는 크루즈 · 8~9년 차

- 미션 보드를 만들어 보자 201
- 팬을 움직이게 하는 브랜드 210
- 오롤리데이 상표권 도용, '위기를 기회로!' 217
- 쉽고 깊고 유쾌하게! 비 해피어 캠페인 225
- 더 많은 사람들이 행복해졌으면 좋겠어 235
- 모두 우리를 아는 줄 알았어 239
- 상세 페이지 뒤엎기 프로젝트 245
- 컬래버레이션의 핵심, 1+1=3 257
- 오롤리데이 하면 행복, 행복 하면 오롤리데이! 263
- 새로운 세계로의 도약을 위한 준비 266

- **Q&A** 아직 궁금한 게 많아요 272
- **실전 미션북** 나만의 건강한 브랜드 만들기 314

자유롭지만
위태로웠던

1년차

카약

"이래선 도저히 안 되겠어. 내가 더 좋아하고 잘할 수 있는 걸 해야겠어."

어느 날, 조쓰에게 선언했다. 조쓰와 나는 2014년 당시 'DAN Different And New'이라는 브랜드를 운영하고 있었다. 이름 그대로 다르고 새로운 아이디어 제품을 개발하고 판매하는 브랜드였다. 콧수염이 달린 안경 거치대, 이어폰 줄이 꼬이지 않게 감을 수 있는 정리 파우치, 자동차에 붙여 꾸밀 수 있는 태엽 액세서리 등 귀엽고 유용한 것들을 판매했다. 수출도 꽤 했으며, 유명 문구·리빙 플랫폼에서 베스트셀러 자리를 놓치지 않았다. 대부분 조쓰가 아이디어를 냈고, 나는 패키지를 개발하거나 상세 페이지를 디자인했다.

그렇게 2년 정도 치열하게 브랜드를 운영하던 우리에게 슬럼프가 찾아왔다. 세상에 없는 것을 개발한다는 것이 대단한 압박감으로 다가왔다. 특히 1년 넘게 안정성 테스트를 하다가 어그러진 제품이 생기고, 큰돈을 들여 열심히 개발한 제품이 출시되자마자 중국에서 나온 모조품 때문에 절반도 안 되는 가격으로 시장에 뿌려지는 것을 보며 일에 대한 회의감이 강하게 들었다. 둘 다 슬럼프에 빠져 더이상 제품을 개발하지 않고 게으른 하루하루를 보내던 어느 날, 내가 이런 선언을 한 것이다.

이름을 어떻게 지어야 할지 모르겠어!

자, 이제 DAN이 아닌 다른 무드의 브랜드를 만들기로 결정했다. 첫 번째 고민은 '브랜드 이름'이었다.

나는 '롤리'라는 이름을 대학생 시절부터 필명처럼 써 왔고, 인스타그램에서 '롤리○○'이라는 해시태그를 꾸준히 사용해 왔다. 직접 요리한 음식으로 차린 밥상 사진을 올리며 '#롤리식당'을, 여행지 사진을 올리며 '#롤리여행'을, 직접 그린 그림을 올릴 땐 '#롤리_1d1d'를 사용했다. 단순히 내가 보기 위해 기록용으로 쓰기 시작한 다양한 해시태그는 어느새 하나둘 쌓여 나만의 컬렉션이 됐고, 덕분에 많은 사람들이 롤리라는 이름을 더 강력하게 기억했다. 그래서 브랜드 이름에 롤리를 꼭 넣고 싶었다.

그렇게 결심한 순간부터 이름을 정하는 일이 훨씬 어려워졌다. 자칫하면 사탕 브랜드로 오해받을 수도 있을 것 같았고, 너무 귀엽거나 유치해지진 않을까 걱정됐다. 롤리와 잘 어울릴 만한 여러 단어를 적고 조합해 보면서 멋진 이름을 써 내려갔지만 왠지 전부 마음에 들지 않았다.

몇 날 며칠 고민하던 중, 우연히 TV에서 흘러나오는 유명 올드 팝송 'Oh Happy Day'를 들었다. 누구나 따라 부를 수 있는 유명한 곡이기에 같이 흥얼거리며 고개를 흔들다 '아, 이거다!' 하는 생각이 강하게 스쳤다. 내가 내 브랜드로 전달하고 싶은 것은 바로 이 메시지구나! 그동안 이름을 짓기 어려웠던 이유가 브랜드를 통해 전하고 싶은 메시지가 정리되지 않았기 때문이었다는 아주 중요한 사실을 깨달은 순간이었다. 그럼, 브랜드 이름을 짓기 전에 내가 전하고 싶은 메시지부터 정해 보자!

무슨 이야기를 하고 싶어?

이 질문을 하기 전에 일단 나에 대해 파악하는 것이 필요했다. 나는 어릴 때부터 머릿속으로 재미난 일을 떠올리고, 기획하고, 추진하는 힘이 굉장히 강한 반면 한 가지 일을 오랫동안 지속하는 것을 매우 어려워했다. 뭔가를 새로 시작해도 며칠 동안은 반짝 불타오르다가 금방 지루함을 느끼거나 다른 것에 마음을 빼앗기곤 했다. 어떤 일을 시작하고 수행하고 마무리 짓는 것이 10단계라면, 나는 늘 3단계쯤에서 에너지의 80%를 써 버리는 사람이었다. 그래서 새로운 브랜드를 시작하기 전에 내가 즐겁게, 오랫동안 지속할 수 있는 뭔가를 찾는 것이 우선이었다. 그러기 위해 스스로에게 질문했다.

Q. 롤리, 네 이름은 왜 롤리야?

A. 대학교 영어 교양 수업 시간에 교수님이 영어 이름을 지으라는 거야. 한 번도 생각해 본 적이 없어서 엄청 당황했어. 처음엔 메리, 제인, 케이트 등 영어 교과서에서 자주 만났던 이름이 떠올랐어. 그런데 내 성격 알

지? 흔하고 똑같은 건 싫어하는 거. 그래서 교수님이 "이제 자기소개를 하자"고 얘기할 때까지 고민했어. 노트에 여러 스펠링을 끄적이다가 왠지는 모르겠지만 'lolly'라는 글자를 썼는데 너무 귀여운 거야. 영어 스펠링도 귀엽고 한글로 썼을 때도 귀엽고. 무엇보다 발음이 밝은 느낌이라 좋았어. 그래서 같은 반 친구들 앞에서 "Hi, my name is Lolly"라고 나를 소개했지. 그 후로 나는 롤리가 됐어.

Q. 이름 짓는 과정만 들어도 네 성격이 다 보인다!

A. 그지? 뭘 하든 나만의 개성이 드러나는 걸 좋아하지만, 그렇다고 너무 지나친 건 별로야. 나는 내가 같이 있으면 기분이 좋아지고, 무슨 말이든 해도 될 것 같은 편안하고 밝은 사람이었으면 좋겠어. 그렇다고 마냥 가볍지만은 않고 진지할 줄도 아는, 늘 적당한 사람이었으면 해. 내 브랜드도 딱 이랬으면 좋겠다.

Q. 넌 뭔가를 지속하는 걸 굉장히 어려워하잖아. 어떻게 하면 지속할 수 있을까?

A. 지속하려면 끊임없이 동기가 생겨야겠지? 내 삶을 돌아보면, 나에게 동기가 됐던 건 '책임감' '재미' '유의미함' '성장' 같은 거였어. 내가 하는 일이 나 스스로에게도, 누군가에게도 의미가 있으면 좋겠어. 그 사실 자체가 나에게 굉장히 큰 책임감으로 다가올 거고, 그게 곧 성장의 원동력이 될 거야. 그 과정에서 재미는 필수 요소야! 그렇다면 내가 뭘 할 때 가장 행복한지 생각해 봐야겠네.

Q. 너는 언제 가장 행복해?

A. 행복한 순간은 많지. 맛있는 음식을 먹을 때, 예쁜 장면을 마주할 때, 칭찬을 들었을 때 등등. 그런데 생각해 보면 내가 가장 행복했던 순간은 누군가에게 좋은 영향을 줬을 때인 것 같아. 누군가를 웃게 할 때, 진심으로 도와줄 때, 그리고 나로 인해 누군가의 삶이 조금이라도 나아질 때 표현하기 힘든 큰 행복감을 느끼는 것 같아.

Q. 그럼 무엇을 통해 다른 이들의 삶을 조금 더 나아지게 할 수 있을까?

A. 나는 행복이 거창하고 어려운 게 아니라고 생각하거든. 길을 지나가다가 한쪽에 올라온 새싹을 보면서도, 우연히 올려다본 예쁜 하늘에서도, 서랍을 정리하다가 발견한 옛 친구의 편지에서도 충분히 행복을 느낄 수 있다고 생각해. 그런데 그런 소소한 행복을 모르는 사람들이 너무 많은 것 같아. 하찮지만 충분한 행복을 알려 주고 싶달까? 친구들이 나랑 있으면 재밌어하거든. 나는 똑같은 이야기도 재미있고 맛있게 하는 재능이 있는 것 같아. 그걸 내 브랜드에서 풀어 보면 어떨까? 나를 통해 누군가가 행복을 알게 되고 그 덕분에 더 행복해질 수 있다면, 나 또한 충만한 행복을 느낄 수 있을 것 같아.

일단 내가 제일 잘하는 것부터 시작해 봐야겠어. 나는 그림을 그리고 디자인할 때 가장 즐겁고, 또 그걸 잘할 수 있는 사람이니까 나만의 디자인 제품으로 그 메시지를 풀어내야겠지? 지금 당장 갖고 싶고 필요한 제품부터 차근차근 해 봐야겠어. DAN에서 하던 대로 꼭 세상에 없는 제품이 아닌, 이미 존재하는 평범한 제품이라도 그래픽이나 일러스트가 어떻게 들어가냐에 따라 매력도가 확 달라질 거라고 생각하거든. 할 수 있는 것부터 차근히 도전해 봐야겠다!

고민이 있을 때 이런 식으로 스스로에게 질문해 보는 것은 많은 도움이 된다. 남에게는 꽤 날카로운 질문을 자주 던지면서 정작 스스로에게 질문하는 것에는 익숙하지 않다면 나를 제3자라고 생각하고 뾰족한 질문을 던져 보는 것을 추천한다. 몇 가지 질문만으로도 진짜 내 소리를 들을 수 있으니 이만한 방법이 없다.

'좋은 네이밍'이란 뭘까?

아이가 태어나면 부모가 가장 먼저 하는 일이 바로 '이름 짓기'다. 이를 위해 아이가 배 속에 있을 때부터 온갖 아이디어를 쥐어짜기도 하고, 용하다는 작명소를 찾아가 거액의 돈을 지불하기도 한다. 태어나는 순간부터 평생 불리게 될, 한 존재에게 굉장히 중요한 것이 바로 이름이다. 브랜드 이름도 마찬가지다. 한번 정하면 쉬이 바꿀 수 없고, 이름에 따라 브랜드의 인상이 달라지기도 하기 때문에 신중히 정해야 한다. 나는 내 소중한 브랜드의 이름을 짓기 위해 다음 세 가지를 명심하기로 했다.

1. 누구라도 읽을 수 있는 이름일 것

가끔 이름이 외래어인 브랜드를 접할 때 어떻게 읽어야 할지 막막했던 경험이 있다. 특히 영어가 아닌 외국어 이름은 볼 때마다 난감했다. 그 문자를 영어 표기 방식으로 바꾸면 올바른 발음이 아닌 다른 발음으로 읽혀 민망했던 적도 있다. 그래서 내 브랜드만큼은 사람들이 '어떻게 읽어야 하지?'라는 고민을 잠깐이라도 하지 않았으면 했다. 입에서 머물지 못하는 이름은 기억하기도 힘들 테니까 말이다. 그래서 누구라도 읽을 수 있는 쉬운 언어로 만들기로 했다.

2. 아무도 쓰지 않는, 앞으로도 누구도 쓰지 못할 고유한 이름일 것

#롤리식당, #롤리여행, #롤리_1d1d 등으로 '나만의 해시태그의 힘'을 경험해 봤기 때문에, 마찬가지로 내 브랜드를 검색했을 때 다른 어떤 것과도 혼동되지 않고 유일무이하기를 바랐다. 그래서 누구나 쓸 수 있는 단일 단어로 이뤄진 브랜드명은 위험하다고 생각했다. 구글 검색창에 'Apple'이라고 검색하면 지금 내 책상 위에 놓인 값비싼 Apple도 검색되지만, 어느 농부가 농사지은 사과도 같이 검색되지 않나. 물론 Apple만큼 엄청난 브랜드 파워를 갖출 수만 있다면 상관없지만 내 브랜드는 아직 뭣도 아닌, 세상에 태어나지도 않은 작고 작은 브랜드이기에 나만의 이름은 정말 중요했다. 그리고 너무 흔한 이름은 상표권 등록에도 문제가 생긴다. 쉽고 괜찮은 단어는 이미 누군가가 사용하고 있을 확률이 굉장히 높다. 그렇게 되면 브랜드 이름을 지키기 위해 상표권을 등록하는 것은 불가능해질 것이며, 생각

지도 않게 내가 누군가의 지적재산권을 침해하는 일이 생길 수도 있다. 그러니 브랜드 이름을 짓기 전에 우선 특허정보검색서비스(www.kipris.or.kr)를 통해 상표권을 검색해 보길 권한다.

3. 전하고자 하는 메시지가 이름에서도 충분히 느껴질 것

브랜드를 처음 접하는 그 누구라도 이름을 봤을 때 내가 전하고자 하는 메시지나 무드를 느끼길 바랐다. '이렇고 저렇고 그런 것을 하는 브랜드예요'라고 구구절절 설명하지 않아도 느낌만으로 알아차릴 수 있는 이름을 원했다.

TV에서 흘러나오는 'Oh Happy Day' 노래를 흥얼거리다 happy 대신 lolly를 넣어 "오~ 롤리 데이~"라고 불러 봤다. 너무나도 자연스럽게 입에 착 붙는 문장, 오 롤리 데이! 소비자가 오롤리데이를 만나는 그 순간이 바로 '오 해피 데이'면 얼마나 좋을까? 롤리라는 단어가 행복의 동의어처럼 느껴진다면 얼마나 좋을까? 내가 누군가에게 행복을 줄 수 있는 사람이 된다면, 그런 제품을 만들 수 있다면 얼마나 좋을까? 이런 상상을 하니 순식간에 가슴이 웅장해졌다.

오롤리데이는 누구나 쉽게 읽을 수 있고 이해할 수 있는, 아무도 사용하고 있지 않은, 그리고 우리 메시지가 그대로 느껴지는, 세 가지 전제에 완전히 부합하는 이름이었다. 그렇게 내 브랜드의 이름은 '오롤리데이oh, lolly day'가 됐다.

네이밍이 어렵게 느껴진다면 내가 좋아하는 혹은 잘 만들었다고 생각하는 브랜드의 이름을 나열해 보자. 그리고 좋은 이유에 대해 분석하다 보면 어떤 네이밍이 좋은 네이밍인지 감이 잡힐 것이다. 그 분석을 통해 여러 이름을 지어 보다가 '이거다!' 싶은 이름이 생겼다면 주위 사람들에게 의견을 물어보는 것도 좋겠다. 결국 타인에게 많이 불려야 성공하는 브랜드가 될 테니까.

작은 브랜드의 숙명 : 발로 뛰어다니기(feat. 거래처 선정 기준)

나에겐 자신의 인프라를 친절히 나눠 줄 선배도, 가진 돈도 없었기에 뭔가를 시작하거나 알아보기 위해선 두 발로 열심히 뛰어다닐 수밖에 없었다. 발품을 팔려면 어디에서 어떻게 발품을 팔아야 할지 최소한의 정보는 있어야 한다. 아무것도 모른 채 무턱대고 움직이다간 발병 나서 포기할 수도 있으니. 그래서 발품을 팔러 나가기 전에 초록 검색창을 열어 내가 만들고 싶은 제품의 제조처와 만드는 방법 등의 정보를 닥치는 대로 검색했다. 예를 들어 에코 백을 만든다고 하면 '에코 백 만들기' '에코 백 제작 과정' '에코 백 제조 공장' 등 생각나는 대로 검색하면서 열심히 손품을 팔았다. 어느 정도 정보가 추려지면 정리한 후 그 정보를 토대로 발품을 팔았다. 해당 제품을 제조하는 공장이 모여 있는 곳으로 가서 한 곳 한 곳 방문해 내 아이디어가

자유롭지만 위태로웠던 카약

실현 가능한 것인지, 단가는 얼마인지, 제작 기간은 얼마나 걸리는지 등 궁금한 것을 초록창 지식in이 아닌 실존하는 지식인들에게 물어보는 시간이었다.

하지만 처음엔 이 소통이 정말 어려웠다. 노트를 들고 공장을 찾았을 때 나를 '고객'이라고 인식하는 사람이 별로 없었다. 나를 그들의 고객이 될 수도 있는 사람이라고 인식시키는 것, 그게 첫 번째 관문이었다.

"안녕하세요. 문의 좀 드리려고 하는데요"라며 짧은 인사를 건네는 동안 나는 아주 빠르게 그 사람들 눈에 스캔되고 있었다. '얼굴도 동글동글하니 어려 보이는 데다가 아는 것도 별로 없는 것 같고. 돈 안 되는 애송이네'라는 판단을 빠르게 한 사람들은 나를 거들떠보지도 않았다. 내 말을 듣는 둥 마는 둥 본인 하는 일에 열중했고, "이런 사양으로 n개 제작했을 때 대략적인 단가가 어떻게 되죠?"라고 구체적인 질문을 해도 귀찮다는 듯이 "이거 양도 많고 비싸서 아가씨는 못해~"라며 마치 나를 배려하는 듯 무시하는 이상한 방법으로 거절하는 사람도 있었다. "사장님. 양이 많은지, 비싼지, 그럼에도 진행할지 말지는 제가 판단하는 거죠. 일단 최소 수량이 몇 개인지 말씀해 주시겠어요?"라고 조금 더 단단한 말투로 말하면 그제야 내가 애송이가 아니라 판단했는지 "1,000개에 개당 3,000원인데 괜찮겠어요?"라고 비교적 정중해진 말투로 답했다.

하지만 그런 취급을 받은 곳에서는 아무리 단가가 싸도, 퀄리티가 좋아도 절대 거래를 하지 않았다. 태도가 좋지 않은 사람과 뭔가를 함께하면 분명 나중에 탈이 날 것이라고 생각했기 때문이다.

이렇게 결론을 내린 데는 이유가 있다. 실제로 브랜드를 론칭하고 얼마 안 됐을 때 단가와 퀄리티만 보고 거래를 한 적이 있는데 결국 문제가 터지고 말았다. 보통 공장과의 문제는 제품을 납품받은 후 가장 많이 생긴다. 공장에 작업 의뢰서를 발주하고 소통할 때는 "아유~ 내가 이거 선수지~ 걱정 마, 걱정 마. 납기일에 정확하게 맞춰 줄 테니까"라며 자신만만한 모습을 보인다. 그런데 막상 물건을 받아 보면 퀄리티도 샘플과 너무 다르고, 납기일도 늦춰지고, 자잘자잘한 얼룩은 어찌나 많은지 불량을 검수하다 보면 팔 수 있는 물건이 몇 개 남지 않는 불상사가 생기기도 한다. 사람이 하는 일이기에 분명 실수가 있을 수 있고, 그들의 기준과 내 기준이 다를 수도 있다. 하지만 나는 최상의 상품을 고객에게 팔아야 하는 입장이기 때문에 빠르게 공장에 전화를 걸어 이유를 묻는다. 바로 그 전화에서 거래처 사장님들의 인성과 태도를 알 수 있다. 그때 사장님들이 취하는 행동에는 몇 가지 유형이 있다.

1. 나 몰라라 발뺌 유형
2. 잘못은 인정하지만 내 잘못은 아니다 유형
3. 그렇게 깐깐하게 굴 거면 다른 데 알아봐라 유형
4. 뭐든 내 잘못이다. 빠르게 다시 해 주겠다 유형

디테일하게 설명하지 않아도 상상이 될 것이다. 1, 2, 3번 유형의

　　　　　　　　자유롭지만 위태로웠던 카약

사장님을 만났을 땐 화가 나서 눈물이 나기도 했다. 가장 화나는 포인트는 그들 때문에 내가 손해를 봤다는 사실보다 지식인이라고 생각했던 사람들이 그렇지 않다는 배신감 같은 것이었다. 프로가 프로답지 않은 행동을 할 때 왜 이렇게 화가 나는지 모르겠다. 다행히 현재까지 오랫동안 거래하고 있는 사장님들은 전부 4번 유형이다. 늘 나를 존중의 태도로 대하고, 일 처리가 아주 깔끔하고, 무엇보다 문제가 생겼을 때 빠르게 잘못을 인정한다.

사실 4번 유형에서 주의할 점은 최대한 4번 상황을 만들지 않는 능력이 있는지 여부다. 실제로 인성과 태도는 너무 훌륭하나 매번 납기일을 어기고 불량을 자주 내는 사장님도 경험한 적이 있다. 문제가 터지면 늘 본인이 문제를 끌어안고 어떻게든 해결하는 좋은 분이긴 했지만, 거의 매번 문제가 터지는 것이 함정이었다. 인성과 태도와 더불어 능력도 정말 중요한 기준임에는 틀림없다.

많은 사람들이 나에게 거래처 찾는 방법과 판단하는 기준에 대해 묻는다. 그럴 때 내가 늘 하는 말은 이것이다. "발품을 많이 파세요. 그리고 많은 분을 경험해 보세요. 인성, 태도, 능력의 3박자가 완벽해야 합니다." 만약 내가 처음부터 4번 유형의 사장님들만 만났다면 분명 그분들에게 지금처럼 고마움을 느끼지 못했을 것이다.

거래를 하는 데 사장님의 인성과 태도도 중요하지만 그만큼 중요한 것이 바로 나의 태도다. 모든 관계는 쌍방이다. 한쪽이 아무리 나이스해도 상대방이 그렇지 않으면 결코 좋은 관계가 될 수 없다. 나는 거래처 공장을 방문할 때 웬만하면 작은 과자라도 사 가는 편이다. 편의점에서 툭툭 담은 과자 몇 개, 공장에 계시는 분의 수만큼 산 아이스크림, 제철 과일 한 박스 같은 것을 들고 찾아간다. 공장에 도착하면 사장님뿐만 아니라 모든 근로자분께 인사드리며 안부를 묻는다. 그리고 너스레를 떤다. 물론 그럴 수 있는 것은 어른들 앞에서 긴장하지 않는 나의 외향적인 성격 덕분이기도 하다. 하지만 편의점에 들러 먹을 것을 사 가는 것은 성격과 상관없이 누구나 할 수 있는 일이지 않나. 그건 성격의 문제가 아니라 마음의 문제인 것이다.

작업 '지시서'가 아닌 작업 '의뢰서'라고 바꿔 쓰는 일, 일 때문에 전화했어도 꼭 안부부터 묻는 일, 공장에 갈 땐 작은 주전부리라도 사 가는 일, 물건을 받고 감사하다고 전화하는 일, 특히 물건이 신속하게 잘 나왔을 때는 "사장님 짱!"이라며 호들갑을 떠는 일이 내가 할 수 있는 그들에 대한 존경의 표시다.

옛날에는 수주를 주는 입장을 '갑', 수주를 받는 입장을 '을'이라 칭하는 경우가 많았다. 물론 지금도 그런 태도를 취하는 많은 갑이 존재할 것이라 생각한다. 하지만 그들을 을이라 칭하는 순간, 우리는 그들의 우선순위에서 저만큼 멀어진 거래처가 될 수밖에 없다. 제품이 문제없이 잘 나오길 바란다면, 빠르게 물건을 받고 싶다면 먼저 그분들을 존중해야 한다. 그분들은 절대로 을이 아니다. 오히려 그분들이 없으면 내가 디자인한 제품이 세상에 나와 빛을 발하지도 못할 테니.

결국 다 사람이 하는 일이다. 말 한마디로 천 냥 빚을 갚는다는 이야기가 괜히 있는 것이 아니듯, 늘 감사하는 마음을 갖고 표현해야한다. 꾸준히 전문성을 갖고 일해 주시는 분들을 존중해야 한다. 나도 그들에게 '그렇고 그런 유형'의 사람이 되지 않기 위해 최선을 다해야 한다. 이왕이면 싸가지 없고 냉정한 클라이언트보다는 똑 부러지지만 예의 바르고 왠지 사탕이라도 하나 더 사 주고 싶은 야무진 조카 같은 클라이언트가 되는 것이 낫지 않을까.

Tip. 좋은 거래처 찾기

1. 발품을 많이 팔자. 내 발로 얻는 것이 진짜다.
2. 나와 우리 브랜드를 존중해 주는 예의 있는 사람을 만나자. 그래야 뒤탈이 생기지 않는다.
3. 나도 좋은 클라이언트가 되자. 어느 누구도 갑이 아니다. 평등한 관계로 일하자.

제품 만들기 에피소드

1. 첫 번째 아이템 : 에코 백

돌이켜 생각해 보면 오롤리데이의 첫 제품인 에코 백을 만들기 시작하면서 '어떻게 팔지?'라는 고민은 충분히 하지 않은 것 같다. '어떻게든 팔리겠지'라는 오만 방자한 생각으로 제품을 만들었다.

2014년, 그 당시는 인스타그램 붐이 막 일어난 시기였고, 나는 그보다 몇 해 전에 인스타그램을 빠르게 시작해 이미 자리를 잡고 있었다. 특히 나만의 해시태그를 만들어 오랫동안 시간을 축적해 온 덕분에 스스로를 나의 '팬'이라 칭하는 분들도 꽤 있었다. 아마 그분들을 믿고 겁도 없이 제품을 제작한 것이 아닌가 싶다.

동대문 공장에서 만들어 온 무지 에코 백에 실크스크린*을 이용해 내가 그린 일러스트를 세 가지 색깔로 표현했다. 잔재주가 많은 조쓰가 실크스크린도 할 수 있었기에 이런저런 색을 고민하며 샘플을 제작해 볼 수 있었다. 그렇게 나온 샘플을 들고 공원에 가 우리가 직접 모델이 돼서 열심히 사진을 찍었다. 참 어설픈 모델과 사진사였다. 제품도 달랑 하나 있는 데다가 우리 제품만 취급하는 자사 몰을 만드는 것은 엄두가 나지 않아 간간이 글을 올리던 내 블로그에 제품 상세 페이지를 만들어 올리고 인스타그램으로 홍보했다. 어떤 색상이 잘 팔릴지 전혀 감이 없어 주문이 들어오면 그때그때 실크스크린을 찍을 요량으로 무지 에코 백을 100장 쌓아 뒀다.

두근거리는 마음으로 첫 제품의 '등록' 버튼을 눌렀는데, 정말 감사하게도 오픈하자마자 주문이 들어오기 시작했다. '롤리 님, 너무 예뻐요. 오롤리데이의 시작을 응원해요!' '앞으로가 기대돼요!'라는

---

* 판화 기법 중 한 가지로, 단시간에 수십 장을 찍을 수 있어 상업적인 제품을 만드는 데 많이 이용된다.

자유롭지만 위태로웠던 카약

다정한 멘트도 잊지 않고, 오로지 나를 믿고 구매해 주셨다.

주문 수량에 맞춰 신나게 실크스크린을 하고, 미리 준비해 둔 예쁜 패키지에 곱게 넣어 정성 들여 포장해 배송을 시작했다. 택배를 보낸 당일엔 고객들이 아직 물건을 받아 보지 못했기에 후기가 올라오지 않는다는 것을 알면서도 괜히 해시태그와 댓글창을 새로고침 했다. '만족스럽지 않으면 어떡하지' 하는 초조함과 짜릿한 칭찬이 기대되는 두 마음이 공존하는, 말 그대로 냉탕과 온탕을 오가는 기분이었다(이건 9년 차인 지금도 마찬가지다). 다행히 우리의 첫 아이템은 꽤 성공적이었고, 덕분에 자존감도 함께 올라갔다.

2. 두 번째 아이템 : 다이어리

브랜드를 시작하면 가장 만들고 싶은 제품이 다이어리였다. 매년 문구점에 가서 쌓여 있는 다이어리를 하나하나 들춰 보며 1년 동안 나와 시간을 보낼 친구를 열심히 찾곤 했다. 늘 새로운 걸 체험해 보는 것을 좋아했던 나는 다이어리도 매년 다른 것을 사서 '이건 이래서 좋네' '저건 이것만 못하네' 하며 나름 '좋은 다이어리'에 대한 기준을 만들고 있었다.

오롤리데이를 시작하기 1년 전인 2013년, 무슨 일 때문이었는지 다이어리를 구매할 시기를 놓쳤고, 어쩌다 보니 집에 있던 아무 노트가 다이어리 역할을 대신했다. 시간과 정성을 들여 고심하며 고른 것도 아니고, 심지어 기능도 다이어리를 위한 것이 아니다 보니 정이 붙지 않아 결국 그 노트는 제구실을 하지 못한 채 낙서장이 돼 가고 있었다. 당시에는 구글 캘린더를 사용하던 때도 아니어서 모든 스케줄과 자잘한 메모를 늘 다이어리에 기록했는데, 그 중요한 다이어리를 만들지 않았더니 기록도 행방을 잃고 여기저기 떠돌아다녔다. 그렇게 1년이 지나 연말에 한 해를 되돌아보는데 머릿속이 새하얘지는 느낌이었다. 나의 1년이 어디론가 증발해 버린 기분이랄까. 자잘한 에피소드는 물론이고 굵직한 이벤트도 잘 떠오르지 않았다. 그제야 알았다. 다이어리는 그저 단순한 다이어리가 아니라 1년의 시간이자 기억이었다는 것을. 친구들 사이에서 기억력 좋기로 유명한 나는 기억력이 좋았다기보다 그저 기록을 꾸준히 하는 사람이었던 것이다. 그래서 만들어 보고 싶었다. 오랫동안 정붙일 수 있는 다이어리를.

여러 해 동안 다양한 다이어리를 체험하면서 나만의 '좋은 다이어리 기준'이 생겼다. 그래서 내가 직접 만드는 다이어리에 그 기준을 녹여 보기로 했다.

1) 표지와 내지에 불필요한 일러스트가 없는 : 디자인이 화려한, 특히 일러스트가 그려진 다이어리는 처음 볼 땐 예쁜데 1년 동안 보기엔 질리는 느낌이었다. 그래서 최대한 심플하게 디자인하고 싶었다.

2) 타이포나 라인이 장식적이거나 과하지 않은 : 특히 내부에 타이포그래피나 장식적인 요소가 많으면 안을 채워 나갈 때 방해가 되는 느낌을 많이 받았다.

자유롭지만 위태로웠던 카약

3) 검은색 볼펜으로 썼을 때 디자인 요소보다 기록한 내용이 더 잘 보이는 : 보통 주로 사용하는 검은색 볼펜으로 글을 썼을 때, 디자인 요소보다 기록한 내용이 더 잘 보이면 좋겠다는 생각을 했다.

4) 무겁지 않고 잘 펴지는 : 주로 가방에 넣고 다니는 다이어리는 휴대하기 좋아야 한다. 그래서 과하게 크거나 무겁지 않았으면 했고, 글을 쓸 때 손을 방해하지 않도록 360도로 쫙쫙 잘 펴져야 한다고 생각했다.

5) 표지 보호를 위한 비닐 커버가 필수로 씌워져 있지 않고 선택 가능한 : 비닐 커버가 처음부터 씌워진 채 판매되는 다이어리가 대부분이다. 나는 다이어리에 자연스럽게 손때가 묻는 것을 선호하는 데다가 특유의 비닐 느낌이 싫어서 다이어리를 사면 늘 커버를 빼는데, 그럴 때마다 환경을 오염시키는 불필요한 쓰레기가 생겨서 마음이 불편했다. 그래서 비닐 커버를 옵션으로 선택할 수 있게 하고 싶었다.

6) 일주일의 시작이 월요일인 : 일요일을 일주일의 시작이라고 생각하는 사람도 많겠지만, 나는 늘 월요일이 일주일의 시작이라고 생각해 왔다. 그리고 대부분의 스케줄이 '주중'과 '주말'로 나뉘기 때문에, 월요일을 시작으로 디자인하면 주중/주말 스케줄을 관리하기가 더 쉬울 것이라고 생각했다.

이 기준을 메모해 두고 호기롭게 디자인을 시작했다. 몇 번이나 레이아웃을 뜯어고치고, 적당한 폰트를 찾기 위해 수백 개 폰트를 얹어 보고, 라인 컬러를 고민하고, 프린트를 해 직접 써 보면서 줄 간격은 적당한지, 거슬리는 것은 없는지 테스트하며 나에게 가장 잘 맞는 줄 간격과 폰트, 레이아웃, 컬러를 맞춰 갔다.

그렇게 내지는 어느 정도 완성됐는데 문제는 표지였다. 디자인이 이렇게 어려운 것이었다니. 디자인을 전공하며 디자인을 밥 먹듯이 해 왔지만 문턱에 부딪치고야 말았다. '디자이너님. 유니크하지만 무난하고, 심플하지만 눈에 잘 띄는, 그리고 친근하지만 독창적인, 1년 내내 봐도 질리지 않는 걸로 부탁해요. 뭔지 알죠?(찡긋)'라는 말도 안 되지만 납득해야만 하는 주문을 스스로 하고 있었다.

표지 디자인을 몇 번이나 뒤엎다 보니 어느새 가을볕이 쏟아지는 9월 중순이 돼 있었다. 발품을 팔아 인쇄소를 찾고, 아무리 보고 또 봐도 오·탈자가 있진 않을까 걱정이 가득 담긴 최종 파일을 넘기고, 겁도 없이 1,000권을 발주하고, 견적서를 받는 순간까지 두려움에 가득 차 있었다.

하지만 난 늘 두려움보다 할 수 있다는 자신감이 더 큰 사람이니까! 두근거리는 마음으로 첫 다이어리가 공장에서 납품되길 기다리는데… 어라? 이상하다? 내가 파일을 넘긴 그 시점, 이미 텐바이텐이며 핫트랙스며 다이어리 시즌 이벤트 페이지가 오픈되고 타 브랜드의 신상 제품이 하나둘 올라오기 시작했다. 그동안 난 늘 새해가 다가오기 직전에야 부랴부랴 다이어리를 샀기에 그때부터 팔 거라곤 상상도 하지 못했다. 다른 브랜드의 신상 다이어리가 차근차근 업로드되는 것을 보면서도 '에이, 설마. 누가 9월 댓바람부터 다이어리를 사겠어?'라고 의심 가득한 마음으로 리뷰를 확인하는데, 이미 구매 리뷰가 달리기 시작하는 것을 보고 경악을 금치 못했다. 아뿔싸! 내가 한 발, 아니, 열 발 정도 늦었구나.

마음이 조급해졌다. 하지만 다이어리란 놈은 내 마음이 조급하다고 해서 빨리 만들 수 있는 놈이 아니었다. 200페이지나 되는 내지를 인쇄하고, 360도로 쫙쫙 펼쳐지는 제본을 하고, 가공을 하는 데 40일 정도의 시간이 필요했다. 그렇게 인내의 40일을 견뎌 드디어 제품을 받아 촬영을 했고, 우리 다이어리만의 자랑거리를 나열하는 상세 페이지를 만드는 데 또 일주일의 시간이 걸렸다. 결국 12월 중순, 살 사람은 다 샀을 그 시기에 오롤리데이의 다이어리가 세상에 얼굴을 내밀었다. 날짜 칸이 비어 있는, 즉 언제 사용해도 상관이 없는 만년 다이어리로 제작했기에 망정이지, 만약 연도와 날짜가 적혀 있는 날짜형 다이어리를 기획했으면 큰일 날 뻔했다.

다행히 그 다이어리는 1년에 걸쳐 완판됐다. 첫 다이어리가 세상에 나오고 완판되는 순간까지 큰 깨달음을 얻었다. 제품을 판매할 때 기획력, 가격, 디자인도 중요하지만 '시기'도 무척 중요하다는 것을. 특히 다이어리처럼 시즌 제품이라면 더더욱. 아무리 좋은 제품을 만들어도 시기가 맞지 않으면 판매하기 어렵고, 결국 성공적인 제품이 되기 힘들다는 것을.

다이어리 ver 1부터 ver 5까지 모여 있는 모습. 현재는 ver 7까지 출시됐다.

자유롭지만 위태로웠던 카약

다이어리를 만들기 시작한 지 8년째인 지금은? 당연히 7월 말쯤 완성된 데이터를 인쇄소에 넘기고, 9월 말 또는 10월 초에 판매 오픈을 한다. 감사하게도 8년이라는 시간 동안 우리 다이어리의 가치를 알아주는 분들이 많아져 10,000권이 넘는 생산량을 보통 3~4개월이면 소진한다. 1,000권을 만들어 1년 내내 판매하던 때를 생각하면 엄청난 발전이 아닌가 싶다. 다이어리 시리즈가 거듭되는 동안 나도, 오롤리데이도 많이 성장했다. 다이어리가 내 인생의 전부였던 그 시기와는 달리 신경 써야 할 제품이 수백 가지로 늘어났고, 오롤리데이를 사랑해 주는 분들도 훨씬 많아졌다.

모든 게 나아지고 있는데 절대 나아지지 않는 것도 있다. 최종 데이터를 인쇄소에 넘기는 직전의 순간은 여전히 두렵고 또 두렵다. '오·탈자가 나오진 않겠지?' '우리가 이 많은 다이어리를 다 팔 수 있겠지?' 그렇지만 나는 여전히 자신감으로 두려움을 이기는 사람이니까! 이런 마음가짐으로 매년 도전한다.

3. 세 번째 아이템 : 요상한 노트

오롤리데이가 태어나기 전에 세상에 없는 걸 발명하는 브랜드 DAN을 운영했던 우리는 노트도 그냥 평범한 것은 싫어서 우리만의 노트를 만들고 싶었다. 그래서 여러 가지로 궁리하다가 종이와 페트 PET를 결합한 실험적인 노트를 기획했다. 종이의 프린트와 투명한 페트의 프린트가 겹쳐지면 하나의 멋진 그래픽이 완성되는 표지의 노트였다.

샘플이 생각보다 더 멋지게 나왔고, 잘 팔 수 있다는 자신감에 무려 6종이나 디자인해서 각 500권씩 총 3,000권을 주문했다. 몇 주 후 주문한 3,000권의 노트가 배송됐는데, 설레는 마음으로 박스를 뜯는 순간 경악했다. 겉표지였던 페트가 밖으로 돌돌 말려 있었던 것이다. 다른 박스들도 헐레벌떡 열어 보니 100%는 아니었지만 하나둘 돌돌 말려 있었다. 아직 돌돌 말리지 않은 제품이라도 판매해 볼까 고민했지만, 지금 당장 멀쩡하더라도 소비자가 구매한 후 사용하는 중에 언제라도 이런 현상이 일어날 수 있겠다는 불안감이 생겼다. 결국 소장용으로 보관할 딱 한 박스만 남겨 두고 전량을 처분하기로 결정했다. 꽤 많은 제작비가 들어간 제품이었다.

새로운 시도를 하는 데 재질의 물성을 완벽하게 파악하지 않았고, 시간을 갖고 충분히 테스트하지 않은 것이 가장 큰 원인이었다. 그동안 DAN을 운영하면서 새로운 물건을 만들어 오랜 기간 테스트해 왔는데 왜 이땐 테스트를 게을리했을까. 스스로에게 질문을 던져 보니 마음이 급했던 것 같다. 브랜드를 만들었으니 뭐라도 보여 줘야 한다는 압박감과 이왕이면 그것이 기존에 없던 '새로운 것'이어야 한다는 강박감이 있었다. 새로운 것에는 그만큼 테스트 기간도 많이 필요하다는 것을 제작비 200만 원을 버리고 나서야 절실히 깨달은 순간이었다.

자유롭지만 위태로웠던 카약

이것도 내가, 저것도 내가?
진짜 하고 싶은 일은 언제 하지?

이제 막 오픈한 회사에 창업 멤버가 있지 않는 한, 당장에 직원을 채용하기란 쉬운 일이 아니다. 내 브랜드를 만들면 내가 하고 싶은 일만 할 줄 알겠지만 사실은 하고 싶지 않은 일을 해야 하는 날이 더 많다. 꼭 해야 하지만 외면하고 싶었던 일을 나열해 보자면 부가세&종합소득세 납부 등 각종 세금과 관련된 업무, 재고가 떨어지지 않게 매일 체크하며 준비하는 업무, 빨리 디자인해서 발주해야 하는데 그보다 더 급하게 처리해야 하는 배송 관련 업무 등이 있다.

디자인 브랜드 오너가 되면 드로잉 북이나 아이패드를 들고 조용한 카페에 앉아 영감을 메모하며 아이디어 스케치를 하고, 아이맥 앞에 앉아 어도비Adobe 프로그램*을 켜 디자인만 착착 하면 멋진 제품이 짠 하고 나타날 것이라 생각했다면 오산이다. 그럴 수 있는 시간은 거의 없다. 매일매일 급하게 해결해야 하는 업무가 쌓여 있기 때문에 얼마나 효율적이고 빠르게 처리하느냐가 관건이다. 그것을 다 해내야만 진짜로 하고 싶은 일을 할 수 있기 때문이다.

특히 엑셀과 거리가 멀었던 나는 엑셀에 숫자와 함수 공식을 입력하고 있는 모습을 보며 '나 자영업자 된 것 맞구나' 하고 실감했다.

---

* 그래픽디자인에 주로 쓰는 소프트웨어. 대표적으로 포토샵, 일러스트레이터, 인디자인, 라이트룸, 프리미어, 애프터이펙트 등이 있다.

고작 덧셈, 뺄셈, 곱셈의 함수를 입력하며 마치 이과생이라도 된 것처럼 우쭐하기도 했다. 그러다 어김없이 세금 신고 날이 되면 영수증을 모으고 엑셀에 정리하며 '내가 이러려고 시작했나. 도대체 디자인은 언제 하지? 제품은 언제 만들지?'라는 '현타'가 오기도 했다. 세금 신고 날은 어찌나 빨리 다가오고 매번 할 때마다 새로운지. 그날이 되면 바보 멍청이가 되는 듯한 기분이었다.

세금 신고 날만 바쁜 것은 아니다. 매일매일 들어오는 주문 건을 확인해 취합하고, 운송장을 출력하고, 하나하나 정성 들여 포장하고, 박스에 운송장을 붙이고, 택배 박스를 기사님께 전달하고 나면 야속하게도 해가 지고 저녁이 돼 있었다. 하루 종일 생산적인 일을 하나도 하지 못했다는 생각에 초조하면서도 이미 에너지는 고갈된 상태. 저녁만 먹고 컴퓨터 앞에 다시 앉아 보자 다짐하지만 저녁을 먹고 나면 어김없이 졸음이 밀려왔고, '내일 하자!'라는 유혹에 지곤 했다. 그나마 나는 조쓰와 함께여서 덜했지만 만약 그 많은 일을 혼자 처리했다면 진작 포기했을지도 모르겠다는 생각을 자주 했다.

그렇게 매일 바쁜 업무에 치이다 보니 어느새 축축 처지기 시작했다. 재미있는 일을 해야 에너지가 샘솟는 나에게 새로울 것이 전혀 없는 똑같은 업무는 쥐약이었다. 특히 집에서 사업을 하던 터라 더 그랬다. 눈앞에 보이는 침대가 자꾸 나를 유혹했고, '좀 지치는데 잠시 누워 쉬어 볼까?' 하다가 늘 게으름에 짓눌려 중요한 일을 미뤘다. 일을 하는 것보다 집밥을 요리해 먹는 것에 더 열정적이었고, 내 브랜드에 대한 꿈을 그리기보다는 침대에 누워 잠을 자며 꿈을 더 많이 꿨던 것 같다. 내가 지독하게 게으른 사람이란 것을 망각하고 있었다. 천성이 무척 게을러서 새로운 자극으로 열심히 채찍질하지 않으면 바닥에 풀썩 주저앉고 마는 사람이란 것을. 그래서 나는 또 선언했다.

"조쓰! 집을 벗어나서 작업실이나 쇼룸을 만들자. 도저히 안 되겠어. 이러다 우리 게을러서 굶어 죽겠어!"

그때 우리는 마치 작고 연약한 카약에 타서 열심히 노를 젓는 사람들 같았다. 작고 작은 카약에서 우리가 할 수 있는 일은 노를 젓는 것뿐이었다. 열심히 노를 저어야만 앞으로 갈 수 있었고, 잘못 젓기라도 하면 에너지만 소진된 채 전혀 앞으로 나아가지 못하고 제자리를 뱅글뱅글 돌기도 했다. 노만 저을 뿐 멀리 풍경을 바라볼 여유도 없었다. 그러다 지쳐서 방전되기를 반복하던 시기. 우리의 한계가 느껴졌다. 둘밖에 없었기에 언제든 멈춰도 되고, 쉬어도 되고, 심지어 뒤집어져도 다시 올라오면 그만이고, 충분히 자유로웠지만, 새롭고 흥미로운 일에서 추진력을 얻는 우리 둘에겐 카약이 답답하기만 했다. 조금 더 넓은 세상으로 나가고 싶었고, 배도 옮겨 타고 싶었다. 우리를 채찍질할 뭔가가 필요했다. 그래서 일단 박스 먼지가 가득한 그 작은 집에서 나가기로 했다. 오롤리데이를 론칭하고 반년이 흐른 후였다.

화려하게
침몰한

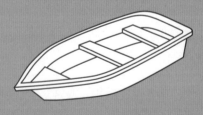

2~4년차

통통배

카약에서 벗어나겠다고 선언한 조쓰와 나는 게으른 우리를 채찍질해 줄 작업실을 찾기 위해 스쿠터에 시동을 걸었다. 꽤 추운 늦가을이었기에 옷을 단단히 채비하고 헬멧을 야무지게 쓴 채 서울 구석구석을 누벼 보기로 했다. 거래하는 공장이 대부분 동대문, 을지로, 충무로에 위치하기에 지리적으로 적합하다고 느낀 종로를 첫 번째 타깃으로 잡았다. 구석구석 살펴보다가 우연히 낯선 골목에 들어섰는데, 그때 느낀 생경한 기분을 아직도 잊지 못한다. 좁은 골목을 따라 큰 성곽 같은 담벼락과 오래된 공장이 쭉 이어져 있었다. 골목을 걷다가 '점포 임대'라고 크게 적혀 있는 낡아 빠진 2층 건물을 발견했다. 왠지 그 건물 옥상에 올라가면 높은 담벼락 건너편이 보일 것 같았다. 아직 내부를 보지도 않았고 겉모습이 하나도 근사하지 않았는데도 이상하게 그곳이 궁금해졌다.

우리는 건물 임대료가 어느 정도면 임대할 수 있을지 이야기를 나눈 후 보증금과 월세의 마지노선을 생각하며 떨리는 마음으로 전화를 걸었다. 그런데 정말 신기하게도 전화기 너머로 들려오는 보증금과 월세는 우리가 정한 마지노선과 단 10원의 오차 없이 정확히 일치했다. 이런 운명 같은 만남이라니! 망설일 필요가 없었다. 건물을 더 자세히 보고 싶다고 이야기하자 부동산 사장님이 한달음에 달려오셨다. 내부는 외부보다 더 형편없었다. 금속 공장이던 건물은 사방팔방이 불에 그을린 자국과 철가루로 검게 변해 있었다. 잘못 발을 디뎠다가는 부서질 것 같은 위태로운 계단을 밟고 옥상으로 올라가 드디어 반대편에 있는 높은 담벼락 너머를 구경했다. 그곳은 종묘

화려하게 침몰한 통통배

였다. 무려 세계문화유산 종묘! 겨울을 준비하느라 이파리를 다 떨군 앙상한 나무만 가득했지만, 머릿속으로는 그 숲의 봄, 여름, 가을을 상상하고 있었다. 조쓰를 바라보니 나와 비슷한 마음인 것 같았다. 가슴이 뛰었다. 통장에 얼마가 있는지, 40평이 넘는 큰 공간을 어떻게 채우고 운영할지, 지저분하고 위태로운 공간을 어떻게 고쳐야 할지 따위의 걱정은 하지 않은 채 계약서를 쓰고 말았다. 누구 한 명이 일을 벌이면 한 명은 수습을 해야 하는데, 애석하게도 우리는 둘 다 벌이는 인간이었던 것이다.

오롤리데이의 첫 쇼룸 오픈!

어릴 적부터 엄마가 늘 했던 이야기가 있다. "재주가 많으면 몸이 고생해." 그 말대로 결국 재주 많은 우리 부부의 고생길이 열렸다. 보증금을 주고 나니 통장에 3,000만 원이 남았고 우리는 그 돈으로 고생을, 아니, 공사를 시작했다. 산업디자인을 전공하고 공사판에서 수년간 경험을 쌓으며 어깨너머로 배운 것이 많은 조쓰는 자잘하게 할 수 있는 일이 정말 많았다. 전기, 수도, 목공 등 웬만한 공사에 필요한 재주가 있었지만, 문제는 어느 것 하나 전문적이진 않다는 것이었다. 그렇지만 우리가 갖고 있는 돈으로는 업체의 도움을 받을 수 없었기에 다른 선택사항은 없었다.

일단 공사를 시작하기 전에 그 큰 공간을 무엇으로 채울 것이냐
는 고민이 1순위였다. 당시 오롤리데이 이름을 단 제품이 고작 10개
남짓밖에 되지 않았고, 그 제품으로는 단 0.5평도 채우기 힘들었다.
아무리 공사를 하며 신제품을 부지런히 개발한다 해도 제품만으로
큰 공간을 채우는 것은 불가능했다. 그래서 오롤리데이의 쇼룸을 찾
아오는 손님이라면 어떤 것을 기대할지, 그 손님들에게 무엇을 해 줄
수 있을지 고민했다. 그리고 내가 그들을 만족시키기 위해 무엇을 하
고 싶은지 정리해 봤다.

1. 오롤리데이의 제품을 많이 보여 주고 싶다.
2. 오롤리데이 제품뿐만 아니라 내 취향이 담긴 셀렉트 제품도 보여 주
   면 좋겠다.
3. 지하철역에서 꽤 먼 이곳까지 찾아온 손님들에게 시원한 혹은 따뜻한
   음료를 대접할 수 있으면 좋겠다.
4. 옥상 종묘 뷰를 꼭 자랑하고 싶다.

정리하고 나니 심플해졌다. '우리 제품뿐만 아니라 다른 제품
도 함께 채울 것. 그리고 음료를 판매할 수 있는 작은 카페를 운영할
것.' 1층은 카페와 쇼룸이 공존하는 공간으로, 2층은 우리의 작업실
로, 옥상은 손님들이 맘껏 올라가 숲을 보며 여행 온 기분으로 쉴 수
있는 공간으로 계획하고 '도심 속 오아시스'라는 콘셉트를 잡아 공사
에 참고할 자료를 찾았다. 쏟아지는 레퍼런스 사이에서 지쳐 갈 때쯤

화려하게 침몰한 통통배

끊임없이 보수하느라 신경이 날카로워져 있는 우리였지만 동생이 따뜻해 보이는 사진으로 남겨 줬다.

하와이의 한 핑크색 호텔 사진을 보고 가슴이 두근거렸다. 그러고 보니 한국에선 핑크색을 과감하게 쓴 공간을 만난 적이 없었다. 핑크색을 여유롭고, 편안하고, 자유롭고, 특별함을 느낄 수 있는 색으로 사용해 보고 싶다는 욕망이 생겼다. 분홍과 숲의 초록색이 만나면 정말 아름답겠다는 상상을 하면서.

전체적인 기획을 정리한 후 본격적으로 몸을 움직이기 시작했다. 스케치업이나 캐드[●] 등 전문적인 도면 프로그램이 아닌 어도비 일러스트레이터로 도면을 그리고, 프로세스마다 전문 분야의 반장님을 일당으로 고용해 공사를 진행했다. 물론 우리가 할 수 있는 것은 최대한 스스로 했다. 자잘한 페인트칠, 조명 달기, 심지어 시멘트 미장까지. 못생기고 낡은 창문을 전부 철거해 구멍이 숭숭 뚫려 있는 그 건물에서 종묘 숲에서 불어오는 칼바람을 맞으며 가혹한 공사를 이어 나갔다. 당연히 우리 둘 다 전문가가 아니었기에 작업 속도는 더뎠고, 야속하게도 시간은 빠르게 흘러갔다. 새벽에 출근해서 또 다음 날 새벽에 퇴근하는 일을 세 달째 반복했더니 몸도 정신도 지쳐 갔다. 서로의 숨소리만 들어도 신경이 곤두서는 치사하고 예민한 상태가 돼 있었다. "숨 좀 쉬지 마!"라고 끔찍한 말을 할 뻔한 적이 한두 번이 아니다(뱉은 것 같기도 하고…).

예민함이 극에 달할 때쯤 공사는 얼추 마무리돼 가고 있었다. 더

● 스케치업은 3D 모델링을, 캐드는 설계를 할 때 주로 사용하는 소프트웨어다. 건축이나 인테리어를 할 때 많이 사용한다.

불어 통장도 '텅장'이 됐다. 아직 모자란 부분이 가득하고, 마무리되려면 한참 걸릴 것 같았지만 도저히 월세를 더 내며 공사를 지속할 수 없었기에 두 눈을 질끈 감고 공사를 중단했다. 공사를 시작한 지 5개월이 지나서야 드디어 오픈하겠다는 결심을 한 것이다.

문제는 그때부터였다. 공사는 꾸역꾸역 해 왔는데 당장 손님에게 대접할 레모네이드 재료인 레몬 몇 알 살 돈도 없다는 것을 깨달았다. 그 현실을 직시한 순간 너무 막막한 마음에 눈물이 났다.

결국 우리는 오롤리데이를 론칭한 후 처음으로 대출을 받기 위해 은행에 갔다. 감사하게도 영세한 청년 창업자를 위한 대출 제도가 있었고, 오픈을 위한 소박한 돈을 대출받을 수 있었다. 목이 빠져라 기다리던 대출금이 나온 날, 기쁜 마음에 중국집에 가서 무려 탕수육을 시켜 먹었다. 한동안 컵라면에 김밥을 사 먹었는데, 드디어 우리도 탕수육을 먹을 수 있다며 함박웃음을 지으면서 소스까지 싹싹 긁어 먹었다. 국가가 빌려준 돈으로 먹는 탕수육이었지만 정말 맛있었다.

대출받은 돈으로 만들고 싶은 제품을 만들고, 내 취향에 맞는 제품을 셀렉트하러 시장을 돌아다니고, 마트에 가 알이 굵은 레몬과 자몽을 사서 열심히 씻고 칼질하고 씨를 빼 가며 청을 담갔다. 처음엔 레모네이드와 자몽에이드 정도만 만들자고 했는데, 점차 욕심이 생겨 메뉴를 추가로 개발했다. 몇 날 며칠 메뉴를 연구한 끝에 처음 메뉴판에 적힌 메뉴는 음료 3종, 칵테일 3종, 맥주 5종, 스낵 3종이었다 (그 당시 내가 커피 맛을 잘 몰랐기에 커피는 없었다).

부랴부랴 메뉴판을 만들고 마무리 청소를 하고 오픈을 기다리던 바로 전날 밤의 기분을 잊을 수 없다. '손님이 오지 않으면 어떡하지?' '내가 만든 레모네이드가 맛없다고 하면 어떡하지?' '제품이 별로 없어서 실망하면 어떡하지?'라는 두려움과 우리가 만든 힐링 공간인 핑크색 옥상을 빨리 보여 주고 싶은 설레는 마음이 공존했다.

2015년 7월 3일. 공사를 시작한 지 8개월 만에 드디어 우리의 하얗고 분홍분홍한 공간을 오픈했다. "드디어 고생 끝이야!"라고 외치면서. 그때야 비로소 고생이 시작된 것을 모른 채로 말이다.

뜻밖의 성공 1 : 오롤리데이, 핫 플레이스가 되다?

부엌과도, 포스기와도 친해지지 못한 채 허둥지둥하는 우리 앞에 손님들이 찾아왔다. 직접 키운 바질과 민트를 넣은 레모네이드를 마시며, 분홍색으로 칠한 옥상에 앉아 종묘에서 불어오는 바람을 느끼며, 내가 디자인한 제품을 보면서 귀엽다고 함박웃음을 짓는 손님들을 보는 기쁨이 정말 컸다. 실내는 벽이며 바닥이며 온통 하얀색으로 칠해져 있어 매일 밤낮으로 쭈그려 앉아 매직블록으로 닦아 내는 수고를 해야 했지만, 업무가 끝난 다음에도 부엌에 남아 오랫동안 레몬을 썰고 씨를 빼야 했지만, 우리를 좋아해 주는 손님들을 만나는 것은 생각보다 더 큰 기쁨이었다. 온라인에서 제품 후기만 보다 손님들이 웃는 모습을 직접 보니 훨씬 큰 보람이 느껴졌다. 그래서 더 욕심이 났다. 더 맛있는 음료를 만들고 싶어서 매일 레시피를 테스트하고, 새로운 음료와 스낵을 만들기 위해 요리책을 뒤적였다. 카페에서 알바를 해 본 적이 없었기에 또 맨땅에 헤딩이었지만, 나는 늘 그래왔으니 그 헤딩이 나쁘지 않았다. 음료 제조 기술은 날이 갈수록 늘었고, 커피 머신을 들여와 매일 라테 아트를 연습했다. 우리가 시간과 마음을 쓰는 만큼 손님도 늘어났다.

어느덧 대기 번호를 마련해야 할 만큼 손님이 많아졌고, 온갖 잡지에 소개되면서 외국 손님도 찾아오는 그야말로 '핫'한 카페가 됐다. '작업실 옆에 조그맣게 붙어 있는 카페를 만들자'라는 첫 의도와는 달리 카페 규모가 점점 커지고 있었고, 반대로 한 층을 다 쓰던 우리의 작업실은 (카페 일에 집중하느라고 디자인 작업을 하지 못해서) 기능을 상실한 채 규모가 점점 작아지고 있었다. 결국 2층 구석에 아주 작게 작업실이 자리하고 나머지 공간은 다 카페 좌석으로 바뀌었다. 정신을 차려 보니 나는 오롤리데이 브랜드의 디자이너가 아니라 오롤리데이라는 카페의 바리스타가 돼 있었다. 디자인 작업을 하는 아이맥과는 데면데면하고 에스프레소 머신과만 친한 아이러니한 상황이 된 것이다.

누가 물장사가 쉽고 돈을 많이 번다고 했던가. 물론 쉽게 많이 벌 방법은 분명 있다. 맛을 내는 시럽이나 가루 등을 사용하면 당연히 그럴 수 있다. 하지만 내 자존심이 용납하지 않았다. 싸고 편한 재료와 타협하고 싶지 않았다. 그래서 좋고 비싼 재료를 사고, 핸드메이드로 각종 청이며 즙이며 진액을 만들고, 기존 레시피가 아닌 손이 많이 가고 번거로운 새로운 레시피를 개발했다. 원가 따위 계산하지 않고 내가 먹었을 때 맛있는 것이 기준이었다. 그러니 당연히 몸은 힘들었고, 그렇지만 노력에 비해 많이 벌리지는 않는 구조였다. 영업을 마치면 녹초가 되기 일쑤여서 아무것도 할 힘이 없었다. 퇴근해서 주도적으로 하는 유일한 일이 맥주 마시기 정도였으니.

그때 우리 공간의 운영 시간은 무척 독특했다. 매달 1일부터 21일까지 휴무 없이 카페와 쇼룸을 운영하고, 22일부터 말일까지는 쭉 휴무였다. 보통 요식업 자영업자나 스태프는 휴가를 길게 갖거나 여행을 가기 힘든 구조이기 때문에, 몰아서 쉬는 기간 동안 여유를 잊지 않고 충분히 리프레시하기 위함이었다.

그래서 현실은? 훗…. 카페를 운영한 2년간 딱 두 번 여행을 다녀왔다. 21일까지 카페 일과 디자인 일을 병행할 수 있을 거라 생각한 것은 아주 큰 착각이었다. 카페 운영 시간에는 카페 일 말곤 아무것도 할 수 없었다. 그러니 브랜드를 유지하고 신제품도 내기 위해서는 마지막 한 주는 작업실에 틀어박혀 디자인을 해야 했다. 21일 동안은 카페 일을 열심히, 나머지 9일 동안은 디자인을 열심히 하는, 즉 한 달 내내 하루도 제대로 쉬지 못하는 일개미가 된 것이다.

카페 휴무일에 2층 사무실에서 일하고 있으면 카페에 왔다가 허탕을 친 손님들이 "여기 완전 땡보야~ 아주 편하게 장사하네. 무슨 휴일이 이렇게 길어? 땡보다, 땡보!"라고 말하는 것을 여러 번 들었다. 그럼 속으로 '아니에요, 저 이렇게 열심히 일하고 있다고요!'라고 외치며 울었다. 집에서 뒹굴거리면서 게을러서 죽겠다며 찡찡거리던 그 호사스러운 순간이 자주 그리워지는 시절이었다.

뜻밖의 성공 2 : 오롤리데이, 다이어리 맛집이 되다?

그렇게 겨우겨우 시간을 쪼개 디자인하며 만든 오롤리데이의 두 번째 다이어리가 대박이 났다. 카페 때문에 브랜드가 유명해진 덕도 있지만, 사실 대박이 난 것은 스타 마케팅 덕분이었다. 정확히 말하자면, 의도한 마케팅은 아니고 생각지도 않게 친구 덕을 본 것이다. 친한 친구가 그 무렵 갑자기 유명한 배우가 되면서 그 친구가 쓰는 다이어리, 즉 우리의 다이어리가 'OOO의 다이어리'로 유명세를 탄 것이다. 그 친구의 팬들이 구매 사이트로 몰려와 구매하기 시작했고, 보통 하루에 20~30건이던 주문 건수가 100~200건을 돌파했다. 초도 물량이 컬러별로 300권씩 총 1,200권 입고됐는데, 며칠 만에 품절돼 재발주를 넣었다. 그 많은 수량을 보관하고 포장할 공간이 도저히 나오지 않아 급하게 카페 옆에 놀고 있던 지하 공간을 빌려 임시 작업실을 만들었다.

카페에 손님이 없는 시간에 지하실로 달려가 포장하고, 다시 카페로 달려와 레몬 청을 만들다가, 또 달려가서 새벽까지 포장을 하는

데도 뽑아 놓은 운송장이 줄어들 기미가 보이지 않았다. 거기다 어찌나 문의 글이 쇄도하는지. 게시판에 확인하지 못한 글이 수백 개씩 쌓이니 기쁜 마음보다는 두려운 마음이 더 커졌다. 다정한 브랜드를 만들고 싶었는데, 다정할 수 없어 마음이 많이 무거웠다.

하루에 12시간씩 포장하느라 어깨가 탈골된 것처럼 아팠고, 체력이 바닥나 정신도 너덜너덜했다. 우리끼리 할 수 있는 범위를 벗어난 것이다. 결국 직원을 고용하기로 결심했다. 카페에 함께하는 직원이 있었지만 오롤리데이라는 브랜드에서 직원을 고용하기로 한 것은 그때가 처음이었다. 채용 공고를 낼 시간이 없을 만큼 정신없이 바빴는데, 감사하게도 우리와 함께 일하고 싶다고 오랫동안 러브콜을 보내준 분이 있어 연락했더니 흔쾌히 임시 사무실로 찾아와 줬다. 사람 손이 하나 늘었다고 일이 수월해졌다. 우리끼리 감당하기 버거웠던 일이 조금씩 덜어지기 시작했다. 별것 없는 작은 회사에 들어와 애정을 갖고 열심히 일해 주는 직원이 너무나 고마웠다.

첫 직원이 생겼다

오롤리데이의 첫 직원에게 CS Customer Service 임무를 줬다. 말이 CS지, 디자인을 제외한 모든 업무를 담당했다. 주문 관리부터 제품 포장, 배송 등 내가 하기 힘들어하던 일을 아주 꼼꼼하게 잘하는 친구였다.

　　　　　　　　　　　화려하게 침몰한 통통배

엉망이었던 물류 창고가 착착 정리되고, 문의 글에 빠르게 답변이 달리기 시작했다. 나랑 동갑이어서 대화도 잘 통해 함께 이런저런 이야기를 나누는 시간이 즐거웠다. 매일매일 속으로 '아, 직원이 생긴다는 것은 너무나도 좋은 일이다!'라고 외쳤다.

그렇게 한 자리가 해결되자 다른 빈자리가 보였다. 바로 '디자이너'였다. 다이어리가 대박 나 이름을 알리기 시작했으니 그 흐름을 타 더 많은 제품을 출시해야겠다는 생각이 들었다. 카페가 유명해지는 만큼 오롤리데이라는 브랜드도 좋은 제품으로 더 인정받고 싶었다. 하지만 카페 일을 병행하며 혼자서 지금보다 많은 제품을 출시하기란 불가능한 일이었다. 그래서 디자이너를 채용해 함께 만들어 가야겠다고 생각했다. 디자인·제품 회사에서 디자이너가 얼마나 중요한 역할을 하는지 알기에 어떻게 채용해야 할지 특히 막막했다. 그러던 중 예전에 지나가는 말로 "언니, 저 오롤리데이에서 일하게 해 주세요"라고 얘기했던 동생이 생각났다. 오래전부터 인스타그램으로 연이 있던 친구였는데, 워낙 감각이 좋고 디자인을 잘한다는 것을 알고 있었던 터라 함께 일해 보고 싶다는 생각이 들었다. 결국 그 친구를 오롤리데이의 두 번째 직원으로 채용했다.

그렇게 오롤리데이에 새 멤버가 2명이나 늘어났다. 너무나도 즐거웠다. 사무실에서 조잘조잘 수다를 나눌 대상이 있다는 것도 좋았고, 내가 디자인한 것을 그동안은 늘 혼자 보고 평가했는데 누군가와 함께 발전시킬 수 있다는 것도 정말 좋았다. 함께 점심을 먹는 시간도, 카페를 오픈하기 전에 옥상에 앉아 시원한 커피를 마시며 보내는 여유로운 시간도 좋았다.

하지만 매 순간이 좋았던 것은 아니다. 직원이 생기면 내 일이 줄어들 것이라고 기대했는데, 딱히 그렇지는 않았다. 그들이 무용했다는 이야기가 절대로 아니다. 처음으로 누군가의 리더가 된 나는 그들에게 어떤 업무를 줘야 할지 막막하고 난감했다. 좋은 사장이 되고 싶다는 막연한 바람 때문에 그들에게 뭔가를 지시하기가 매우 어려웠고, 일이 많은 날에도 직원들을 모두 퇴근시키고 홀로 남아 일을 처리했다. 그들이 무용한 것이 아니라 내가 무능했다는 이야기다. 그들의 능력을 발견하고 활용할 수 있는 능력이 없었던 것이다. 회사를 제대로 다녀 본 경험이 없어서 팀워크가 뭔지, 팀워크란 것을 어떻게 만들어야 하는지 전혀 몰랐다. 그때부터 마음속에서 갈등이 시작됐다.

번아웃을 통해 깨달은 리더의 자질

손님이 줄지어 늘어서던 핫한 카페를 지금도 운영하고 있을까? 아니다. 오픈한 지 딱 2년을 채우고 2017년 여름에 문을 닫았다. 한동안 턱관절에 통증이 있었는데, 어느 날 갑자기 빡 하는 소리와 함께 턱이 빠졌다. 말로는 표현하기 힘든 격한 통증이 찾아왔다.

턱관절만 문제가 아니었다. 갑작스레 극심한 어지럼증이 몰려와

온 세상이 파도처럼 요동쳤다. 시도 때도 없이 어지러워 설거지를 하다가 주저앉고, 길을 걷다가 멈춰 서기를 반복했다. 대학 병원에 가서 이석증 검사부터 뇌 검사, 암 검사까지 다 받았지만 어떤 원인도 찾지 못했다. 이런 이상한 통증이 반복되면서 내 건강에, 그리고 내 삶에 적신호가 왔다는 것을 알아차렸다.

과연 이유가 무엇일까. 답을 모를 땐 결국 나 스스로에게 질문하는 것만큼 정확한 것은 없기에, 퇴근 후 매일 밤 스스로에게 질문을 하고 또 했다.

Q. 롤리, 요즘 힘들어?

A. 응, 그런 것 같아. 왜 이렇게 몸이 아프고 괴롭지? 그리고 자꾸 조쓰에게 짜증을 내게 되고 툭하면 눈물이 나. 가슴이 답답해. 답답한 것투성이야.

Q. 왜 그런 것 같아?

A. 잘 모르겠어. 그냥 좀 지친 것 같아. 카페와 브랜드 운영이 너무 힘들어.

Q. 왜? 좋아하는 거 아니었어? 어떤 게 힘든데?

A. 맞아. 재미있기도 해. 손님들이 카페를 좋아해 주는 것도 너무 고맙고, 덕분에 오롤리데이가 많이 유명해진 것 같아. 하지만 문득 주객이 전도된 것 같다는 생각이 들더라고. 나는 분명 누군가를 행복하게 해 주는

제품을 만들고 싶어서 이 브랜드를 시작했고, 쇼룸을 여는 과정에서 카페는 하나의 '서비스' 개념이었는데 이제는 그 반대가 된 거지. 카페는 내 기대보다 더 큰 관심을 얻으며 유명해졌어. 하필 카페 이름을 브랜드 이름과 동일하게 짓는 바람에 나 스스로도 혼돈에 빠지는 것 같아. 오롤리데이가 카페인지 아니면 제품 브랜드인지. 지난번에 한 손님이 우리 제품을 보고 '카페 굿즈'라고 칭하는데, 요상한 기분이 들더라고. 나는 오롤리데이의 제품이 그 자체로 인정받고 사랑받기를 원하는데, 그냥 카페에서 판매하는 굿즈 정도의 의미로만 머무는 것 같아서 조금 속상했어. 그리고 이 방향이 내가 정말 원하는 방향인지에 대해 혼란스러워졌지. 카페를 운영하며 그 일에 더 신경 쓰게 되면서 내가 정말 하고 싶은 디자인에 집중하지 못하는 느낌이라 그것도 좀 힘들어. 그래서 카페를 정리해야 하나 하는 생각이 들더라고.

Q. 그래도 카페 덕분에 매출도 많이 오르고 유명세도 생겼잖아. 정리하기엔 아깝지 않겠어?

A. 이번에 확실히 느낀 게 있다면, 내 삶에서 돈은 큰 동기부여가 되진 않는 것 같다는 거야. 매출이 늘어난다고 내 행복이 깊어지는 건 아니더라고. 그리고 나 진짜 열심히 했나 봐. 딱히 아깝다는 생각이 들진 않네? 왜, 연애할 때도 아낌없이 마음을 준 사람은 아쉽지 않다고 하잖아.

Q. 혹시 그것 말고 또 다른 고민이 있어?

A. 직원에 대한 고민이 있어. 처음에 직원을 채용하는 과정에서 오롤리

화려하게 침몰한 통통배

데이에 직원이 왜 필요한지, 어떤 일을 분배할 건지, 그리고 어떤 기준으로 채용해야 하는지 깊이 고민하지 않았던 것 같아. 일손이 필요해서 급하게 채용하긴 했지만 채용만 하면 팀워크가 저절로 생길 줄 알았고, 내가 좋은 사장, 좋은 리더가 될 수 있는 사람이라는 자신이 있었던 것 같아. 하지만 아니더라고. 특히 가장 큰 고민이 '결'에 대한 부분이야. 나와 결이 잘 맞는 친구도 있지만 아닌 친구도 있거든. 결이 맞지 않는다는 건 내가 옳고 상대방이 그르다는 게 아니라, 말 그대로 나와 그 사람이 다르다는 이야기지. 나는 누군가에게 내 모든 걸 보여 주는 것을 망설이지 않는 사람이잖아. 그러니 당연히 관계가 깊어질 수밖에 없어. 거기다 하루 종일 좁은 공간에서 함께하는 사이니 더 그렇지. 그런데 그 과정에서 상대와 내가 다르다는 걸 깨달았어. 그게 생각보다 많이 힘들더라고. 나에겐 일이 삶의 전부나 다름없는데, 결이 다른 사람과 함께 삶의 전부를 나눈다는 게 꽤 힘든 일이더라고. 좋은 사장이 돼야 한다는, 스스로에게 주는 압박감 때문에 더욱 그래. 결국 이 말은 내가 힘들었던 만큼 상대방도 힘들었을 수도 있다는 뜻이겠지?

Q. 힘들었겠다. 그럼 네가 말하는 결이 뭐야?
A. 사실 결 자체를 구체적인 문장으로 설명하긴 좀 어려워. 둘 사이에 생기는 에너지, 기운 등 추상적인 것에 더 가까운 듯해. 그래도 구체화하자면, 쉽게 겉으로 드러나는 건 취향이 있겠고, 평상시 자주 하는 행동과 말투와 태도가 있겠고, 가장 중요한 건 가치관이지. 같은 것을 보고 서로 다른 생각과 말을 하는 횟수가 늘어날수록 뭔가를 같이 하기 힘든 관

계가 되는 것 같아. 그러다 보면 마음속에서 거리감이 생기게 되지. 특히 미래를 향해 함께 가야 하는 동료 사이라면 미래에 대한 가치관이 정말 중요한 것 같아. 처음부터 그 사람이 어떤 결을 지닌 사람인지 한눈에 파악하기는 어렵겠지만, 그래도 앞으로 직원을 채용할 때는 결을 확인할 수 있는 질문을 많이 던지고 싶어.

역시 스스로에게 질문하니 내가 맞닥뜨린 문제와 답이 선명해졌다. 행복하게 일할 수 있는 일터를 만들어야겠다는, 직원들뿐만 아니라 사장인 나도 행복해야겠다는 생각을 했다. 함께 행복하게 일해야 진정한 행복을 전하는 브랜드가 될 것이라는 확신이 들었기 때문이다. 나는 그때 행복하지 않았고, 그래서 많은 사람들에게 행복을 전해 줄 자신이 없었다. 그래서 카페를 정리하고 결이 맞지 않은 직원과도 작별했다. 모든 것을 다시 세팅해 새로운 마음으로 시작하고 싶었다. 이 모든 것은 내가 리더로서 무능했기에 겪은 일이다.

카약에서 통통배로 성장하며 규모는 커졌지만 방향을 잡고 제대로 운전하는 선장도, 내비게이션도, 그 어떤 시스템도 없었던 통통배는 그렇게 고꾸라졌다. 갈피를 잡지 못하고 정처 없이 떠돌던 통통배는 겨우겨우 육지에 정박한 후 함께해 준 선원들에게 씁쓸한 안녕을 고해야만 했다. 선장이 휘청이는 만큼 작은 배도 함께 흔들렸고, 재

화려하게 침몰한 통통배

정비가 필요했기에 운행을 멈추고 휴식을 택해야 했다. 일단 선장의
건강을 회복하는 것이 급선무였다.

목적지가
없는

5~6년 차

돛단배

종로에서의 화려한 시절을 정리하고 서울 외곽의 조용한 마을 상계동으로 거처를 옮겼다. 왜 상계동이냐고, 연고지가 있냐고 많이들 물어봤지만 전혀 아니었다. 부모님 도움 하나 없이 은평구 작은 전셋집에서 신혼 생활과 자영업을 시작한 우리는 추억이 가득한 작고 소중한 빌라에서 하루아침에 쫓겨나는 신세가 됐다. 그 난감한 상황에 카페를 정리해야겠다는 생각을 동시에 하고 있었기에 이왕이면 집과 사무실을 한 번에 해결할 공간을 찾고 있었다.

직원들과 함께 일하는 사무실, 제품을 보관하는 물류실, 손님들이 머무는 공간, 우리가 사는 집이 한곳에 모여 있으면 했다. 그렇게 할 수 있는 공간을 찾아 서울 곳곳을 다녔고, 그 과정에서 아파트 전셋값보다 훨씬 싼 금액으로 건물을 살 수 있다는 놀라운 사실을 알게 됐다. 물론 아주 낯설고 한 번도 가 본 적 없는, 물리적 거리와 심적 거리가 먼 상계동으로 와야 했지만 말이다.

이사 후 몇 년에 걸쳐 리모델링을 했기에 지금은 꽤나 그럴싸한 건물처럼 보이지만 처음엔 그저 낡고 촌스러운 건물이었다. 20년 전에 지었는데 한 번도 보수를 하지 않아 성한 곳이 없었고, 여러 사람과 세월의 흔적으로 오염돼 있었다. 낡고 좁은 방에 누워 있으면 복잡한 심정이 드는 반면 이상하게 마음이 후련했다. 다시 시작하는 기분이 들었다. (나름) 화려한 곳에 있을 땐 그다음 스텝은 무엇인지, 내가 무엇을 해야 행복할지 몰라 두려워 답답했다면, 낡고 작은 집에선 뭐든 시작할 수 있을 듯한 기분이었다.

당장 리모델링에 쏟을 돈도, 에너지도 없었던 터라 조쓰와 나, 그

목적지가 없는 돛단배

리고 종로에서 상계동으로 함께 오게 된 직원까지 셋이서 앉을 수 있는 최소한의 공간을 꾸리고 업무를 시작했다. 한 2년 만인가? 디자인에 집중하는 순간이! 컴퓨터 앞에 앉아 이런저런 것을 그리며 밤새도록 디자인하는 그 순간이 너무나도 설레고 짜릿했다.

새 시작, 다시 시동을 걸어 보자!

설렁설렁한 듯하지만 열정만은 대단했던 그때, 홍대에 있는 편집숍 오브젝트에서 연락이 왔다. 오롤리데이가 한 층을 맡아 2주 동안 팝업 전시를 꾸며 줬으면 좋겠다고 했다. 당시 나는 몸과 마음이 완전히 회복된 상태도 아니었고, 오롤리데이의 디자인 방향성에 대해 갈피를 잡지 못하고 방황하고 있었다. '행복'이라는 콘셉트만 있었지, 우리만의 아이덴티티가 확실히 느껴지는 키 비주얼 key visual 에 대한 정리가 덜 돼 있다고 느꼈기 때문이다. 그래서 덥석 제안을 받아들일 수 없었다. 조쓰와 함께 며칠을 고민하던 중, 갑자기 이게 기회가 될 수도 있겠다는 생각이 들었다.

'그래, 나는 늘 닥치면 잘해 왔던 사람이지? 이번에도 한번 챌린지해 보자. 나를 궁지로 몰아 보자!'

전시 준비 기간이 그리 넉넉하지 않았기에 발등에 불이 떨어진 심정으로 컴퓨터 앞에 앉았다. 전시를 한다는 것은 누군가를 설득한다는 말과 같다. 오롤리데이를 아는 사람보다 모르는 사람이 더 많이 올 것이고, 모르는 사람이 와도 우리가 무엇을 하는 브랜드인지, 어떤 이야기를 하는지 알 수 있어야 했다. 즉 그들의 시선을 빠르게 잡아끌어야 하고 설득해야 한다는 말이다. 우리를 잘 알고 좋아하는 사람이 전시를 본다 하더라도 그 전보다 더 좋아질 수 있게, 실망하지 않게 공간을 채워야 한다. 그러려면 일단 방황부터 끝내야 했다. 스스로 우리 브랜드에 대해 정리해야 타인을 설득할 수 있을 테니까.

그동안은 만들고 싶은 제품이 있으면 그것만 생각하며 기획하고 그 순간의 직감에 따라 만들어 왔다면, 처음으로 시야를 넓혀 방향성을 잡아야겠다고 생각했다. 우선 3년 동안 출시한 오롤리데이의 제품을 한데 모아 놓고 마음이 가는 제품과 우리답지 않다고 느껴지는 제품을 분류했다. 설령 판매도 많이 되고 인기가 있던 제품이라 할지라도 내가 마음이 가지 않는다면 가차 없이 뺐다. 만들고 나서도 온전히 마음이 가지 않았던 제품의 경우 알리는 데도 주저한 경험이 있다. 진심이 아니면 잘하지 못하는 성격상 진심으로 자랑하고 싶은 제품만 남겨 두기로, 그리고 앞으로는 그런 제품만 만들기로 다짐했다. 그러고 나서 마음이 가는 제품은 어떤 공통점이 있는지 키워드로 정리하고, 이를 하나로 통합할 수 있는 것은 무엇인지 적어 가며 톤을 맞췄다. 미니멀하지만 경쾌하고 귀여운 느낌이 들어 어떻게 사용하나에 따라 매력이 다르게 느껴지는 서체를 주력으로 사용하고, 채도 높은 컬러를 촌스럽지 않게 배색하고, 못난이 캐릭터를 적재적소에 배치하는 등 오롤리데이 하면 생각나는 이미지가 거의 이때 만들어

　　　　　　　　　　　목적지가 없는 돛단배

졌다. 브랜드가 탄생한 지 4년 만에 비주얼 아이덴티티가 정리되는 순간이었다.

어떤 행복에 대해 이야기하고 싶어?

더불어 나이키의 'Just Do It'이나 애플의 'Think Different'처럼 우리만의 슬로건을 만들어야겠다고 생각했다. 군이 오롤리데이를 어떤 브랜드라고 설명하지 않아도 그 문장 하나만으로도 충분하길 바랐다. 행복에 대해 이야기하는 브랜드는 많다. 그 속에서 우리는 어떤 뾰족함과 반짝임을 드러낼 것인지가 중요했다. 그래서 두 가지 질문을 던졌다.

1. 내가 생각하는 행복은 무엇일까?

누구나 행복을 간절히 원한다. 돈을 버는 것도, 명예를 얻는 것도, 친구를 사귀는 것도, 연애를 하는 것도, 가족을 구성하는 것도, 쇼핑을 하는 것도, 여행을 가는 것도, 맛있는 음식을 먹는 것도 궁극적으로는 각자가 행복을 찾기 위해 하는 행위다. 그렇다면 과연 그런 행위를 해냈을 때 우리는 무조건 행복해질까? 꼭 그렇지만은 않은 것 같다. 대체 행복이란 감정은 무엇이길래 이토록 어려울까. 사람들은 왜 그 추상적인 것을 좇아 행복해지려 노력하는 것일까.

사람마다 행복의 기준이 다르겠지만 나는 결국 순간순간의 자기만족에서 작은 행복을 느끼고 그런 것들이 차곡차곡 쌓여 큰 행복이 된다고 생각한다. 최소한 나는 그렇다. 늦잠을 늘어지게 자고 일어난 여유로운 휴일 아침에, 바람과 온도가 딱 적당해 오래 걷고 싶은 산책길에서, 우연히 추억이 소환되는 노래를 들었을 때, 하늘을 올려다봤는데 구름이 너무 예쁠 때, 창문을 활짝 열어 놓고 바람을 맞으면서 맥주 한잔 마시는 초여름 밤에, 뜨거운 물로 샤워를 마치고 아무것도 방해하지 않는 침대 위에 몸을 던졌을 때, 한마음 한뜻으로 이야기가 술술 진행될 때, 누군가가 나를 보며 활짝 웃을 때 나는 행복을 느낀다. 그래서 자주 행복하다.

행복은 하루에도 몇 번씩 나를 찾아오고, 그건 결코 나만 누릴 수 있는 특별한 것이 아니다. 누구나 각자의 삶에서 그런 소소한 행복을 인지하기만 한다면 충분히 누릴 수 있는 것이라고 믿었다. 그럼 누구든 자주 행복해질 수 있을 것이라고 생각했다. 즉 행복은 멀리 있거나 갖기 힘들 정도로 큰 것이 아니라 누구든 가질 수 있는 아주 작고 작은 것이라고 말이다. 그래서 우리의 브랜드 슬로건에 '당신은 이미 행복합니다'라는 전제를 넣고 싶었다.

2. '당신은 이미 행복합니다'라는 전제가 있다면, 나는 오롤리데이를 통해서 무엇을 할 수 있을까? 어떤 행복을 더 줄 수 있을까?

이 질문으로 찾은 답은 그들의 삶을 '더' 행복하게 만드는 것이었다. 당신의 삶이 이미 행복하다는 것을 알려 주고, 우리는 그 행복한

삶을 더 행복하게 만들어 주겠노라고 약속하고 싶었다. 평상시 자주
사용하는 제품이 조금 더 아름다워진다면, 그리고 '당신의 삶은 이미
행복하다고' 그 제품을 통해 자꾸 외쳐 준다면 조금 더 행복해지지
않을까? 책상 위에 놓인 다이어리를 통해서, 아침에 일어나 물을 따
라 마시는 예쁜 컵을 통해서, 툭 벗어 던진 귀여운 양말을 통해서, 방
에 붙인 포스터 한 장을 통해서 우리 삶이 조금 더 행복해지지 않을
까 싶었다. 그리고 제품으로 그 메시지를 잘 전달할 수 있을 것 같다
는 자신감이 생겼다.

O,LD! MAKES
YOUR LIFE HAPPIER.

그런 자신감으로 만든 슬로건이 바로 'Oh, lolly day! Makes
your life happier'다. '오롤리데이는 당신의 삶을 더 행복하게 만든
다'라니. 굉장히 자신감 넘치고 다부진 슬로건이지 않나. 참 신기하
게도 메시지가 정리되자마자 오롤리데이를 통해 누군가의 삶을 '더'
행복하게 만들어야겠다는 더 큰 사명감이 생겼다. 그래서 슬로건이
참 중요하다.

못난이의 화려한 컴백

지금은 오롤리데이 하면 '못난이' 캐릭터가 가장 먼저 연상되지만 사실 이때만 하더라도 못난이는 그저 오롤리데이 제품에 삽입되는 여러 일러스트 중 하나였다. 못난이가 특별한 이름 없이 그저 못난이로 불리게 된 이유다. 작정하고 만든 캐릭터가 아니기에 처음부터 정해진 이름도 없었다. '행복을 말하는 브랜드이기에 누구나 보고 따라 웃을 수 있는 웃는 얼굴을 그려 봐야겠다' 하고 그린 낙서에서 시작한 얼굴이 못난이다. 노트에 그린 주근깨 박힌 얼굴이 너무 못생겼는데, 보면 볼수록 정이 들어서 그것을 다듬어 에코 백에 프린트한 것이 못난이의 첫 등장이었다. 못난이의 데뷔라고 할 수 있겠다. 비록 핫한 데뷔는 아니었지만, 시간이 지날수록 못난이를 향한 사람들의 반응은 꽤 핫해졌다. 다들 못난이를 많이 귀여워했다. 사람, 감자, 달, 귤 등 못난이를 보는 시선도 다양했다. 그런데 사람이면 어떻고 감자면 어떻고 달이면 어떨까. 일단 씩 웃는 못난이의 얼굴을 보는 순간 다 따라 웃는데! 그래서 못난이의 존재 자체를 규정짓지 않으려 했다. 그냥 그 존재가 무엇이든 보는 사람으로 하여금 행복을 느끼도록 해 주면 된다고 생각했으니까.

전시를 준비하고 오롤리데이의 아이덴티티를 정리하던 중, '못난이의 재탄생' 혹은 '화려한 컴백'을 콘셉트로 잡으면 어떨까 생각했다. 많은 사람들에게 사랑받고 있는 못난이였지만 본격적으로 우리의 마스코트로 만들어야겠다는 생각은 해 본 적이 없었다. 그런데 이미 많은 사람들이 못난이를 오롤리데이의 마스코트로 인지하고 있는 듯했다. 못난이가 오롤리데이의 대표 얼굴이 될 수도 있겠다는 힌트를 얻었다. '그래, 그렇다면 우리 못난이를 조금 더 잘 활용해 보자! 우리의 마스코트로 만들어 보자!'라는 포부를 갖고 못난이를 필두로 한 새로운 제품을 디자인했다.

못난이를 컵에도 넣고, 마우스 패드에도 넣고, 휴대폰 케이스에도 넣고, 수많은 못난이로 포토 존도 만들었다. 그 과정에서 태어난 것이 지금도 가장 큰 사랑을 받는 못난이 삼 형제다. 어느 날 조쓰가 "못난이한테 캡 모자 하나 씌워 보는 거 어때?"라고 툭 던진 말에 "윽! 못난이가 무슨 캡 모자야!"라고 받아치고는 못 이기는 척 모자를 씌워 봤는데… 이럴 수가! 너무 귀여운 것이 아닌가. 그래서 파마 머리 못난이도 만들고, 주르륵 붙여 삼 형제를 만들었는데, 그때 탄생한 못난이 삼 형제가 지금 오롤리데이에서 가장 인기 있는 캐릭터가 됐다(그때 해 보지도 않고 비난했던 나 자신을 반성하고, 그런 나에게 큰 소리로 윽박질러 준… 아주 다정한 조쓰에게 이 자리를 빌려 사과와 감사를 전한다).

그렇게 태어난 못난이 제품의 인기는 정말 대단했다. 생각보다 많은 손님들이 전시장에 몰렸고, 포토 존에서 인증 사진을 찍어 SNS에 올리기 시작했다. 캐릭터의 힘은 생각보다 더 대단했고, 못난이의 컴백은 기대보다 더 화려했다. 못난이 '덕후'가 생겨난 것도 이때부터였다.

목적지가 없는 돛단배

드디어 '오롤리데이호'에 돛이 달렸다

걱정했던 2주간의 전시는 성공적으로 끝났고, 전시를 준비하며 더 선명해진 브랜드 아이덴티티와 전시를 찾아 준 수많은 손님들 덕분에 자존감도 높아졌다. 드디어 오롤리데이의 방향성이 명확해졌다. 병을 달고 살던 몸도 언제 그랬냐는 듯 괜찮아지기 시작했다. 결국 단순히 몸의 문제가 아니라 정신의 문제였다는 것을 깨달은 순간이었다. 그렇게 내 몸과 마음에 혹독했던 첫 번아웃이 지나갔다.

아이덴티티가 명확해지자 팬의 모습도 더 또렷해졌다. 많은 사람들이 오롤리데이를 인식하기 시작했고, 우리에게 집중했다. 드디어 오롤리데이호에도 돛이 달렸다. 물론 종로에서 카페로 유명세를 떨칠 때도 돛이 달렸다면 달린 것일 수 있겠지만, 내가 원했던 돛의 형태는 아니었기에 이 시기를 진정 우리에게 돛이 달린 시기라고 표현하고 싶다. 사람들이 오롤리데이를 '브랜드'로 봐 주기 시작한 때니까.

돛단배를 움직일 선원을 채용하자

인지도가 높아짐에 따라 당연히 매출도 오르며 일손이 부족해졌기에 본격적으로 직원을 채용했다. 당시 채용을 할 때 가장 중요하게 본 것이 앞서 말한 '결'이다. 힘든 번아웃을 통해 깨달음을 얻었으니 똑같은 실수를 할 순 없었다. 어떻게 하면 채용 과정에서 그 사람의 결을 알아볼 수 있을까, 어떻게 하면 그들과 함께 행복하게 일할 수 있을까 고민했다.

많은 회사가 지원자의 스펙을 궁금해하지만, 우리가 궁금했던 건 스펙이 아니라 '어떤 음식을 좋아하는지, 평상시 어떤 노래를 듣는지, 어떤 책을 읽는지, 어떤 생각을 하는지, 어떤 것에 스트레스를 많이 받는지, 그 스트레스를 어떻게 푸는지' 등 스스로에 대해 얼마나 잘 알고 있는지였다. 여러 질문에 대한 답을 통해 그 사람이 어떤 생각을 갖고 행동하며, 어떤 가치관으로 살아가는지 들여다보는 일이 더 중요했다. 물론 몇 가지 질문으로 그 사람의 전부를 알 순 없지만, 그래도 결을 알아보기 위해 최선을 다하고 싶었다. 지원자가 꼭 대답해야 할 질문을 뽑고, 자유로운 형식의 에세이로 질문에 답해 달라고 했다.

생각보다 많은 사람들이 우리와 함께 일하고 싶다고 손을 내밀었다. 한 장에 간략하게 본인을 소개하는 글부터 스무 장에 걸쳐 긴 에세이를 쓰는 정성을 보이는 지원자도 있었다. 토씨 하나 놓치지 않으려고 밤낮으로 열심히 읽었고, 면접 시간도 1인당 1시간씩 투자했다. 사실 면접이라기보다는 긴 대화였다. 그렇게 정성을 들였더니 우리와 결이 맞는 친구들이 하나둘 모이기 시작했다. 그들은 오롤리데이를 좋은 브랜드로 성장시키고 싶은 욕심과 애정이 있는 친구들이었다.

목적지가 없는 돛단배

몇 해 전, 첫 직원들과 함께할 땐 좋은 대표가 되고 싶어 그들에게 친한 언니처럼 다가갔다면, 이번에는 그것보다는 조금 더 조직적이지만 편안한 분위기를 만들려고 애썼다. 그리고 직원들의 복지에 대해 가장 오래 고민했다. 오롤리데이에서만큼은 '월요병'이라는 단어가 없었으면 해서 금요일에는 2시에 퇴근하는 주 32시간의 파격적인 근무 형태를 만들었다. 누구든지 일이 끝나면 눈치 보지 않고 퇴근하고, 금요일에는 남들보다 더 빨리 주말을 맞이할 수 있었다. 또 수평적인 팀을 만들고 싶어 서로를 직함이 아닌 닉네임으로 불렀다.

결이 잘 맞는 사람들과 함께하는 시간은 기대했던 것보다 훨씬 행복했다. 직원이 아니라 친구라는 착각이 들 정도로 편하고 소중했다. 회사 밖에서도 자주 만나 데이트를 할 정도였으니까. 그렇게 친하게 지내면 질서가 없어지고 회사 분위기가 너무 가벼워지지 않냐고 묻는 지인이 많았지만, 다행히 우리는 일하는 시간만큼은 어느 누구도 다른 것에 정신을 팔지 않고 오로지 각자의 일에만 집중했다. 그리고 정말 신기하게도 지각에 대해 엄격한 룰을 정하지 않았는데 어느 누구도 지각을 하지 않았다. 그러니 당연히 예민하게 체크할 필요가 없었고, 업무 시간에 딴짓을 하진 않는지 팀원들의 모니터를 힐끔힐끔 쳐다볼 필요도 없었다.

강압적인 룰이 없어도 자연스럽게 만들어진 서로 간의 규칙이 있고, 그 규칙 안에서 서로를 신뢰할 수 있다는 것이 무척 감사했다. 주 32시간이라는 무척 짧은 근무시간에 본인 일을 다 해내야겠다는 의지도 있겠지만, 무엇보다 결이 맞았기에 가능한 결과라고 생각한다.

책임감, 배려, 존중 등 기본적인 덕목을 굳이 가르치지 않아도 이미 갖추고 있는 사람들이니 가능했던 일이다.

편안함을 못 견디는 사람, 또다시 새로운 파도에 올라타다

나는 어찌 된 게 상황이 안정되면 좀이 쑤셔서 그 시간을 잘 못 견딘다. 어릴 때부터 다사다난하게 살아온 탓일까. 편안한 모래밭에 앉아 쉬다가도 높은 파도에 올라타고 싶은 욕망이 생겨난다. 그 파도에 올라타면 멋진 서퍼가 될 수 있을 것이라는 '근자감(근거 없는 자신감)' 때문에 겁도 없이 뛰어든다. 늘 두려움보다 설렘과 자신감이 앞섰고, 그래서 고민하는 쪽보다는 시작을 택했다.

오롤리데이의 선원들이 안정적으로 자리를 잡아 갈 때쯤 나는 또 새로운 파도를 발견했다. 상계동 건물 1층에 손님이 방문할 수 있는 오롤리데이 쇼룸을 만들려고 보니 '과연 단지 오롤리데이를 만나러 이 구석진 동네의 볼 것 없는 골목까지 손님들이 와 주실까?' 하는 걱정이 들었다. 종로의 카페도 위치가 그리 좋진 않았지만, 그래도 그곳은 서울 중심지였다. 그때의 상황과는 많이 달랐다.

이 동네에 와야만 하는 이유를 만들지 않으면 아무도 찾지 않을 것 같았다. 나보다 조쓰가 더 불안해했다. 손님들을 상계동에 오게

목적지가 없는 돛단배

하려면 우리 쇼룸뿐만 아니라 다른 즐길 거리를 만들어야 하고, 그 핵심엔 카페와 밥집이 있어야 한다고 강력하게 주장했다. 다시 요식업을 해야 한다는 사실이 내키지 않았지만, 그의 강력한 주장에 어느새 홀린 듯이 부동산에 가서 식당과 카페를 운영할 곳을 물색했다. 그러다 상계동 전통시장에 방치돼 있는 귀신이 나올 것 같은 2층짜리 단독주택을 발견했고, 믿기지 않을 만큼 합리적인 가격에 정신을 잃어 계약 도장을 찍었다(이쯤 되면 우리는 귀신 나오는 집 마니아인가 싶다).

계약을 하면서도 평소답지 않게 계속 주춤거렸지만, 은행 열 군데를 돌아다니며 대출까지 받아 온 조쓰의 갸륵한 열정에 더 이상 반대할 수 없었다. 정신을 차려 보니 우리는 또 그곳에서 셀프 인테리어를 하고 있었고, 나는 매일 레시피를 연구했다. 언제나 그랬듯 자금이 부족했기에 우리의 재능을 갈아 넣을 수밖에 없었다. 맙소사. 데자뷔 같은데? 어느새 우리는 또 큰 파도에 올라탔다. 부부가 둘 다 폭풍 추진력을 지니고 있을 때 생기는 리스크(?)다. 이성을 갖고 철저한 계획표를 내밀며 말릴 사람이 없다는 것.

한번 시작하면 '적당히' 못하는 나는 이왕 하는 거 제대로 하고 싶었다. 건강한 재료로 한 그릇 요리를 차려 내는 따뜻한 식당과 건강한 재료로 만드는 빵이 있는 귀여운 빵집을 기획하고, 요리사와 제빵사를 채용해 함께 오픈을 준비했다. 매일매일 새로운 요리와 빵을 만들며 혀끝에 온 신경을 집중한 지 몇 달이 지나서야 드디어 간판에 불을 켤 수 있었다.

음식은 정말 맛있다고 자부할 수 있었지만, 서울 중심과 멀리 떨어진 동네의 작은 골목 안 작은 가게를 알리는 것은 쉬운 일이 아니었다. 당시 인스타그램 팔로어 6만 명을 보유했던 나도 별수 없었다. 종로 카페에 찾아와 주셨던 손님들이 또다시 오시지 않을까 하는 생각은 아주 큰 오산이었다. 지하철 4호선 끝에 있는 동네에 대한 심리적 거리감을 좁히는 것은 무척 힘들었고, 그런 허들을 다 뛰어넘을 만큼 우리 식당과 빵집이 대단하지도 않았다. 이미 힙하다고 소문난 데다가 접근하기도 쉬운 연남동, 한남동, 성수동 등에 멋집과 맛집이 즐비하니, 그 동네를 마다하고 굳이 상계동까지 올 이유가 없었다.

우리 가게를 찾는 손님들을 대상으로 몇 달간 리서치를 했다. 식사가 끝날 무렵 시원한 매실차를 대접하며 간단한 설문지를 드렸다. 음식의 맛과 퀄리티, 서비스에 대해서는 대부분의 손님들에게 특급 칭찬을 받았지만 쓴소리도 종종 있었다. '동네에 비해 가격이 비싸다' '자주 오고 싶은데 너무 멀어서 힘들 것 같다' '메뉴가 더 다양했으면 좋겠다' 등의 피드백이었다.

가장 타협하기 힘들었던 것은 가격이었다. 양질의 재료를 쓰다 보니 제조 단가가 올라갈 수밖에 없었다. 그럼에도 합리적인 가격으로 대접하기 위해 8,000원~11,000원 선으로 메뉴를 구성했는데, 지인들이나 대부분의 손님들은 "이거 한남동 가면 20,000원은 받아도 되겠어요"라고 평했지만, 막상 우리의 주 고객이 될 동네 손님들은 "이 동네치고 너무 비싸다"는 이야기를 하니 무척 혼란스러웠다.

우리 식당이 위치한 곳은 상계동의 작은 전통시장으로 5,000원짜리 순대국밥이나 4,000원짜리 메밀국수 등 저렴하고 맛있는 음식이 즐비했다. 그곳에서 10,000원짜리 한 그릇 음식은 아무리 좋은 재료로 만들었다 해도, 아무리 맛이 좋다 하더라도 그저 '비싼 음식'일 뿐이었다. 음식 맛이나 퀄리티에 비해 비싸다는 말보다 '이 동네치고' 비싸다는 말이 더 마음 아팠다. 음식에 비해 비싸다는 말은 개선의 여지가 있다. 음식의 맛이나 양을 개선하면 되니까. 하지만 동네를 바꾸는 것은 불가능한 일이니 너무나 막막했다.

어떤 날은 웨이팅이 생길 만큼 손님이 몰렸고, 어떤 날은 하루에 5명이 끝인 날도 있었다. 하지만 그 데이터를 전혀 예측할 수 없기에 아침마다 정해진 양의 재료 밑 작업을 해야만 했다. 5명만 방문한 날에는 어쩔 수 없이 남은 음식을 내 몸과 지구에 버려야 했다. 그때마다 죄책감이 사무쳤다. 몇 명이 방문할지 미리 알 수 있다면 참 좋으련만 방법이 있을 리 없었다. '예약제'라는 아주 좋은 리스크 관리 시스템이 있었지만 그 방법 또한 이 동네와는 어울리지 않을 것 같아 몇 번 망설이다 포기했다.

또 한 가지 어려운 점은 직원들의 피로도 관리였다. 요식업 특성상 주말에 쉴 수 없었고, 손님과 약속한 영업시간이 있기 때문에 연차를 즉흥적으로 내기도 어려웠다. 매장 오픈 시간이 12시여도 요리사와 제빵사는 오전 7~8시까지는 출근해서 영업 준비를 해야 했고, 오후 9시에 마감해도 10시가 넘어서야 퇴근했다. 매출이 안정적이지 않았던 터라 인원을 충원하기도 어려웠기에 직원들의 피로도는 차곡차곡 쌓여만 가고 있었다.

그 상황을 지켜보는 것이 가장 힘들었다. 사업을 하면서 나를 가장 힘들게 하는 문제는 매출이 떨어지는 것도, 생각지도 못한 문제가 터지는 것도 아닌 '직원들이 내가 만든 조직 안에서 충분히 행복해 보이지 않는 모습'을 바라보고 인정하는 것이었다. 육체노동이 많아 체력이 달리는 것, 본인들을 발전시켜 줄 사수가 없는 것, 매출이 오르지 않는 것, 동료가 없어 혼자 있는 시간이 많은 것 등 직원들을 지치게 할 요소가 여럿이었다. 그들의 피로도가 높아지는 이유를 정확히 알았지만 해결해 줄 방법이 없어 무척 괴로웠다.

두 번째 번아웃

그즈음 내 하루 일과는 이랬다. 오전에 오롤리데이 사무실에서 일하다가 점심시간쯤 식당으로 달려가 서빙을 하고, 브레이크 타임에 다시 사무실로 돌아와 컨펌을 하고, 오후에 다시 식당으로 달려가 저녁 장사를 하고, 밤 10시에 사무실로 돌아와 남은 업무를 처리했다. 매일 새벽 1~2시가 돼야 하루가 끝났고, 몇 달을 그렇게 한 결과 현실을 자각하는 타임이 또 들이닥쳤다. 그렇다, '현타'다.

'내가 무슨 부귀영화를 누리려고 이렇게 힘들게 살고 있나' '이게 정말 내가 원하던 삶인가?' '나는 요식업 사장이 되고 싶었던 걸까?' '오롤리데이를 열심히 한다던 나는 왜 또 이러고 있는가?' '직원들이

목적지가 없는 돛단배

충분히 행복하지 않은데 내가 이 사업을 유지해도 되는 걸까?' 온갖 질문과 고민이 꼬리에 꼬리를 물고 나를 혼란스럽게 만들었다.

시작에 능하다는 것은 고민하느라 시간을 낭비하는 대신 빠르게 경험해 보고 길을 찾아갈 수 있다는 장점이 있지만, 시작에 온 힘을 쏟는 만큼 뒤로 갈수록 에너지가 떨어진다는 단점도 있다. 어떤 일을 할 때 나의 에너지 분포도를 그래프로 그려 보면 딱 이 모양일 것이다.

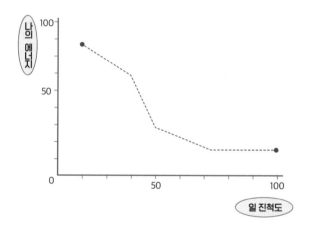

어떤 문제점을 찾아내 그것을 해결할 수 있는 새로운 아이디어를 구체화하고, 기획하고, 시작하는 단계에서는 스스로가 깜짝 놀랄 만큼 대단한 힘을 발휘한다. 한 프로젝트에 쓸 수 있는 총 에너지양을 100으로 본다면 나는 시작 단계에서 80% 이상을 쓰는 것이 아닌가 싶다. 그래서 나에겐 늘 '꾸준함, 유지, 마무리'가 숙제였다. 스스로가 너무 잘 아는 취약점이기에 숙제라고 생각하고 노력은 하고 있지만, 사실 이는 타고난 기질에 가까운 것이라 '꾸준히'를 타고난 사람들에 비해 그 기능이 아주 약할 수밖에 없다. 결국 이를 보완하기 위해서는 나의 단점을 보완해 줄 다른 사람과 협업해야 한다. 그 사람은 꾸준한 대신 시작하는 힘이 나만큼 강하진 못할 것이다. 서로의 취약점을 보완해 머릿속에 그리는 목표에 가까워지게 하는 것, 그것이 바로 성공적인 팀워크의 비결이 아닌가 싶다.

하지만 이때만 해도 그걸 알지 못했다. 여전히 팀에 대한 그림을 그리지 못하는 상태였고, 어떻게 해야 리더로서 팀원 각각을 성장시키며 리드할 수 있는지 몰랐다. 그런 사람이 사업체를 3개나 운영했으니 잘 돌아갈 수 있었을까.

내가 식당과 빵집에 온 에너지를 쏟을 당시, 오롤리데이팀도 약간씩 틈이 벌어지고 있었다. 그 무렵 오롤리데이는 매출이 계속 늘고 있었고, 그만큼 일도 늘어나 팀원을 계속 충원했다. 서로를 닉네임으로 호칭하며 수평적인 관계를 유지하려고 노력했으나 닉네임만 부른다고 저절로 수평적인 관계가 되는 것은 아니었다. 각자가 스스로 해야 할 일을 명확히 알고, 책임을 갖고, 서로에게 도움이 될 때 진정한 수평적 밸런스가 맞춰진다는 것을 그땐 몰랐다. 정리하자면, 난 아무것도 모르지만 하고 싶은 것은 수억 가지인 철딱서니 없는 리더였다.

누구를 탓할까. 늘 내 욕심에 스스로 벌려 온 일이었고, 그에 대한 대가였다.

무능력한 선장, 목적지가 없는 항해

꾸역꾸역 나아가던 오롤리데이호가 기울기 시작했다. 그 사실을 알아차린 계기가 된 에피소드를 소개하려고 한다.

2019년 겨울, 오롤리데이는 서울 디자인 페스티벌에 참여했다. 디자인 페스티벌은 매년 연말 무렵 개최하는 아주 큰 디자인 페어다. 브랜드를 론칭한 후 처음으로 그 페어에 나가기로 결심했다. 뾰족한 이유는 없었다. 그냥 그 시기에 참가 제안이 들어왔고, 참가해도 괜찮겠다고 생각했다. 사업을 해 오면서 늘 '촉'을 믿고 그에 따라 행동해 왔다. 크게 틀린 적은 없었다(물론 이것저것 시도하면서 실패도 많이 했지만, 난 그걸 '틀렸다'고 표현하지 않기에 내 촉이 틀린 적이 없다고 착각하는 것 같기도 하다). 디자인 페스티벌도 그냥 그래야만 할 것 같아서 참가하기로 결심했다. 부스를 꾸미는 데 예산을 얼마나 써야 할지, 5일 동안 매출을 얼마나 달성해야 손해를 보지 않을지, 공간을 채울 재고는 준비돼 있는지 등 어떤 분석도 하지 않은 채 덜컥 시작해 버렸다.

3×6m 사이즈의 작은 부스 콘셉트를 구상하는 과정에서 고민이 많았다. 수많은 브랜드가 참가하는 큰 페어에서 오롤리데이가 돋보일 방법을 연구해야 했다. 자칫하다간 그냥 스쳐 지나가는 배경 같은 부스가 될 것이고, 그러기엔 참가비와 인테리어 비용 등 투자비가 컸다. 특히 제품 카테고리가 많은 오롤리데이는 핵심 없는 중구난방 브랜드처럼 보이기 십상이었다. 카테고리가 다양해도 하나처럼 보일 수 있는 콘셉트를 고민하다가 '마트'를 떠올렸다. 그것이 바로 현재

운영하고 있는 '해피어마트'의 시작이다(이에 대한 자세한 이야기는 p.185에 나온다). 다양한 제품이 한데 어우러져 있는 곳, 남녀노소 누구나 쉽게 들어올 수 있도록 문턱이 낮은 곳, 들어서는 순간 행복감이 느껴지는 곳이 마트라는 생각을 했다. 그 콘셉트를 떠올리는 순간 이거다 싶었다. 직원들에게 해피어마트에 대해 프레젠테이션하니 모두 그 콘셉트에 동의했고, 순탄하게 준비되는 듯했다.

본격적으로 부스를 꾸미는 데 사력을 집중해야 할 시기에 나를 제외한 오롤리데이의 유일한 디자이너가 곤란한 표정을 지으며 면담을 신청했다(모든 리더가 가장 무서워하는 소리 중 하나가 '면담 신청'일 것이라고 확신한다). 굉장히 두려웠지만 아무렇지 않은 척 쿨한 표정으로 그의 말을 차분히 들었다. 그는 더 재미있을 것 같은 일을 찾았고, 그 일을 할 수 있는 회사에 지원했는데 합격했다고 말했다. 청천벽력 같은 소식이었다. 전력을 기울여 우리 공간을 꾸며 나가야 할 시기였는데 퇴사라니. 아무렇지 않은 척하고 싶었지만 "아… 그래?" 하고 말을 더듬고 말았다. 사실 그 친구가 오롤리데이 일에 재미를 붙이지 못한 채 방황 중이라는 것은 느낌적인 느낌으로 알고 있었고, 어떻게 재미를 끌어 올려야 하나 고민을 많이 했다. 하지만 다른 두 사업체를 같이 운영하느라 우선순위를 차일피일 미뤘던 것 같다. 그러는 사이에 마음이 더 떠났을 테지. 중요한 시기에 퇴사한다니 처음엔 서운한 마음이 아주 컸다. 겉으로는 쿨하게 그의 미래를 응원했지만, 사실 속으로는 서운함과 막막함과 아끼는 직원을 지켜 내지 못했다는 패배감에 많이 울었다.

목적지가 없는 돛단배

하지만 울고 있을 시간이 없었다. 페스티벌의 모든 디자인이 전부 내 몫이 됐으니까. 당연히 매일 밤을 지새우며 좀비처럼 디자인을 해야 했고, 페어가 다가올수록 초췌해져만 갔다. 간판, 전단, 각종 POP, 스티커, 디스플레이 가구 등이 제날짜에 도착하지 않을까 봐 매일 발을 동동 구르며 온 정신을 쏟았다. 그렇게 컴퓨터 앞에 내 몸과 정신을 묶어 두는 동안 다른 직원들의 피로도는 전혀 체크하지 못했다.

대망의 페스티벌이 시작됐다. 5일간의 페스티벌은 무척 성공적이었다. 지나가는 손님들이 모두 마트 콘셉트에 반응을 보였고, 바코드 스캐너가 쉴 틈이 없었다. 작은 부스에 늘 사람이 넘쳐 났고, 페스티벌에서 우리 부스는 매우 핫했다. 부스에서 일하는 직원들은 발바닥에 불이 나도록 바빴고, 현장이 바쁜 만큼 사무실 직원들도 힘들어했다. 썰물처럼 빠져나가는 재고를 채우기 위해 매일 야근하며 검수하고 포장하고 재고를 만들어야 했다. 포스기에 찍히는 매출을 볼 때, 고객들이 줄을 서 있을 때 안도감이 들었지만, 지친 직원들의 표정을 볼 때면 복합적인 감정이 밀려왔다.

힘내자고 힘을 북돋아 주고 싶은데 나 역시 오픈하기 전부터 너무나도 지쳐 있던 터라 힘이 나지 않았다. 나뿐만 아니라 모든 직원이 서로에게 그럴 힘이 없었던 것 같다. 5일이 참 길게 느껴졌다. 우리는 왜 한마음 한뜻으로 기뻐하지 못했을까.

2019 디자인 페스티벌 리포트	
항목	**결과**
매출	기대 이상
인지도	기대 이상
투자 대비 이익	기대 이상
팀 피로도 관리	실패

페스티벌이 끝난 후 마음이 무척 힘들었던 이유가 이 리포트 하나로 설명된다. 페스티벌이 끝나고 사무실로 복귀한 후에도 팀의 텐션이 좀처럼 올라가지 않았고, 서로에게 서운함과 실망감이 가득 차 있는 것 같았다. 하루는 한 직원이 면담을 신청했다. 이런저런 얘기를 하다가 툭 튀어나온 문장에 심장이 덜컥 내려앉았다.

"롤리, 솔직히 페어 때 롤리한테 조금 실망했어요."

"응…? 왜?"

"하루는 제가 엄청 힘든 날이었고 그래서 좀 투덜거렸어요. 롤리가 그런 저에게 힘내라고 해 주길 바랐는데 '나도 너무 힘들다'라고 하더라고요. 그래서 실망감이 들었어요."

이 말을 듣는데 서운한 마음에 눈물이 고였다.

"팀원들한테 티를 안 내려고 했지만 나도 그때 너무너무 힘들었어. 부스 디자인을 혼자 하느라 며칠 밤을 새우고, 하루 종일 서 있느라 몸이 부서질 것 같았거든. 그래서 투덜거리는 너한테 나도 모르게 서운하고 화가 났고, 그게 그런 식으로 전달됐나 보다. 그런 감정이 들었다니 미안하지만 사실 지금 이 얘기를 듣는 나도 많이 서운해. 대표이기 전에 나도 사람이거든. 나도 너무 힘들었고, 그래서 응원받고 싶었어."

조금 당황해 주절주절 이야기했지만 결국 이 문장을 간략하게 말하자면 '나 진짜 너네한테 너무 서운하다!'라는 뜻이다. 그동안 내가 잘해 줬던 것이 주마등처럼 떠오르며 괘씸하다는 생각도 했다. 생각하면 할수록 좀생이가 됐다.

그리고 스스로 내린 결론은 '다시는 이런 페어 안 나갈 거야. 페어 나가기 전까지만 해도 엄청 평화롭고 사이도 좋았잖아. 이렇게 된 건 그런 힘든 일을 우리가 자초했기 때문이야. 다신 안 나가'였다. 지금 생각해 보면 정말로 멍청한 결론이 아닐 수 없다. 다행히 며칠 후 그게 멍청한 판단이었다는 것을 깨닫긴 했지만. 그 순간의 사사로운 감정을 버리고 팩트만 본다면, 브랜드 인지도도 높아졌고 투자 대비 이익도 큰 행사였다. 회사 입장에서 이런 행사에 참가하지 않는다는 것은 회사가 성장할 아주 좋은 기회가 있는데도 포기해 버리는 것과 같다. 그것도 아주 사사로운 감정 때문에.

하지만 나에겐 늘 그 사사로운 감정이 크게 작용했다. 그래서 이 감정이 무엇인지, 그것이 뭐길래 나를 힘들게 하는지, 우리 팀은 왜 하루아침에 어긋났는지 알아볼 필요가 있다고 생각했다. 너무나 건강하고 착하고 성실하고 회사를 사랑한다고 자부했던 직원들과 왜 이렇게 서먹하게 돼 버렸는지 꼭 알아야만 했다. 일단 노트를 펴고 직원들한테 서운한 이유를 적어 나갔다.

첫째, 내가 힘든 걸 몰라줘서 서운해. 둘째, 내가 베푼 만큼 돌려주지 않는 것 같아서 서운해. 셋째, 회사에 생긴 좋은 일에 다 같이 즐거워해 주지 않아서 서운해.

오 마이 갓. 적고 보니 이건 대표가 직원들한테 느껴야 할 감정이 아니라 마치 친구 사이에, 가족 사이에, 연인 사이에 느낄 법한 감정이 아닌가. 그걸 내가 직원들한테 느끼고 표현하고 있었다니. 심지어 그런 태도에서 실망감을 느껴 면담을 요청한 직원한테까지 아이 같은 서운함을 드러냈다. 그리고 내가 '베풀었다'라는 것은 지극히 주관적인 기준이 아닌가. 내가 좋아서 베풀어 놓고 그걸 돌려받길 바랐다니 이 얼마나 어리석은가.

그럼 반대로, 직원들이 나와 회사에 느꼈을 감정을 적어 봤다. 역지사지 권법이다.

Q. 우리가 이걸 왜 해야 하는지 모르겠어. 굳이 이 행사에 안 나가도 오롤리데이는 잘 굴러가잖아?

A. 그래, 인정해. 'why?'에 대한 설득이 대표인 나에게조차 돼 있지 않았네. 대표도 모르는 일을 직원들이 어떻게 알겠어.

Q. 어느 누구도 으쌰으쌰 에너지를 끌어내 줄 사람이 없어. 롤리조차 저렇게 에너지가 떨어져 있는데 우리가 어떻게 힘을 내?

A. 이건 내가 할 말이 없다…. 미안해.

목적지가 없는 돛단배

Q. 우리 모두 최선을 다했는데 롤리가 우리한테 고마워하는지 모르겠어.

A. 정말 고마웠지만 그만큼 서운한 마음도 컸던 것 같아. 그래서 더 충분히 표현하지 못한 것 같아. 내가 좀생이였다. 미안해.

직원 입장이라고 생각하고 글을 적는 순간, 대표인 나에게 하고 싶은 말이 와라라락 쏟아졌다. 적고 나니 상황이 객관적으로 보였다. 직원들을 향한 나의 감정은 리더와 직원 사이에 느끼는 감정이 아니라 그보다 훨씬 사사로운 감정이고, 반면 직원들이 나에게 느끼는 실망감과 서운함은 나를 '리더'로 생각하기 때문이라고. 물론 직원들의 감정을 100% 정확하게 알지는 못한다. 하지만 '내가 직원이고 롤리가 대표라면?'이라고 역지사지로 생각해 보니 내가 별로였다는 건 확실히 알 것 같았다.

노트에 작성하기 불과 몇 시간 전까지만 해도 나는 서운함으로 가득 차 있는 좀생이였다. 그런데 이렇게 쓰고 보니 '좀생이+무능력한 리더'였다는 것이 더 명확해졌다. 'why'가 정리돼 있지 않은 리더, 'why'를 물어봐 주지 않는 리더, 명확한 'what'을 던져 주지 않고, 'how(청사진)'가 없는 회사. 그게 바로 나였고 우리 회사였다. 직원들과 사이가 좋다고, 아주 잘 지낸다고, 팀워크 참 좋다고 여기저기 자랑하던 내 모습이 주마등처럼 지나가며 얼굴이 붉어졌다. 아주 창피했다.

좋을 때 즐거운 것이 팀워크가 아니다. 힘들 때 흔들리지 않는 것이 팀워크다. 그 사실을 간과하고 있었다.

why, what, how가 명확한 리더

원인을 알았으니 더 이상 지체할 필요가 없었다. 당장 문제를 해결해야 했다. 하지만 내 고민에 대해 좋은 의견을 나눠 줄 멘토 같은 존재가 퍼뜩 떠오르지 않아 막막했다. 그래서 가장 쉽게 전문가를 만날수 있는 곳, 대형 서점으로 향했다. 그곳엔 전문가가 득실거린다. 다만 그 속에서 나에게 정말 필요한 이야기를 해 줄 사람, 귀에 쏙쏙 박히게 설명해 줄 사람을 찾기란 쉬운 일이 아니다. 대학교의 인기 교수가 모든 학생에게 베스트 교수가 아니듯, 베스트셀러가 나에겐 베스트가 아닐 수 있다. 그러니 나와 맞는 전문가를 찾기 위해 많이 들춰 보고 읽어 봐야 한다.

일단은 경영/리더십 파트의 베스트셀러를 쭉 살펴봤다. 서점에 가면 늘 동공이 약간 풀린 사람처럼 이 책 저 책 들춰 보기 바빴는데, 이날은 목표가 분명해서였는지 집중력이 대단했다. 마치 전장에 나간 장군 같았달까. 4시간 정도 그 코너에서만 앉았다 일어서기를 반복하며 수십 권의 책을 읽었다. 주옥같은 문장이 가득했지만, 가장 내 맘을 후벼 파고 내 뼈를 제대로 때린 책 2권을 사 들고 집으로 왔다. 회사를 운영하면서 경영에 대해 공부하려고 책을 산 것은 그때가 처음이었다. 그 후 경영과 리더십, 브랜딩 관련 서적에 빠져 엄청나게 많이 읽고 공부하고 있지만, 그 당시의 나는 참 주먹구구였다. 공부도 하지 않은 채 그저 좋은 회사를 만들고 싶어 했다니. 정말 어리석었다.

목적지가 없는 돛단배

그때 산 책 중 한 권이 제목부터 반성하지 않을 수 없는《리더 반성문》(더난출판, 2019)이다. 저자 정영학은 말한다. 리더의 크기가 조직의 크기라고. 누군가 오롤리데이가 얼마나 컸으면 좋겠냐고 물어보면 늘 이렇게 대답했다.

"지금이 딱 좋아. 직원이 더 늘어나면 지금 같은 분위기가 유지되지 않을까 봐 무서워. 지금처럼 사이좋게 도란도란하며 조금씩 컸으면 좋겠어."

지금 와서 생각해 보면 크기 싫었던 게 아니라 방법을 몰라서 무서웠던 것 같다. 나의 크기가 딱 그 정도였기에 조직의 크기 역시 커질 수도, 키울 수도 없었던 것이다. 더 이상 커지려고 하지 않는, 커질 희망이 없는 회사에서 직원들은 어떤 감정을 느꼈을까. 아무런 감정도 느끼지 않았다면 그것 또한 내 잘못이다. 회사를 사랑해서 모인 사람들을 제대로 사용하지 않았으니까. 그들의 능력을 활용하지 못했으니까.

'리더로서 구성원에게 제대로 된 동기부여를 하고 있는가'라는 질문을 던져 보니 고민할 필요도 없이 '아니요'였다. 매출이 점점 오르고, 제품이 늘어나고, 오롤리데이를 인지하는 사람들이 많아지는 것. 단순히 그것을 회사의 성장으로 생각했다. 회사가 겉으로 성장하는 동안 나는 리더로서 전혀 성장하지 못했다. 가장 큰 이유는 '동기의 부재'였다. 성장할 이유를 찾지 못했고, 우리가 향해야 할 목적지를 설정하지 않았기 때문이다. 아무리 성능이 좋고 빠른 배라도 내비게이션에 목적지를 입력하지 않는다면 망망대해에 떠 있는 큰 고철

덩어리일 뿐이다. 돛이 달리면 뭘 하나. 어디로 가야 할지 모르고 돛이 팔랑팔랑 흔들리기만 하는데.

직원들에게 "우리는 행복해져야 해요. 현재를 행복하게 즐깁시다"라고 누누이 말해 왔지만 그 말엔 '왜' 행복해져야 하는지, '무엇을 위해' 행복해질 것인지, '어떻게' 행복해질 것인지에 대한 뾰족한 이야기가 빠져 있었다. 직원들에게 '김 서방이 서울쯤에 있으니 찾아봐' 하는 것과 같은 아주 맥락 없는 주문을 하고 있었던 것이다. 김 서방을 '왜' 찾아야 하는지조차 얘기하지 않은 채 말이다.

그럴싸한 슬로건 하나 만든다고 그대로 행할 수 있는 것은 아니다. 그 슬로건을 어떻게 이뤄야 하는지 정리하는 것이 더 중요하다. 직원이 많아질수록 시스템이 더 편해지지 않고 삐걱거렸던 이유는, 내가 더 바쁘게 느껴졌던 이유는 리더인 나의 생각이 정리되지 않아 메시지가 제대로 전달되지 않았고, 그 때문에 직원들을 전혀 설득하지 못했기 때문이다. 직원들이 제대로 일하고 있지 않다고 느낀다면, 뭔가 불만족스럽다면 그들을 탓할 것이 아니라 제일 먼저 리더인 나에게 질문해야 한다.

"너는 리더의 역할을 충분히 하고 있어? 만약 네가 너의 상사라면 만족스러워?"

알아차림, 직면하기, 그리고 받아들임

문제를 해결하는 방법의 첫 번째 단계는 바로 '알아차림'이다. 현상을 발견하고, 문제를 알아차리고, 그 문제와 직면하고, 마지막으로 문제임을 받아들여야 비로소 해결의 실마리를 찾을 수 있다.

그때 내가 직원들에게 실망한 채 마음을 닫아 버렸으면 지금쯤 오롤리데이가 존재하지 않을 수도 있겠다고 생각한다. 오롤리데이를 운영하며 가장 큰 위기가 온 것이 언제였냐고 물어본다면 망설임 없이 그때라고 말할 것이다. 겉으로 드러나는 큰 어려움도 아니었고, 남들이 봤을 땐 그저 사소한 감정의 문제가 아니었냐고 말할 수 있겠지만 나는 무척 힘들었다. 건강한 관계라고 자부했던 우리가 무너지고 있다는 것을 알아챘을 때 느낀 허망함과 괴로움을 말로 다 표현할 수가 없다. 다행히 '실망'과 '상처'라는 단어에 우리를 가두지 않고 그 문제와 직면했다. 감정을 잠시 내려 두고 현상을 객관적으로 바라봤더니 새로운 포인트가 보였다. 감정 문제처럼 보였던 것의 '진짜' 문제가 보였고 다행히 그 문제는 노력으로 해결할 수 있는 것이었다.

좋은 대표가 되고자 하는 마음만 앞섰던 내가 좋은 리더가 되기 위해 공부해야겠다고 다짐했다. 경영서를 읽고, 기록하고, 내 것으로 받아들이기 위해 노력했다. 좋은 리더는 절대로 마음만으로 되는 것이 아니다. 좋은 사람이 되고자 하는 마음이 없는 사람이 어디 있을까(만약 주변에 그런 사람이 있다면 멀리하길).

마음만큼 중요한 것이 지식과 지성이다. 좋은 리더가 되는 방법을 공부하고, 내 것으로 만들기 위해 연구하고, 그렇게 정리된 지식에 지혜를 더해 지성을 만드는 것이 무엇보다 중요하다. 쏟아지는 자료로 지식만 열심히 쌓다간 머리로만 알고 입으로만 떠드는 재수 없는 헛똑똑이가 될 수 있으니까. 그냥 악랄한 대표보다 헛똑똑이 대표가 더 재수 없을 수도 있다. 그러니 꼭 명심하자.

반가워 SWOT 분석,
오롤리데이는 처음이지?

나는 대학교에서 광고 커뮤니케이션 디자인을 전공했다(간단하게 말하면 광고를 기반으로 시각디자인을 다루는 과다). 전공 이론 수업 중 광고에 관련된 수업이 많다 보니 과제를 할 때면 자연스럽게 기업의 SWOT 분석을 해야 했다. SWOT 분석이란 '기업의 내부 환경과 그 기업을 둘러싼 외부 환경을 분석해 강점 strength, 약점 weakness, 기회 opportunity, 위협 threat 요인을 규정하고 그를 토대로 경영 전략을 수립하는 기법'을 말한다. 아주 간단하면서도 현재 기업의 상태를 객관적이고 쉽게 보여 줄 수 있는 방법이다. 거의 일주일에 한 번씩 세상에 존재하는 크고 작은 기업의 SWOT 분석을 했는데, 오롤리데이를 운영하는 동안 단 한 번도 그것을 한 적이 없다는 사실을 알아차렸을 때 경악을 금치 못했다. 비장한 마음으로 다이어리를 펴고 SWOT 분석표를 그려 하나씩 채워 나갔다.

머릿속에 둥둥 떠다니던 생각을 표로 정리하니 현재 우리의 모습이 더 정확히 드러났다. 무엇을 강화해야 하는지, 어떤 것을 놓치지 말아야 하고 어떤 것을 경계해야 하는지 선명해졌다. 전공 수업 시간에 했던 것처럼 분석을 했으니 이제 그 내용을 토대로 경영 전략을 세워야 했다.

SWOT 분석표를 보고 세운 전략은 이것이다. '약점을 보완하고 쏟아지는 좋은 기회를 잘 잡는 것'. 내부의 약점이 조직을 위험하게 하고, 이 때문에 기회도 잡지 못하고 위협도 막지 못한다면 결국 조직은 사라질 것이다. 하루아침에 사라진 기업들이 갑자기 거품이 됐을 것이라 생각하지 않는다. 아마 내부적으로 곪고 있었을 것이다. 그것을 몰랐거나, 알고도 방치했을 가능성이 크다. 상처를 보고도 가만히 두면 그 상처에 온갖 세균이 들어와 곪는다. 그러다 흉이 지겠지.

2019 오롤리데이 SWOT 분석표

내부 요인 / S(strength, 강점)	내부 요인 / W(weakness, 약점)
• 브랜드의 색깔, 키워드, 콘셉트가 명확하다. • 충성 고객이 많다. • 강력한 아이덴티티와 팬을 갖춘 마스코트가 존재한다. • 매출이 안정적으로 증가하고 있다. • 다양한 카테고리의 제품을 개발할 리소스가 있으며, 많은 제품을 확보하고 있다. • 탄탄한 SNS 계정을 운영하고 있다.	• 브랜드의 색깔, 키워드, 콘셉트가 명확한 것에 비해 웹사이트, 인스타그램 등이 잘 정리돼 있지 않다. 특히 웹사이트가 매우 빈약하다. • 마스코트 못난이를 활용하는 방법이 다양하지 않다. • 조직 시스템이 취약하다. • 전산 시스템이 취약하다(대부분의 일을 아날로그 방식으로 처리한다). • 글로벌 시장에 대해 준비돼 있지 않다(언어 능력 부족).
외부 요인 / O(opportunity, 기회)	외부 요인 / T(threat, 위협)
• 브랜드 인지도가 꾸준히 상승하고 있다. • 여러 기업에서 컬래버레이션 제안 등 러브콜이 많이 오고 있다. • 유튜브를 시작해서 새로운 채널로 확장할 기회가 열렸다. • 국내뿐 아니라 외국의 관심도가 높아지고 있다. • 작은 브랜드에 대한 일반 소비자의 관심도와 애정도가 높아지고 있다.	• 문구 시장의 경기가 침체되고 있다. • 비슷한 무드의 브랜드가 대거 출현했다(우리보다 SNS 파워가 강한 업체도 많아지고 있다). • 유통 수수료가 없는 자체 몰보다 외부 채널의 매출 범위가 커지고 있다.

목적지가 없는 돛단배

모든 일이 똑같다. 잘못된 것을 방치하면 언젠간 큰 흉이 돼서 돌아올 것이다. 하물며 개인의 작은 일도 그런데, 기업의 일은 걷잡을 수가 없다. 그리고 뒤늦게 상처를 낫게 하려고 용을 쓰면 훨씬 많은 돈과 에너지가 들어갈 수밖에 없다. 오롤리데이가 세상에서 사라지기 전에 상처를 알아차리고 정신을 차렸으니 얼마나 다행인가.

만약 지금 운영하고 있는 회사가 처한 상황을 판단하기 어렵다면 SWOT 분석을 해 보길 권한다. 아주 간단한 방법이지만 꽤 객관적이고 직관적으로 현 상황을 파악할 수 있다. 만약 스스로는 도저히 객관적으로 분석할 수 없다면 주변 사람들이나 직원들의 말을 들어보는 것도 좋다. 내가 놓치고 있는 중요한 뭔가를 말해 줄 수도 있으니까.

지금은 이렇게 그럴싸하게 말하지만, 사실은 SWOT 분석표를 만들어 놓고 혼자서 '알아차림'과 '반성'을 반복하다가 갑자기 등줄기가 서늘해졌다. 아니, 난 왜 이걸 또 혼자 하고 있지? 오롤리데이에 무려 6명의 직원이 있는데도 또 혼자서 뭔가를 꽁냥꽁냥 열심히 하고 있었다. 사업을 하는 내내 그랬다. 수평적인 조직을 강조하며 점심 메뉴는 직원 한 명 한 명에게 그렇게도 열심히 물어봤으면서, 막상 팀이 함께 머리를 모아 결정해야 할 큰일은 혼자 결정하기 바빴다. 늘 내가 최초 제안자이자 최종 결정자였다. 조쓰와 둘이서 사업을 하던 버릇을 버리지 못했나 보다.

애초에 오롤리데이에는 '팀'이란 게 만들어지지 않았을지도 모른다는 생각을 했다. 수평적인 조직을 꿈꾼다면서 나 혼자 결정한 일을 전달하기 바빴던 것도 같다. 전달하는 방법이 강압적이지 않았을 뿐이지 결국 굉장히 수직적인 방식이었던 것. 그리고 떠올려 보니 오롤리데이에선 단 한 번도 회의다운 회의를 해 본 적이 없는 게 아닌가. 모여서 의논한다는 뜻의 회의에서 '의논한다'는 늘 빠져 있었다. 재미난 아이디어가 생기면 혼자 머릿속에서 축제를 열어 아이디어를 발전시키고, 정리가 되면 직원들을 불러 놓고 '이렇게 이렇게 할 거야'라고 흥분하며 말했던 내 모습이 스쳐 지나갔다.

그리고 직원들이 본인이 고민한 결과를 가져오면 "수고했어!"라고 말하고선 그것을 혼자 수정하며 디벨롭하는 작업을 했다. 그때는 그게 그들을 위한 배려이고, 좋은 사장의 역할인 줄 알았다. 금요일 오후 2시에 모두 퇴근시키고, 새벽 2시까지 혼자 사무실에 앉아 잔업을 처리하는 내 모습이 당연하다고 생각했다.

내가 그렇게 쓸데없는 오지랖을 부리는 동안 직원들은 스스로 성장할 기회를 잃고 계속 그 자리에 머물러 있어야 했다. 주니어였던 디자이너가 "제가 여기서 무슨 역할을 할 수 있는지 모르겠어요. 회사에 하나도 도움이 안 되는 것 같아요"라고 말한 적이 있는데, 그게 무슨 뜻인지 그제야 정확히 알았다.

와, 최악이잖아? 스스로를 돌아보는 것은 꽤 고통스러운 일이었다. 썩 괜찮은 대표라고 생각하며 지내 온 시간들이 다 거품처럼 느껴졌다. 이렇게 허술하고 어리석은 대표였다니. 처음엔 어떻게든 합리화하고 싶었지만, 사실은 사실인 것이다. 자존감이 박살 나기 직전,

'그래도 내가 잘한 것도 분명 하나쯤은 있겠지?'라는 생각과 함께 긍정의 기운을 북돋아 줄 표를 만들어 봤다.

내가 잘한 것	• 회사를 어렵고 불편한 곳이 아닌, 자유롭고 편한 분위기로 만든 것. • 직원들에게 늘 열심히 하는 모습을 보여 준 것. • 직원들의 상황과 감정을 예민하게 잘 알아차렸던 것. • 웃긴 대표가 된 것⋯.
앞으로 발전해야 할 것	• 내가 이끄는 조직의 목표와 성과를 잘 정의하는 리더가 될 것. • 혼자 달려가지 않고, 구성원과 함께 달려가고 성장할 수 있는 리더가 될 것. • 구성원에게 제대로 된 동기부여를 하는 리더가 될 것. • 아무리 급하고 바빠도 내 생각을 잘 정리하고 전달하는 리더가 될 것. • 혼자 생각하고 혼자 결정하지 말 것.
다짐	• 앞으로 어떤 변화가 와도 우리는 건강한 조직원으로서 모든 일을 함께 잘 이겨 내고 발전할 수 있다고 믿을 것.

그래, 나도 분명 잘한 것이 있다. 그러니 그동안 나를 믿고 잘 따라와 줬겠지. 이제 단순한 직원이 아닌 건강한 팀을 꾸려 가는 팀원을 만들어야겠다는 생각이 들었다. 회사 대표가 아닌 팀을 이끄는 리더가 돼야겠다고 다짐했다. 팀이 되기 위해 앞으로 해야 할 일이 아주 많았지만, 그동안 어리숙한 나와 함께 고군분투해 준 직원들에게 고마운 마음을 전하고 사과를 하는 것이 첫 번째라고 생각했다.

변화의 시작, 선샤이닝

근 1년 중 가장 감명 깊게 읽은 책이 넷플릭스 경영자 리드 헤이스팅스가 공동 저자로 참여한 《규칙 없음》(알에이치코리아, 2020)이다. 처음부터 끝까지 구구절절 맞는 말이라 독서 노트에 손가락이 아플 정도로 기록했다. 책에 '선샤이닝'에 대한 에피소드가 나오는데, 이 대목이 특히 마음을 후벼 팠다. 나는 그 책을 읽기 전 이미 선샤이닝을 경험했고, 그것의 대단함을 체험했기 때문이다.

선샤이닝이란 내가 뭔가를 잘못했거나(프로젝트에 실패했거나) 조직에 피해를 끼쳤을 때, 모든 팀원을 불러 놓고 나의 실수에 대해 솔직하게 고백한 후 같은 실수를 반복하지 않겠다고 다짐하고 약속하는 행위를 말한다.

그동안 리더로서 현명하지 못했던 것에 대해 초 단위로 반성하고 각성하던 2019년 말, 모든 팀원을 불러 모았다. 갑작스럽게 깊고 진지한 이야기를 하려니 무척 머쓱하고 수줍었다. 나중에 팀원들에게 들은 이야기지만 비장한 내 모습이 낯설었다고 한다.

진지한 이야기가 늘 그렇듯 첫 문장을 떼기가 무척 어려웠지만 용기를 냈다. 진심은 꾸미지 않아도 전달된다고, 어렵사리 운을 떼고 혼자 고뇌하면서 얻은 깨달음에 대해 일장 연설을 했다. 팀원들은 내 이야기에 매우 집중했다. 그들의 표정이 너무나 진지했고, 그 표정 속에서 나를 신뢰하고 있다는 것이 느껴져 이야기를 하는 내내 몇 번이고 가슴이 뜨거워지며 눈물이 차올랐다. 울지 않으려고 많이 노력

목적지가 없는 돛단배

했지만 오롤리데이 공식 울보인 나의 눈이 빨개진 것을 아마 다들 눈치챘을 것이다.

1시간 정도 이야기하며 '미안하다' '고맙다'는 말을 가장 많이 한 것 같다. 그리고 변화하겠다는 말도. 사실 정확히 무슨 말을 했는지는 기억나지 않는다. 그래도 진심이 잘 전달됐다는 것은 안다.

선샤이닝은 변화의 시작이다. 나의 잘못을 인정하고 이를 다른 사람들 앞에서 이야기하는 것은 엄청난 용기가 필요한 일이다. 그 고백에 누군가는 위로와 응원을 해 줄 것이고, 누군가는 손가락질하며 질책할지도 모른다. 대부분 그 질책이 두려워 선샤이닝을 망설일 것이다.

하지만 생각을 조금만 달리해 보자. 어차피 내가 고백하지 않더라도 알려고만 한다면 누구든 실패한 일의 책임자가 누구인지 알 수 있다. 그리고 분명 수군거릴 사람들은 뒤에서 수군거릴 것이다. 실수를 하고도 아무런 사과나 조치 없이 회사에 다닌다면 뻔뻔하다고 손가락질받을 것이다. 실패자에 이어 뻔뻔한 사람까지 될 것인지, 아니면 실수를 솔직담백하게 인정하고, 피해를 입은 사람들에게 사과하고 발전하는 사람이 될 것인지는 본인이 선택할 문제다. 나처럼 회사를 운영하는 사람에게만 해당되는 이야기가 아니다. 사장이든 팀장이든 사원이든, 아니, 회사를 벗어나 학교, 집, 동아리 등 어떤 조직 사회에 있건 필요한 행동임이 분명하다.

내 경험상, 그리고 넷플릭스의 사례에서 말하듯 선샤이닝은 큰 용기가 필요한 일이긴 하지만 하고 나면 함께하는 사람들에게 더 큰 신뢰를 얻을 기회를, 그리고 스스로가 더 발전할 기회를 잡을 수도 있다. 인간은 늘 같은 실수를 반복하기에 많은 사람 앞에서 다시는 실수하지 않겠다고 약속하는 자리이기도 하기 때문이다. 무엇보다 하고 나면 마음이 아주 후련하다. 잘못했다는 자책에서 벗어나 다시 시작할 자유와 용기를 얻을 수 있기에. 그러니 만약 지금 내 마음을 괴롭히는 뭔가가 있다면 꼭 선샤이닝을 해 보시길!

My 2019 연말 리포트

2019년 겨울, 5년의 시간을 돌아보며 쓴 수많은 글은 현재의 나를 알아차리는 데 큰 도움을 줬다. 그래서 팀원들도 똑같은 방법으로 오롤리데이 조직원으로서 '나'를 돌아봤으면 했다. 이를 위해 몇 가지 질문이 적힌 리포트를 만들었다. 이름하여 'My 2019 Report'.

My 2019 Report

1. 오롤리데이 소속원으로서 깨달은 본인의 자질, 강점

2. 오롤리데이 소속원으로서 본인에게 아쉬운 점, 약점

3. 앞으로 키워 나가고 싶은 점과 해결점

4. 오롤리데이에서의 나의 비전은?

5. 비전을 찾을 수 없었다면 그 이유는?

목적지가 없는 돛단배

6. 소속원으로서 오롤리데이의 좋았던 점

7. 소속원으로서 오롤리데이의 아쉬운 점, 개선해야 할 점

"여러분에게 구체적인 질문을 하며 채용해 놓고, 막상 채용한 후에는 이런 진지하고도 꼭 필요한 질문을 해 본 적이 없는 것 같아요. 좀 어렵고 갑작스럽겠지만 깊이 생각해 보고 작성해 줬으면 좋겠어요"라는 말과 함께 질문이 적힌 종이를 나눠 줬다. 내가 스스로에게 질문을 던지며 진짜 나의 모습을 만났듯 우리 팀원들도 그랬으면 했다. 변화는 '스스로를 알아차림'에서 시작하니까.

연말연시에는 길거리에 사람도 많고 차도 막혀 웬만해서는 이동하지 않으려고 하는데, 조쓰가 2020년 첫 해를 보자며 나를 동해로 끌고 갔다. 해가 뜨기 전 어두운 새벽에 일어나 꽁꽁 싸매고 해가 가장 잘 보이는 명당을 찾아 바닷가를 따라 걸었다. 어릴 때 일출을 보러 갔다가 날씨가 갑자기 흐려지는 바람에 구름 뒤에 숨어 빼꼼 얼굴을 내미는 해를 봤던 기억이 있어 마음이 조마조마했다. 조쓰와 손을 꼭 붙잡고 하늘이 붉어지기를 기다리는데, 애국가 방송 속 일출 장면에서 봤던 그 모습처럼 수평선 너머 크고 붉은 해가 수면 위로 조금씩 떠오르기 시작했다. 그때 느낀 웅장한 기분을 잊을 수가 없다. 마치 우리의 새로운 마음가짐과 시작을 응원받는 기분이었달까. 두 손

을 모으고, 눈을 꼭 감고, 흥분된 목소리로 소원을 말했다.

"오롤리데이가 건강하게 다시 태어나게 해 주세요. 우리 모두에게 건강하고 행복한 1년이 됐으면 좋겠어요."

목적지가 없는 돛단배

2020년 1월 1일에 쓴 일기

지난해 나는 여러 번 크게 아팠다. 번아웃이 반년에 걸쳐 두 번이나 나를 덮쳤고, 급성 허리 디스크에, 방광염에, 귓구멍 안쪽에 말도 안 되는 큰 고름이 차 버리기까지. 외적으로나 내적으로도 큰 염증이 생겨났다. 엄청난 양의 항생제를 몸 안에 때려 넣었지만, 염증이 나아지기는커녕 설사만 좍좍 해 대는 꽤 지옥 같은 여름을 보냈다.

몸이 아프니, 그동안 바쁘다는 이유로 무시하고 살았던 크고 작은 걱정이 차곡차곡 쌓여 머릿속에서 대폭발이 일어났고 그게 마음의 병까지 만들었다. '현명하게'를 주문처럼 되뇌어 보지만, '현명한 방법'이 도무지 떠오르지 않아 답답한 마음에 눈물만 흐를 뿐이었다.

나 혼자만의 문제가 아니었다. 5년 동안 얼마나 주먹구구식으로 회사를 운영해 왔는지, 밀려 들어오는 파도를 버티지 못하고 휩쓸려 버릴 것만 같은 모래성 속에 있는 듯했다. 나의 부족함을 직면하는 시기였다. '잘'한 게 아니라 '열심히' 해서 어떻게 어떻게 운영이 돼 왔던 것이다.

누군가의 지적이 아닌, 스스로 나의 부족함을 직면하고 지적한다는 것은 실로 엄청난 자극이었고 아픔이었다.

거센 돌풍에 휘말려 혼돈의 상반기를 보냈지만, 다행히 하반기에 접어들며 나에게 좋은 영향을 주는 사람들이 찾아왔다. 그리고 돌풍을 뚫고 전진할 수 있는 힘이 생겼다. 편안한 추리닝을 입으며 훌훌

걷다가 거친 돌풍을 맞고 단단한 갑옷이 생긴 것 같은 느낌이다. 우리 구성원에게 '인간미 있는 좋은 동료'가 아닌, 좋은 동기와 목표를 심어 줄 수 있는 '멋진 리더'가 되고 싶은 욕심이 생겼다.

새로운 해에는 부족한 부분을 공부하고, 나의 뇌와 마음이 쉴 수 있는 시간과 보상을 충분히 주고, 조직 구성원이 더 편안한 마음으로 긍정적인 기운을 받으며 일할 수 있게 시스템을 개편하려고 한다. 어제 직원들과 종무식을 하며 5년 만에 처음으로 사장답게 올해의 반성과 내년 계획을 브리핑했다. 늘 농담 따먹기만 하던 철없던 사장이 갑자기 그러니 우리 직원들 많이 당황스러웠겠지만, 진지하게 경청해 줘서 고마웠다. 직원들과 나 사이에 이런 시간이 필요했을지도 모르겠다.

어느 때보다 바쁘게 일하고, 회사가 외적인 성장을 이루고, 좋은 기업들과 협업도 많이 하고, 강연자로 서 보기도 하고, 우리 색깔이 가득한 쇼룸도 오픈하고, 다른 나라에서 팝업 전시도 하고, 새로운 식구도 많이 맞이했지만 그만큼 위태롭기도 했던 2019년. 그해의 마지막이 자만과 분노가 아닌, 자기반성과 성장에 대한 기대로 꽉 차 있어서 정말 다행이라는 생각이 든다.

목적지가 없는 돛단배

팀워크라는
모터가 달린

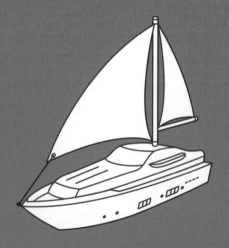

요트

2020년 1월 6일 월요일. 적당한 긴장감과 엄청난 설렘이 가득한, 오롤리데이의 첫 회의가 시작됐다. 미리 작성해 둔 회의록을 팀원들에게 나눠 줬다. 첫 회의를 리딩한다는 것이 너무나 떨렸지만, 마치 늘 그런 회의를 해 온 사람처럼 차분히 진행했다. 이날은 오롤리데이의 첫 회의 날이기도 했지만, 디자이너 에이미의 첫 출근 날이기도 했다.

몇 달이 지난 후 에이미와의 대화

롤리 에이미, 우리 첫 회의 때 기억하지? 그게 오롤리데이 첫 회의였어.

에이미 네, 2020년 첫 회의였죠! 제가 첫 출근 날 참석한 첫 회의이기도 하고요!

롤리 아니 아니! 2020년의 첫 회의가 아니라 오롤리데이 7년 만의 첫 회의!

에이미 …네?

롤리 놀랍게도 그랬어. 그동안 우리는 회의를 해 본 적이 없거든.

에이미 그럼 그동안은 어떻게 했어요?

롤리 그동안은 모든 팀원이 둘러앉아 한 주제로 딥하게 논의해 본 적이 없었어. 그냥 내가 생각을 정리하고, 얘기하고, 별문제가 없으면 그걸 따르는?

에이미 저는 그날 팀원들이 엄청 자유롭게 각자의 의견을 얘기하길래 '우와, 여기는 수평적인 회의가 되는 회사구나!' 했어요. 제가 그동안 다닌 회사에서는 말은 회의라고 하지만, 늘 팀장이나 대표가 일방적으로

팀워크라는 모터가 달린 요트

통보하는 형식이었거든요. 근데 오롤리데이는 티키타카가 너무 잘되는 걸 보고 신선한 충격을 받았달까요? 근데 첫 회의였다니 그게 더 놀랍네요!

지금 와서 하는 얘기지만, 사실 첫 회의 때 나도 많이 놀랐다. 회의다운 회의가 될 것이라고 기대하지 않았는데 모든 팀원이 너무나 주도적이고 자유롭게 이야기를 주고받다니! 대표의 선샤이닝, 그리고 갑작스러운 변화에도 그들은 군말 없이 그 파도에 올라탔다. 심지어 능숙한 서퍼처럼 파도를 즐기는 모습에 감동을 받은 것과 동시에 미안한 마음이 밀려왔다.

'이렇게 잘하는 팀원들을 그동안 제대로 활용해 주지 못했다니. 이제 나만 잘하면 돼!'

OKR, 우리도 한번 해 보자!

첫 회의 때 팀원들에게 크리스티나 워드케가 쓴 책 《구글이 목표를 달성하는 방식 OKR》(한국경제신문, 2018)을 한 권씩 선물했다. 우리의 부족함을 알아차리고 다시 태어나기로 마음먹었으니 우리에게 부재했던 '목표'를 세우고, 서로에게 '동기'를 부여하고, '함께' 일을 잘할 수 있게 도와주는 시스템이 필요했다. 여러 회사에서 적용하는 다양한 시스템이 있었지만, OKR*은 팀원 한 명 한 명이 주도적이고 능동적으로 본인의 역할을 할 수 있는 시스템인 것 같아 내가 지향하는 바와 가깝다는 생각이 들었다. 특히 책에 OKR의 예시가 쉽게 쓰여 있어서 '이 정도면 우리도 할 수 있겠는데?' 하는 자신감이 생겼다.

일주일간 열심히 책을 읽고 다시 회의 테이블에 모였다. OKR에 대한 생각은 다들 비슷했다. 생각보다 너무 쉽고 간단한 방법이라 놀랐고, 그래서 오히려 효과가 있을까 싶다고. 그렇지만 한번 도전해 보고 싶다고. 마음의 준비는 다 끝났다. 그럼 이제 실행할 시간이다!

책에서 제안하는 OKR의 사이클은 이렇다.

1. 팀원이 머리를 맞대 1분기(3개월) 동안의 목표(objective)와 키 리절트 (key result, 목표가 성공했는지 측정할 결과치)를 정한다.
2. 매주 월요일에 한 주를 시작하는 회의를 한다.
3. 매주 금요일에 한 주를 마무리하며 회의를 한다. 이 회의는 음식과 음료(혹은 주류)를 마시면서 파티 형식으로 진행하며, 일주일간 수행한 각자의 일에 대해 자유롭게 이야기하는 것이 목적이다.
4. 이 사이클을 1분기 동안 반복한다.
5. 1분기가 마무리될 때 함께 회고하고, 새로운 분기의 OKR을 정한다.

● '목표 및 핵심 결과 지표(OKR)'는 인텔에서 시작해 구글을 거쳐 실리콘밸리 전체로 확대된 성과 관리 기법으로, 조직적 차원에서 목표를 설정하고 결과를 추적할 수 있도록 해 주는 목표 설정 프레임 워크다. 목표 달성을 위해 팀원 모두가 서로를 돕는 시스템이라 팀원들의 참여도를 높일 수 있다. (네이버 지식백과 시사상식사전)

팀워크라는 모터가 달린 요트

어려울 게 하나도 없는, 마냥 쉬울 것이라고 생각했던 OKR은 시작부터 너무나 어려웠다. 한번 설정하면 반년은 꼬박 그 목표를 보고 모든 팀원이 달려가야 하기에 쉽게 설정할 수 없었고, 목표를 이뤘는지 판단할 기준점이 될 키 리절트는 더욱더 막막했다. 그야말로 '멘붕'!

경험이 없는 초심자는 뭘 하든 책에서 알려 준 대로, 강연에서 들었던 대로 따라갈 수밖에 없다. 우리에게 어떤 방식이 잘 맞을지 알려 줄 데이터가 없기 때문이다. 하지만 경험도, 코치도 없이 책에 나온 방식을 그대로 따라 하다가는 가랑이가 찢어질 것 같았다. 더군다나 우리는 군이 새로운 목표를 세우지 않아도 평상시 해내야 할 일로 충분히 바빴다. 이미 매일 쏟아지는 일만으로도 바쁜데, 거기에 새로운 목표를 달성하기 위해 새로운 과제를 끼워 넣어야 한다니. 이 얼마나 가슴이 답답해지는 일인가. 회의를 전혀 하지 않던 팀이 일주일에 두 번씩 하고, 목표를 3개월에 한 번씩 바꿔야 하는 것이 목표 설정 애송이인 우리에겐 너무 벅찬 일이란 판단이 들었다. 막 걸음마를 시작한 아이에게 달리라고 하면 당연히 스텝이 꼬여 앞으로 고꾸라질 수밖에 없으니 우리에게 맞는 속도를 찾아보기로 했다. 달리기를 못한다고 걸음마마저 포기할 순 없지 않은가.

'1년에 4개가 힘들다면 2개로 타협을 볼 줄 아는 것도 유연하고 멋진 결정이 아닐 수 없다. 굵직한 목표 2개만 달성해도 아주 큰 성과가 아닐까!'라며 열심히 합리화했다. 그래서 우리는 분기 단위가 아닌 반년 단위로 OKR을 세팅하고, 회의도 일주일 단위가 아닌 격

주로 진행하기로 했다. 그렇게 천천히 해 보다가 시스템을 좀 알겠다 싶으면 조금씩 주기를 당겨 보는 전략을 세웠다. 그래서 우리가 정한 우리만의 사이클은 이렇다.

1. 팀원이 머리를 맞대 반년 동안의 목표와 키 리절트를 정한다.
2. 매주 화요일에 시작하는 회의를 한다(주말 동안 쌓인 주문 건의 배송 처리를 하느라 일주일 중 가장 정신없는 시간을 보내는 물류팀을 고려해 주간 첫 회의를 월요일보다는 화요일에 하는 것이 좋다고 생각했다).
3. 그다음 주 금요일에 마무리하는 회의를 한다. 평소대로 2시에 업무를 마친 후 맛있는 음식을 시켜 맥주를 마시며 지난 2주간의 이야기를 나눈다.
4. 반년이 마무리될 때 함께 회고하고, 새로운 분기의 OKR을 정한다.

전문가의 말을 잘 따르는 것도 중요하지만, 우리의 상황에 맞도록 유연하게 수정하는 것도 아주 중요하다. 우리의 상황은 우리만 알 수 있으니까.

모든 변화를 함께한 팀원과의 인터뷰

Q. 어느 날 갑자기 롤리가 각성하고, 선샤이닝을 하고, 변화하겠다며 OKR 책을 선물했을 때 심정이 어땠나요?

A. 오미 원래 오롤리데이는 일할 때 서로 자유롭게 이야기를 나누고, 큰 계획 없이 굴러가는 조직이었는데, 새해 첫 회의에서 롤리가 갑작스럽

팀워크라는 모터가 달린 요트

게 '목표를 세워야 한다. OKR을 해야 한다'고 하니까 당황스럽긴 했어요 (웃음). 제 기억으로 그때의 롤리는 이걸 꼭 하지 않으면 안 될 것 같은 느낌으로 OKR 도입을 강력하게 주장했거든요. OKR이 도입되면 금요일에 하는 회의 때문에 격주로 4시에 퇴근해야 하는데 제가 생각하는 우리 회사의 가장 큰 장점이 '금요일은 무조건 2시 퇴근'이었거든요. 그런데 앞으로 2시 퇴근의 행복이 사라진다고 하니까…. 설명을 들으며 회사에 필요한 부분이라고 생각은 했지만, 처음에는 OKR을 시작한다는 기대보다는 2시 퇴근 복지가 없어진다는 서운함이 더 크게 작용했죠.

A. 브라우니 저는 원래 오롤리데이의 파트타이머로 일을 시작했어요. 그날이 아마 정직원으로 전환되고 첫 출근이자 첫 회의였을 거예요. 그런데 갑자기 OKR을 한다고, 정말 좋아하던 금요일 2시 퇴근이 없어진다고 하니까 놀랐죠. 정직원이 되면서 원래 하던 것보다 해야 할 일도 늘어났는데 목표 설정도 해야 하고…. 솔직히 막막했어요(웃음).

A. 뵤뵤 당혹스러웠어요. 이전에도 자유롭게 떠오르는 아이디어를 얘기하며 프로젝트를 진행하곤 했지만, 이번에는 스케일이 아예 달랐거든요. 롤리는 이미 반성하고 각성하고 정리해서 어느 정도 공부한 후에 얘기한 거지만, 우리는 갑자기 들은 데다가 보통 일이 아닌 것 같으니 많이 놀랐죠. 그래서 '이게 대체 뭔지 한번 보자. 얼마나 대단한지 보자. 이렇게까지 하는 거면 어영부영할 순 없다'는 마음으로 책을 읽기 시작했어요. 내가 좋아하는 우리 회사가 하고 싶다는 거니 같이 해야겠다 생각했죠.

Q. OKR 전과 후, 가장 달라진 것이 있다면?

A. 오미 책에서 말하는 예시와 우리의 환경이 다르기 때문에 그에 맞게 수정이 필요한 부분이 많을 것 같았어요. 특히 월요일은 HC Happier Communication 팀이 가장 바쁜 날이기 때문에 다른 날로 회의를 바꾸는 게 어떻겠냐고 제안했는데, OKR 도입 초반에 롤리는 책에 엄청 의존해서 "책에서 월요일에 회의해야 한다고 하는데 바꿔도 되는 건지 모르겠다"라고 하더라고요. 롤리도 OKR에 대해 공부할 방법이 책밖에 없었고, 책에서 그렇게 가이드를 줬으니 그럴 수밖에 없었던 것 같긴 해요. 그래서 우리만의 방법을 찾기 위해 함께 모여 많은 이야기를 주고받았어요. 결국 우리 팀에 맞게 시스템을 만들어 나갔고, 덕분에 좋은 변화를 일으킨 것 같아요.

A. 브라우니 매일 반복되는 업무가 많은 HC팀 특성상 목표와 키 리절트를 수치화해 정하는 일이 디자인팀에 비해 정말 어려웠어요. 그런데 지금 와서 생각해 보면, '지금 사용하고 있는 매뉴얼을 만들게 된 것'과 '물류 시스템인 셀메이트를 도입한 것'도 다 OKR을 시작하면서 목표를 설정하고 더 효과적으로 일할 수 있는 방법을 고민하다가 나온 결과더라고요. 당시엔 매번 재고를 직접 세면서 파악하고, 수기로 기록하는 등 아날로그식 방법이 많았어요. 덕분에 지금은 대부분의 일이 전산화됐고 일하기가 훨씬 편해졌어요. 그래서 초반에 힘들었던 시간이 헛되지 않았다는 생각을 해요.

A. 뽀뽀 실체 있는 고민이 끊임없이 이어지고 있어요. 이전의 오롤리데이 CS와 물류는 우리에게 맞는 적정 수준을 유지하는 데 만족했다면, 지

금은 제품 판매와 발생한 이슈를 처리하는 일에만 머물지 않고 고객이 제품을 구매하는 과정부터 사용하는 순간까지 행복을 느낄 수 있는 방법을 적극적으로 찾아요. 루틴 업무가 많다고 해서 그저 하던 대로 반복하는 게 아니라, 고민의 범위를 넓혀 스스로와 서로에게 계속 묻는 거예요. 그 과정에서 HC팀이라는 오롤리데이만의 팀 이름도 생겼고, 우리에게 붙은 이름에 더 무거운 책임감을 갖고 각자의 능력 이상을 해내게 돼요. 좋았던 어제가 과거에만 머무는 것이 아니라, 더 나은 오늘을 만드는 원동력이 된 거죠.

나는 뭘 하고, 너는 뭘 하냐 프로젝트

그 당시 우리 팀원은 나를 포함해 6명이었다. 누가 어떤 일을 하는지는 어렴풋이 알지만 정확히 어떤 일을 하는지, 역할 분담이 잘되고 있는지는 정확히 모르는 듯했다. 팀 목표를 세우기 전에 정리가 필요한 타이밍이라는 생각이 들었다. 일명 '나는 뭘 하고, 너는 뭘 하냐 프로젝트'. 방법은 간단하다.

1. 리더가 팀에서 일어나는 모든 프로세스를 세세하게 정리해 큼지막한 표로 만든다. 리더가 잘 모르겠다면, 각 담당자에게 업무 프로세스를 전달받아도 좋다.

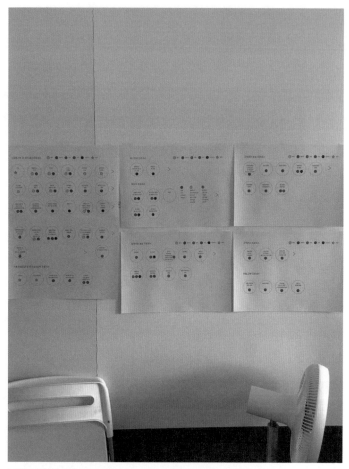

그 당시 팀원들과 함께 만들었던 역할 분담표. 자세한 내용은 p.331에서 확인할 수 있다.

팀워크라는 모터가 달린 요트

2. 표를 잘 보이게 만든다. 디지털로 만들어 화면으로 공유하는 것도 괜 찮지만, 큰 종이에 출력해 만들어 보는 것을 권한다.

3. 모든 팀원이 표 앞에 모여 앉는다.

4. 각자 자신을 표시할 수 있는 스티커 또는 컬러 펜을 준비한다. 서로 색 이 겹치면 안 된다.

5. 프로세스를 순서대로 읽으며 본인이 담당하고 있는 업무에 표시한다 (이 과정이 게임 같아 재미있기 때문에 종이에 출력하는 것을 권하는 것!).

역할 분담표를 만들며 새삼 우리가 하는 일의 종류와 양과 형태에 놀랐다. 제품 기획→제작→입고→사이트 등록→고객 주문→제품 포장→배송 정도로 단순하게 생각하던 프로세스가 작은 일까지 세세하게 나열하니 수십 단계의 거대한 프로세스가 됐다. 어떤 업무에 인력이 과중됐는지, 반면 어떤 업무에 인력이 부족한지 한눈에 파악할 수 있었다. 무엇보다 다 같이 둘러앉아 내가 어떤 일을 하는지, 상대방이 어떤 일을 하는지 속 시원하게 들여다보는 시간을 가질 수 있어서 좋았다.

우리는 그 표를 사무실 벽에 잘 보이게 붙여 두고 수시로 프로세스와 담당자를 확인했다. 그리고 과중된 업무의 담당자를 나누고, 인력이 부족한 업무에는 팀원을 새로 배치하는 작업을 했다. 덕분에 뭉뚱그려 표현하던 CS팀에도 포지션마다 책임자가 생겼고, 궁금한 점이 생기면 그 책임자를 통해 조금 더 쉽고 빠르게 답을 얻을 수 있었다(이 부분에 대한 자세한 이야기는 p.160에 나온다).

똑같은 일을 하더라도 남들 앞에서 '나의 역할'을 분명히 소리 내 이야기하면 더 큰 사명감과 책임감이 생긴다고 생각한다. 그런 의미에서 A3 용지 6장을 이어 붙여 만든 이 표는 팀원 각자와 팀에게 굉장히 유용했다.

안녕 오롤리데이, OKR은 처음이지?

첫 번째 OKR을 정하기 전에 현재 우리의 문제점을 파악하는 것이 우선순위였다. 우리는 내가 작성한 '오롤리데이 SWOT 분석표 (p.100)'를 살펴보며 약점을 보완해 기회를 잘 맞이하는 전략을 세우기로 했다. 여러 약점이 있지만, 현재 정리돼 있지 않은 브랜드의 이모저모를 모으고 편집해 아이덴티티를 더욱 명확하게 하는 것을 첫 번째 과제로 삼았다. 브랜드 아이덴티티라고 하면 단순히 '로고'를 떠올리는 사람이 많을 것이다. 하지만 아이덴티티는 말 그대로 '정체성'이다. 브랜드의 정체성을 드러내는 것이 단순히 로고만은 아니다. 로고와 더불어 자주 사용하는 폰트, 키 컬러, 마스코트, 제품의 만듦새, 패키지 같은 디자인적 요소뿐만 아니라, 고객을 응대할 때 사용하는 말투와 무드(친절과 불친절도 무드에 속한다), 배송 속도와 퀄리티, 공간을 운영한다면 그곳의 인테리어와 향기, 흘러나오는 음악까지 전부 브랜드의 정체성을 나타내는 요소라고 할 수 있다.

당시 누군가가 "오롤리데이의 아이덴티티는 분명한가?"라고 물어본다면 자신 있게 그렇다고 답할 수 있었을 것이다. 첫 번째 번아웃을 겪으며 브랜드를 한번 정리하는 시간을 가진 덕분에 꽤 분명해졌다고 자부하고 있었기에. 하지만 질문을 조금 바꿔 "그럼 그 아이덴티티가 다른 사람도 알아볼 수 있을 만큼 잘 정리돼 있나?"라고 물어본다면 "글쎄요⋯"라고 말끝을 흐렸을 것 같다. 새로운 일을 기획하고 시작하는 것을 좋아하는 나에게 '정리'는 늘 어려운 숙제였다. 하다못해 휴대폰 사진첩에도 사진이 잔뜩 쌓여 있고, 정리를 하는 법이 없다. 그래서 사진을 연도별, 장소별로 정리하는 친구들을 동경했다. 그 취약점이 브랜드를 운영하면서도 여실히 드러났다. 소재는 넘쳐 나는데 정리는 엉망이었다. 좋은 브랜드들과 컬래버레이션도 많이 했으면서 동네방네 자랑을 해도 모자랄 판에 하나도 정리돼 있지 않았으니.

당시 운영하던 웹사이트는 오롤리데이 초창기에 전자 상거래 플랫폼인 '카페24'에서 템플릿을 구매한 후 커스텀해 사용했던 아주 평범하고 전형적인 쇼핑몰 포맷이었다. 심지어 브랜드 소개를 위해 만든 'about' 카테고리에는 단 한 줄의 짧은 소개만 있을 뿐이어서, 오롤리데이를 전혀 모르는 사람이 들어왔다가는 금세 흥미를 잃고 뒷걸음질 치기 딱 좋은 재미없는 사이트였다. 브랜드의 웹사이트라기보다는 그저 제품을 판매하는 온라인숍 기능만 하던 곳이었다. 가장 크고 시급한 문제점을 발견하니 무엇을 첫 번째 목표로 삼아야 하고, 그 목표를 달성하기 위해 무엇을 해야 할지 조금은 명확해졌다.

그러나 막상 OKR에 적용하기는 쉽지 않았다. 특히 키 리절트를 정하는 일이 정말 어려웠다. 책에서는 100% 달성하긴 어렵지만 동기부여는 될 만한 적당히 높은 목표 수치를 정하라는데, 그 적당한 수치가 당최 어느 정도인지! 그 기준을 몰라 엄청 헤맸다. 나를 포함한 팀원 모두가 이 시스템과 초면이었기 때문에 삐걱거리는 우리 모습을 보며 몇 번이고 웃음을 터뜨렸다. 그래도 어떻게든 새로운 시스템에 적응하기 위해 열심히 의견을 내고 이야기를 나누는 모습이 꽤 귀엽고 사랑스럽기도 했다. "해 보면서 배우자! 두 번째에는 좀 더 나아지겠지!"라며 특유의 긍정 주문을 외우면서 어찌어찌 첫 번째 OKR을 완성했다. 다음은 그렇게 어찌어찌 탄생한 우리의 첫 번째 OKR이다.

O : 강력한 아이덴티티를 지닌 브랜드로 자리매김한다.
KR 1 : 우리의 아이덴티티가 분명히 느껴지도록 웹사이트를 리뉴얼한다.
KR 2 : 브랜드(디자인) 관련 언론 매체에 5건 이상 노출된다.
KR 3 : 인지도가 있는 해외 편집숍에서 최소 3건 이상 오더를 받는다.
KR 4 : 인스타그램 공식 계정의 팔로어 7만 달성!

행여 OKR을 세울 때 이 표를 참고하려는 분이 있다면 절대 그러지 말라고 말리고 싶을 정도로 지금 보니 아주 허술하고 엉성하기 그지없다. 디자이너가 자신의 예전 작업물을 보면서 부끄러움을 느끼며 '나 성장했네!' 느끼는 것처럼, 이 OKR을 다시 보니 '아, 우리 성

팀워크라는 모터가 달린 요트

장했구나' 싶다.

그때 우리는 강력한 아이덴티티를 지닌 브랜드로 다시 태어나기로 마음먹었고, 그러기 위해 첫 번째로 설정한 과제가 웹사이트 리뉴얼이었다. 모든 팀원이 둘러앉아 기존 사이트의 문제점을 파악하다 보니 단순히 사이트의 문제가 아니라 그간 오롤리데이가 브랜드를 기록하고 보여 주는 방식에 문제가 있음을 느꼈다.

웹사이트를 함께 리뉴얼한 디자이너 에이미에게 물었다

Q. 당시 사이트의 문제점은 무엇이었나요?

A. 가장 큰 문제점은 오롤리데이의 아이덴티티가 전혀 드러나지 않는다는 것과 브랜드를 소개하는 공간이 아예 없다는 것이었어요. 지금 생각해 보면 그 사이트는 오롤리데이의 제품을 살 수 있다는 점 말고는 별다른 매력이 없는 쇼핑몰이었던 것 같아요. 저는 어떤 브랜드를 알게 되면 그 브랜드의 홈페이지를 꼭 들어가 봐요. 들어가자마자 보이는 배너, 그래픽, 폰트, 사진 등의 다양한 형태를 통해 브랜드의 첫인상을 받아들이는 편인데, 그런 점에서 오롤리데이의 홈페이지는 오롤리데이스러운 재미있는 볼거리가 적었죠. 그리고 오롤리데이를 다른 루트가 아닌 웹사이트로 처음 만나는 사람들에게 이 브랜드가 어떤 생각과 이야기를 담은 브랜드인지 소개하는 공간도 전혀 없었어요. 제가 아는 오롤리데이는 자랑하고 싶은 게 많은 브랜드인데, 그게 전달되지 않는 것 같아서 무척 아쉬웠어요.

Q. 입사와 동시에 큰 프로젝트를 진행하게 됐는데, 그때 심정은요?

A. 짧은 회사 경험을 바탕으로 생각해 보면, 웹사이트 리뉴얼은 브랜드가 '새로운 출발을 하겠다!'라고 선전포고할 때 진행하는 큰 프로젝트 중 하나거든요. 시간과 노력이 아주 많이 드는 작업이니까요. '오롤리데이가 본격적인 변화와 재정비를 시도하려고 하는구나! 재밌겠다'는 생각과 함께 한편으로는 부담감도 생겼죠. 입사 후 첫 프로젝트였기 때문에 롤리에게 잘해 내는 모습을 보여 주고 싶었거든요. 동시에 오롤리데이의 중요한 변화의 시기에 함께할 수 있다는 게 아주 설레기도 했던 것 같아요.

Q. 리뉴얼할 때 가장 중요하게 생각한 것이 있나요?

A. 오롤리데이의 브랜드 아이덴티티가 가장 잘 드러나는 곳으로 만들것! 오롤리데이의 컬러풀하고, 위트 있고, 친절한 그 모든 모습이 홈페이지에서도 충분히 느껴지면 좋겠다고 생각했어요. 메인 페이지는 오롤리데이의 밝은 에너지를 느낄 수 있도록 컬러를 과감히 사용해 구역을 나눠 시원하게 디자인하고, 사이트 구석구석에는 우연히 마주치면 반가울 작고 재미있는 요소를 넣었어요. 그리고 누구든지 오롤리데이가 어떤 브랜드인지, 어떤 프로젝트를 진행해 왔는지 볼 수 있게 브랜드를 소개하는 카테고리도 만들었고요. 비주얼적인 부분뿐만 아니라 고객이 편리하게 제품을 구매하도록 돕기 위해 사이트맵 탭을 추가하고, 제품을 좀 더 정확한 카테고리로 재분류하고, 선명도가 떨어지는 이미지도 교체하는 작업을 했어요.

팀워크라는 모터가 달린 요트

Q. 사이트를 리뉴얼한 후 기분은 어땠어요? 만족스러웠나요?

A. 폰트 사이즈를 조금 키우고, 컬러를 미세하게 변경하는 등 작은 부분까지 신경 쓰느라 많은 시간이 걸렸고 힘도 들었지만, 비로소 오롤리데 이스러워진 사이트를 보니 정말 뿌듯했어요. 웹사이트 리뉴얼을 OKR의 키 리절트로 잡은 덕분에 자칫하면 늘어질 수 있었던 큰 프로젝트를 목표 시간 내에 해낼 수 있었던 것 같아요. 함께 노력해서 이룬 결과라 성취감이 정말 대단했어요. 이때 경험한 변화를 시작으로 저희는 지금까지도 다양한 부분을 개선해 나가고 있답니다. 개선할 점이 보이면 부지런히 수정하면서 더 우리답고 더 편리한 사이트를 만들기 위해 노력하고 있어요. 앞으로는 또 어떤 점이 어떻게 변화될지 지켜봐 주세요.

에이미의 말처럼 웹사이트 리뉴얼을 키 리절트로 설정하지 않았다면 과연 그 대단한 프로젝트를 3개월 안에 해냈을까 싶다. 비록 다른 키 리절트는 하나도 달성하지 못했지만 그래도 웹페이지 리뉴얼 덕분에 많은 이들에게 주목받았고, 우리 스스로는 큰 성취감을 얻을 수 있었다. OKR을 시작하지 않았으면 '아, 우리 웹사이트 바꿔야 하는데'라며 입으로만 행동하면서 아마 더 바쁘게 느껴지는 매일의 급한 일에 치여 계속 미루며 불편한 마음에 시달렸을 것이다. 아니, 애초에 웹사이트를 바꿔야 한다는 문제점조차 발견하지 못했을지도 모르지.

실패가 없는 곳, 실패가 없는 소비

열심히 웹사이트를 리뉴얼하던 중 생각지도 못한 위기가 덮쳤다. 이 글을 읽는 지구상에 존재하는 사람이라면 단 한 명도 모를 리 없는 바로 그 대위기, 코로나19다. 마치 영화 속의 일처럼 나와는 상관없다는 듯 바라보던 일이 나의 현실이 됐을 때, 그 어리둥절한 순간을 잊을 수 없다. 권장사항이었던 마스크가 생활 필수품이 되고 야외 활동이 줄어드는 동안 전 세계 모든 자영업자의 영업장에 불이 꺼져 가고 있었다.

코로나가 내 삶을 공격하고 있다는 것을 제대로 체감한 계기는 '오프라인 몰의 매출 급감'이었다. 첫 달엔 1/3로 감소하더니 그다음 달엔 1/5로 빠르게 떨어졌다. 특히 우리 제품이 입점돼 있던 편집숍 중 외국인 관광객이 많이 찾던 곳은 매출 감소 폭이 매우 컸고, 속도도 무서울 정도로 빨랐다.

야외 활동을 자유롭게 하지 못하니 앞으로 온라인 몰이 급성장할 것이라고 했지만, 온라인 몰에서도 생계를 위한 필수품을 제외하고는 소비가 매우 줄어들 것이라는 전망이 나오고 있었다. 오롤리데이의 제품은 생계형보다는 '꾸밈 비용' 쪽에 가까웠다. 있으면 좋지만 없어도 사는 데엔 전혀 지장이 없는, 소소한 행복을 위한 제품이랄까.

오프라인 매출도 떨어지고, 온라인 매출까지 덩달아 떨어지면 앞으로 우리는 어떻게 해야 하나 걱정하고 있을 때, 놀라운 부분을 발견했다. 오프라인 매출이 곤두박질치는데도 전체 매출의 변동 폭이 크지 않았던 것이다. 어라? 그럼 온라인 매출이 늘었다는 말인가? 의문을 갖고 온라인 매출을 자세히 분석해 보니 그 원인은 '국내와 국외 고객 모두의 구매 건수 상승'에 있었다. 직접 한국에 와서 구매하지 못하니 해외 온라인 구매 건수가 늘어나는 것은 당연히 이해가 갔다. 우리가 해외에 가서 사 오던 제품을 '직구'를 통해 구매하는 것처럼 말이다. 하지만 지극히 꾸밈 비용에 가까운 오롤리데이 제품 판매량이 국내에서도 점점 늘고 있는 것이 아주 신기한 포인트였다.

그 답을 찾기 위해 나의 소비 패턴을 분석해 봤다. 판매자로서 답변을 찾지 못할 땐, 내가 소비자가 돼 보는 것이다. 또다시 등장한 역지사지 권법이다. 내 일자리가 언제 사라질지 모른다는 공포감이 생기면 소비 긴축에 들어갈 것이고, 나를 가꾸는 꾸밈 비용을 가장 먼저 줄일 수밖에 없다. 하지만 그렇다고 우리가 옷을 안 입나? 노트를 안 쓰나? 미용실에 안 가나? 상황이 어려운 와중에도 그동안 해온 것들을 유지할 것이다. 횟수는 줄어들지라도 그 소비가 아예 사라지지는 않을 거라는 것. 그렇다면 우리는 '어디'에서 '무엇'을 소비할까? 바로 '실패가 없는 곳'에서 '실패가 없는 것'을 소비할 것이다.

'실패가 없는 곳'이란 어떤 곳일까.

1. 이미 소비해 본 적이 있는데, 제품이든 서비스든 좋았던 곳

2. 평상시의 행보가 믿음직스러웠던 곳

3. 대다수 사람들이 강력 추천하는 곳(이것은 결과가 복불복이긴 하다)

즉 잘 알고 신뢰가 가는 곳이라고 생각해 볼 수 있겠다. 그럼 '실패가 없는 것'이란 어떤 것일까.

1. '가심비', '가성비'를 충족시키는 것(물론 개인에 따라 가격이 중요하지 않을 수도 있다. 단순히 아름다움과 성능만 보기도 한다)
2. 이미 좋은 경험을 해 봤던 것(요즘은 그런 이유로 정착하게 된 아이템을 '정착템'이라고 부른다)
3. 대다수 사람들이 강력 추천하는 것(이것도 결과가 복불복이긴 하다)

만약 누군가가 나를 백화점에 데려가 무한대로 쓸 수 있는 신용카드를 줬다고 가정해 보자. 과연 그 돈을 어떻게 쓸지 심각하게 고민할까? 아마 그런 조건이라면 고심하는 시간조차 사치라고 느낄 것이다. 그 시간에 그냥 발길이 닿는 곳 어디든 들어가 마음에 드는 물건을 살 것이다.

그럼 반대로 50만 원만 쓸 수 있는 카드를 준다면? 그 돈을 어디에 써야 할지, 무엇을 사야 후회하지 않을지 고심하고 또 고심할 것이다. 나라면 모르는 브랜드는 쳐다보지도 않고, 평상시 잘 알고 좋아하던 브랜드 매장으로 들어가 예산 범위 내에서 가장 갖고 싶은, 구석구석 뜯어보고 후회하지 않을 물건을 고를 것 같다. 예산이 한정돼 있는데 모험을 할 사람이 얼마나 될까.

이렇게 생각하니 팬데믹 상황에서도 우리 매출이 떨어지지 않고 오히려 오른 이유를 알 것 같았다. 물론 순전히 내 추측이지만, 우리를 좋아하는 팬들이 여전히 우리 물건을 소비해 주는 것이 아닌가 싶었다.

　그 무렵, A 사업체를 운영하는 대표님을 소개받았다. 도매시장에서 시작해 의류와 액세서리 도·소매를 함께 하는 굉장히 큰 기업이었다. 연 매출이 수백 억이 넘는다고 했으니 대단한 곳임에는 분명했다. 유동 인구가 많아 월세가 굉장히 비싼 서울 번화가에 큰 건물 한 채를 통째로 임대해 소매점을 하고 있었고, 우리는 그분의 영업장에서 처음 만났다. 그분은 연 매출이 본인들의 1/20도 되지 않는 우리를 부러워했다. 그 이유를 들어 보니 본인들은 도매를 기반으로 성장한 곳이라 '브랜드'에 대한 중요성을 전혀 모르고 있었고, 그 결과 코로나가 터지자마자 큰 타격을 입고 있다고 했다. 그래서 나에게 브랜드를 만들고 성장시키는 방법에 대해 물었다.

　이는 앞에서 한 이야기와 연결된다. 소비를 줄이면 결국 내 마음속에서 엄청난 기준점을 갖고 '선별'한 곳에서만 지갑을 열게 되는데, 그 때문에 처음 본 길거리 매장(로드숍)에서 지갑을 열 기회는 점점 적어진다는 이야기다.

　대표님은 1억이 넘는 어마어마한 월세를 내면서도 늘 흑자였기 때문에 월세가 단 한 번도 부담스럽지 않았는데, 팬데믹이 시작되면서 매장에 손님이 눈에 띄게 줄어들었고, 특히 외국인 관광객의 발길이 끊기며 처음으로 적자를 기록하고 있다고 했다. 그런데 주변을 보니 그 전부터 브랜딩을 잘해 온 브랜드들은 코로나 이슈에도 문제없이 사업체를 운영해 나가는 것 같다며, 오롤리데이도 그중 하나라고 부러움을 표한 것이다. 본인들도 코로나가 터지기 이전부터 소비자의 소비 패턴이 조금씩 바뀌고 있다는 것을 감지해 사업체를 브랜딩하기 위해 많이 노력했지만 쉽지 않았다고 했다.

그래서 A가 했다는 브랜딩을 자세히 관찰해 봤다. 20년 가까이 의류와 액세서리를 제조해 온 곳이니 제품의 퀄리티와 디자인은 나무랄 데가 없었다. 우리가 미팅을 한 A의 오프라인 쇼룸도 인테리어나 향기, 음악 등 공간을 아우르는 전체적인 감도가 훌륭했다. 그런데 왜 타격을 입은 것일까? 내가 파악한 문제점은 바로 '메시지의 부재'였다.

세상에 멋지고 훌륭한 제품은 수도 없이 많고 지금도 계속해서 만들어지고 소개되고 있다. 특히 나는 한국의 디자인 시장이 정말 많이 발달했다고 생각한다. 그중에서도 의류와 액세서리는 포화 상태인 레드 오션 중의 레드 오션이니, 결국 멋진 디자인과 훌륭한 퀄리티는 더 이상 경쟁력이 아니라는 이야기다. 그렇기에 그 이상의 무언가, 브랜드만의 '킥kick'이 필요하다.

킥이란 무엇일까? 타 브랜드와 비교할 수 없는 퀄리티와 디자인, 소비자의 심리를 잘 파악하고 지갑을 열게 하는 엄청난 마케팅 기술, 많은 사람을 공감하게 만드는 브랜드 히스토리와 철학, 친절한 서비스 등이 있겠다. 요즘 소비자는 '좋은 제품'은 당연하거니와 제품 이상의 '가치'를 소비하고 싶어 한다. 그 가치를 만드는 것이 바로 좋은 킥이 될 수 있다.

문제점을 파악하고 대표님에게 질문했다.

롤리 A 브랜드의 콘셉트는 무엇인가요?

대표님 오리엔탈이요. 여기 쇼룸 주위를 둘러보면 도자기며 소품이며 오리엔탈 느낌 아닌가요?

롤리 그건 그냥 인테리어 콘셉트인 것 같은데요? 제가 여쭤보는 건 인테리어 콘셉트가 아니라, 사장님이 전개하시는 브랜드의 콘셉트예요. 쉬운 말로 콘셉트라고 했지만, 브랜드가 지향해 나갈 미션이나 비전, 메시지 등이 더 정확한 말이겠네요.

대표님 음… 어렵네요. 오리엔탈 무드를 좋아해서 그런 감도로 인테리어나 옷 스타일 등 여러 가지를 맞춰 가고 있는데 그게 콘셉트 아닌가요?

롤리 왜 그동안 A의 브랜딩이 어려웠는지 알겠어요. 첫 번째로 해야 할 중요한 고민이 빠져 있는 것 같아요. 브랜드 아이덴티티를 만드는 요소는 다양한데 대표님이 말한 오리엔탈은 그 요소 중 브랜드에서 지향하고자 하는 '디자인 무드' 정도를 표현하는 말이겠네요. 브랜드의 본질적인 지향점에 대한 고민이 빠져 있으면 아이덴티티를 만들어 갈 수가 없어요. 그 고민을 해야만 아이덴티티를 만드는 수많은 요소를 하나하나 정리해 나갈 수 있거든요. 그렇지 않다면 브랜드를 일관성 있게 전개하기 어려울 테고, 당연히 소비자를 설득하기도 어려울 거예요.

대표님 대충은 알겠는데 역시 어렵네요.

롤리 예를 들어 오롤리데이는 '행복'이라는 키워드로 브랜딩을 진행해요. '당신의 삶을 더 행복하게 만든다'라는 슬로건, 즉 미션이 있으니 브랜드를 운영하기 위해 수많은 결정을 할 때 항상 그 미션을 중심에 두고 움직이게 되는 거예요. 슬로건은 오롤리데이를 만들어 가는 우리에게도 아주 중요한 주문이 되지만, 소비자에게도 강력한 주문이 될 수 있어요. '오롤리데이 제품을 쓰면 더 행복해질 것 같아'라는 믿음이 생기거든요. 이런 맥락에서 생각하면, 오리엔탈은 절대로 브랜드의 철학이나 슬로건이 될 수 없죠. 이런 고민들이 배제돼 있기 때문에 A가 브랜드처럼 보이기 힘들었을 거예요. 요즘은 시장 제품도 워낙 브랜드 제품처럼 잘 나오잖아요. 게다가 예전엔 동대문 도매시장에서 옷을 사입해서 팔던 단순 쇼핑몰도 각자 '자체 제작'이라는 이름으로 라벨을 달고 브랜딩하는 시대잖아요. 이런 상황에서 살아남으려면 우리 브랜드만의 차별점을 만들어야죠.

대표님 아하… 맞아요. 저희 말고도 시장에 그럴싸한 브랜드가 많이 생기고 있죠. 그럼 우리는 뭘 해야 할까요?

롤리 제가 방금 드린 질문을 시작으로 브랜드의 아이덴티티를 차곡차곡 다시 쌓아 가는 작업이 필요할 것 같은데…. 전문가의 도움이 필요할 것 같긴 하네요.

대표님 살아남기 힘들기로 유명한 의류 도·소매시장에서 20년 동안 장사를 했기 때문에 장사 잘하는 법은 누구보다 잘 아는데, 브랜딩은 정말 어렵네요. 브랜딩하다가도 결과치가 확확 보이지 않으면 결국 '돈 버는 것', 그러니까 '장사'를 하게 되더라고요. 그런데 이제는 장사도 옛날 방식으론 하기 어려운 것 같아요. 사람들의 소비 패턴도 많이 바뀌었고, 무엇보다 코로나가 닥치니 맥없이 무너지더라고요.

롤리 옛날 방식으로 사람을 끌어모으기 힘들다면 다른 방법을 시도해 봐야죠. 예를 들어 팬이 많은 브랜드와 협업해 건물 중 한 층을 재미있는 팝업 스토어로 개조하든가 하는 새로운 방법이요.

대표님 좋은 방법이긴 한데 솔직히 용기가 안 나네요. 바꿔서 지금보다 매출이 잘 나오리란 법도 없고. 복불복이잖아요.

롤리 새로운 도전을 하고 싶다면 기존에 하던 방식을 뒤엎어 보는 용기를 내는 것이 가장 빠르고 확실한 방법일 수 있어요. 시도하지 않으면 바뀌는 것은 아무것도 없잖아요. 새로운 방법에 용기를 내 보세요. 그리고 브랜딩은 하루아침에 되지 않아요. 빠르게 결과를 얻으려고 하면 아마 자꾸 포기하게 될 거예요. 대표님이 수년간 장사하며 노하우가 생긴 것처럼, 브랜드도 차곡차곡 히스토리를 쌓을 시간이 필요해요. 그러니 조급한 마음을 좀 내려놓으세요.

처음 만난 날 우리는 이런 대화를 나눴다. 그래서 A 브랜드는 어떻게 됐냐고? 그때 이후로 만난 적이 없어 정확히는 모르겠다. 확실한 것은, 엄청난 월세를 내던 그 큰 매장은 현재 문을 닫았다. 부디 방법을 잘 찾았길 바랄 뿐이다.

이날의 미팅을 통해 브랜드가 살아남는 데 필요한 조건 중 중요한 한 가지를 알게 됐다. 바로 '팬'이다. 팬의 사전적 의미는 운동 경기나 선수 또는 연극, 영화, 음악 따위나 배우, 가수 등을 열광적으로 좋아하는 사람이다. 요즘엔 꼭 유명한 운동선수나 연예인이 아니어도, 작은 브랜드나 그 브랜드를 운영하는 사람에게도 팬이 생기는 시대다. SNS 활동이 활발해지며 일반인도 각자의 삶을 SNS 공간에 기록하면서 팬이 생기기 시작했다. 한마디로 그의 삶에 공감하고 지지하는 사람들이 생겨난 것이다. '선별 소비'가 강화될수록 팬을 확보한 브랜드가 더 빛날 것이다. 노트 한 권을 사더라도 내가 좋아하고 신뢰하는 브랜드에서 소비할 테니.

오롤리데이만의 웹사이트 탄생!

코로나가 세상을 벌벌 떨게 만드는 동안 우리는 우리가 할 일을 열심히 해 나갔다. 상반기 OKR의 가장 큰 과제였던 웹사이트가 차근차근 모습을 갖춰 가기 시작했고 2020년 4월, 드디어 오롤리데이 사이트의 새 얼굴이 공개됐다. 손을 보면 볼수록 자꾸 욕심이 생기고 추가하고 싶은 기능이 산더미였지만, 우리가 중요하게 생각한 것은 전부 정리됐기에 나머지는 차근차근 고쳐 나가는 것으로 어느 정도 타협을 봤다. 리뉴얼을 하며 우리가 중요하게 생각한 것은 다섯 가지다.

1. 들어오자마자 보이는 큰 배너, 전체적인 배색, 폰트 등으로 우리가 지향하는 디자인 무드가 한눈에 느껴지도록 할 것. 들어오는 순간 행복

해질 수 있도록 경쾌하고 위트 있고 유쾌하게 풀자.

2. 사이트 군데군데 슬로건을 배치해 우리가 전하고자 하는 메시지를 명확하게 드러낼 것.

3. 제품 섬네일은 깔끔하게 통일할 것.

4. 브랜드 소개 글, 상세 페이지 어투 등 사이트 곳곳에 적힌 글의 톤&매너를 맞출 것.

5. 중구난방이던 제품 카테고리를 정리하고 분류하기 애매했던 제품을 재분류할 것.

웹사이트 리뉴얼은 무척 성공적이었다. 그 당시 사이트 방문자 수는 평균 1,000명 안팎이었는데, 리뉴얼 오픈 당일 접속자 수가 6,000명을 돌파했고, 리뉴얼을 한 그달의 매출은 전월 대비 130% 이상 증가했다. 4월은 원래 오롤리데이의 매출이 급감하는 애매한 시기다. 그걸 고려하면 매출 130% 증가는 매우 기록적인 수치였다. 무엇보다 인스타그램에서 사이트 리뉴얼에 대한 칭찬이 자자했다. 가장 기분 좋은 칭찬은 '딱 오롤리데이스러운 기분 좋아지는 사이트다!'였다.

남들이 보기엔 단순한 '웹사이트 리뉴얼' 정도겠지만, 우리에겐

오롤리데이 웹사이트 구경하기

굉장히 의미가 큰 프로젝트였다. 개선하기 위해 함께 머리를 맞대 고민했고, 그 고민의 산물이 웹사이트로 태어난 것이다. OKR을 통해 만들어 낸 첫 결괏값이기도 하다.

인스타그램 해킹이 알려 준 '진심'의 힘

웹사이트 리뉴얼의 성취감에 취해 광대가 씰룩거리던 것도 잠시, 아주 큰 위기가 찾아왔다. 이번엔 코로나처럼 누구에게나 찾아오는 위기가 아닌 우리만의 위기! 하루아침에 오롤리데이의 유일한 소통 수단이자 마케팅 수단이던 인스타그램 공식 계정을 도둑맞은 것이다.

내 실수로 벌어진 일이었다. 오랜만에 일찍 퇴근해서 들뜬 기분으로 저녁 식사를 하러 가던 중, 메일함에 있는 메일 하나를 열었다. 인스타그램에서 온 안내 메일이었고, 아무 생각 없이 열고 그 안에 있는 링크를 클릭해 로그인했다. 그러곤 아무런 변화가 없길래 '뭐지?' 하고는 메일함에서 빠져나왔다. 그 후 친구를 만나 이야기 나누며 주문한 저녁 메뉴가 나오기를 기다리고 있는데 팀원 한 명에게 전화가 왔다.

"롤리! 우리 계정이 없어졌어요! 인스타그램이요! 계정이 사라졌어요."

"응? 그게 무슨 말이야?"

되묻다 말고 갑자기 등줄기가 서늘해졌다. 메일함을 열어 인스타그램에 로그인하던 장면이 아주 빠른 화면으로 머릿속을 스쳐 지나갔다. 전화를 끊지 않은 채 빠르게 인스타그램에 접속했다. 분명 오롤리데이 계정을 검색했는데 '사용자를 찾을 수 없음'이라는 매정한 알람이 떴다. 망했다… 해킹이다.

그 당시 오롤리데이 공식 계정의 팔로어 수는 5만 명 정도였다. 초창기부터 차곡차곡 성실하게 모아 온 아주 소중한 팔로어였다. 그때의 기분을 묘사하자면, 열심히 일해 열심히 아껴 가며 모은 곗돈을 계주가 갖고 튀어 무척 허망한 기분이랄까. 물론 그런 경험은 없다. 그냥 그 심정이 이해가 갔다는 말이다. 아주 짧은 시간에 '어안 벙벙→현실 부정→현실 자각→자책→해커에 대한 분노→허무' 순으로 감정이 변했다. 하지만 휘둘릴 틈이 없었다. 이럴 때일수록 빨리 이성을 찾고 방법을 찾아야 했다.

그나마 정말 다행이었던 건, 오롤리데이 공식 계정이 아닌 내 개인 계정도 성실히 운영해 온 터라 해킹 소식을 알릴 다른 창구가 있었다는 것. 일단 개인 계정을 통해 신속하게 해킹 소식을 알렸고, 인스타그램 공식 절차를 통해 해킹 신고를 하고 도움을 요청했다. 해킹 관련해서는 인스타그램 한국 지사가 아닌 미국 본사와 소통해야 하기에 짧은 영어로 상황을 설명하느라 무척 힘들었고, 소통 속도도 매우 더뎠다. 하지만 부디 돌아와 주기만 한다면 무엇이든 할 수 있을 듯한 마음이었다. 인고의 시간을 보낸 후 13일 만에 계정은 우리 품으로 돌아왔다. 기쁨의 포스팅을 올린 지 하루 만에 또 해킹을 당했지만…. 하하. 놀랍게도 사실이다. 계정을 찾기 위해 같은 절차를 반복했고 일주일 만에 또다시 계정을 찾았다.

이제는 정말 끝이라는 생각에 계정을 찾자마자 해피어를 위한 금의환향 이벤트를 열고, 관련 영상을 만들어 유튜브에 올리며 화려하게 팡파르를 울렸다. 하지만 기쁨은 잠시, 일주일 후에 또다시 해킹을 당하고 말았다. 악랄한 해커는 계정을 돌려주는 조건으로 돈을 요구했고, 어이없는 거래 제안에 '그냥 너 가져라' 하고 쿨하게 해커를 손절했다. 계정을 포기했다는 이야기다.

정리해 보자면 우리는 한 달 동안 세 번 해킹당했고, 두 번 찾았으며, 한 번은 찾기를 포기했다. 그렇게 오롤리데이의 유일한 마케팅 수단은 역사 속으로 사라져 버렸다. 소중한 5만 팔로어와 함께.

그런데 여기서 또 신기한 포인트를 발견했다. 유일한 마케팅 수단이 한 달간 부재했는데 매출에 어떤 변화도 생기지 않았다. 당연히 떨어져야 하는 것이 정상 아닌가? 그런데 전혀 변화가 없다니, 그것도 문제라면 문제였다. 그럼 그동안 인스타그램 계정은 어떤 역할을 했던 걸까? 정말 우리의 '유일한 마케팅 수단'이었을까? 애석하게도 팔로어 5만을 보유하고 있던 그 계정은 별로 큰 역할을 하고 있지 않았던 모양이다. 그럼 도대체 무엇이 오롤리데이의 팬을 만들고, 그들을 움직이게 한 걸까? 오롤리데이는 그동안 어떤 마케팅을 하고 있었던 걸까?

공식 계정이 없었던 기간에도 우리는 열심히 일했다. 5월 15일

창립 기념일을 위해 프로모션도 하고 신제품도 출시했다. 그리고 그 소식을 내 개인 계정을 통해 전했다. 공식 계정보다 팔로어 수가 많긴 했지만, 그분들 중 내가 운영하는 브랜드와 상관없이 나의 라이프스타일을 좋아하고, 나의 생각에 공감해 팔로하는 분이 많을 것이라고 생각했기에 그간 개인 계정에서 제품 이야기는 거의 하지 않았다. 대신 단순히 제품을 홍보하기보다는 브랜드를 꾸려 가며 좋았던 점, 어려웠던 점, 신경 쓰고 있는 점 등 다양한 생각을 구구절절 기록해 왔다. 어쩌면 제품 출시 정보와 특장점을 나열해 온 공식 계정보다 브랜드와 제품에 관한 이야기가 더 집약된 곳이 내 개인 계정이 아닐까 싶다.

그간 오롤리데이는 별다른 마케팅을 해 본 적이 없다고 생각했는데, 그게 바로 오롤리데이를 창립한 이후로 쭉 해 온 마케팅이 아닐까. '진심'의 힘은 엄청나다. 나는 내 계정을 통해 오롤리데이와 해피어에 대한 진심을 꾸준히 보여 준 것이다.

"작은 브랜드에선 어떤 마케팅을 해야 하나요?"

'브랜드 운영'을 주제로 몇 번 강연을 했는데, 그때마다 많은 분들이 했던 질문이다. 나는 늘 "작은 브랜드에서만 할 수 있는 마케팅을 하세요"라고 답했다.

그럼 어떤 마케팅이 작은 브랜드에서만 할 수 있는 마케팅일까? 말장난 같지만 대기업에서 할 수 없는 마케팅이다. 진심을 다하고 계속 그 진심을 이야기하는 것이다. 만약 품질에 진심이라면 품질을 위해 어떤 노력을 하고 있는지, 왜 그렇게 품질에 목숨을 거는지 나만의 스토리로 이야기하는 것이다. 행복에 진심이라면 왜 나의 목표가 '남을 행복하게 만드는 것'이 됐는지, '다른 이의 행복을 위해 나는 무엇을 하고 있는지' 이야기하는 것이다. 그리고 우리를 좋아해 주고 소비해 주는 분들께 최선을 다해 감사와 사랑의 마음을 전하는 것이다. A4 용지를 꽉꽉 채워 프린트한 디지털 글씨보다 손으로 꾹꾹 눌러 담은 단 세 줄의 손 편지가 더 큰 감동을 주기도 한다. 나와 나의 브랜드를 소개하는 데 그런 정성을 보이라는 이야기다.

작은 브랜드는 마케팅을 위한 광고에 쓸 돈이 넉넉지 않다. 당장 능력 있는 마케터를 고용하기도 쉽지 않을 것이다. 돈을 써서 광고를 집행하면 훨씬 더 많은 사람에게 노출되고, 그래서 좋은 결과가 따라오겠지만, 그 결과가 꼭 성공으로 이어지리라는 보장은 없다. 돈을 써서 광고를 하는 데도 아주 치밀하고 냉정한 전략이 필요하다. 결국 돈도 없고 마케터도 없는 작은 브랜드에서 할 수 있는 마케팅이라고는 고객을 감동시켜 아주 느리지만 조금씩 단골을 만드는 것뿐이라고 생각한다. 이는 절대로 대기업에서 할 수 있는 방법이 아니다. 대기업에선 시간이 곧 돈이기에 빠르게 결과를 낼 수 있는 방법을 택할 것이고, 유명 연예인을 모델로 쓰는 것도 그 이유 중 하나다. 회사의 몸집이 커지면 투자 대비 효율이 중요하기에 그런 선택을 할 수밖에 없다. 그래서 작을 때 할 수 있는 것을 놓치지 말아야 한다. 소비자에게 계속 진심을 전하고, 그들과 깊은 관계를 만들어 가는 것.

이런 맥락으로 봤을 때 오롤리데이 공식 계정은 그저 소식을 나열한 '브랜드 게시판'에 불과했고, 내 개인 계정은 소비자에게 진심을 전하고 관계를 쌓아 가는 곳이었다. 마케팅을 목적으로 한 것은 아니지만, 내가 개인 계정을 통해 축적해 온 기록이 꽤 멋진 마케팅 활동이었음을 뒤늦게 알게 됐다.

마케팅팀을 만들어야겠어!

계정을 다시 찾는 것을 포기했으니, 속은 쓰리지만 새로 만들어야 했다. 하지만 그 시기를 조금 미루기로 했다. 지금 바로 만들었다간 새로 생긴 계정마저 브랜드 게시판으로 전락해 버릴 것 같았기 때문이다. 그동안은 마케터가 없었던 관계로 내가 인스타그램을 관리했다. 핑계처럼 들릴 수도 있겠지만, 공사가 다망한 대표 롤리는 너무 정신이 없는 나머지 오피셜 계정 관리에 무척 소홀했다. 주로 신제품이 출시되면 그 소식을 올리는 용도로 사용했는데, 그마저 빠릿빠릿하지 않았다. 하지만 공식 계정 운영의 문제점을 완전히 알게 된 이상 똑같이 방치할 순 없었다. 오롤리데이의 이야기를 나보다 더 가치 있게 설명해 줄 사람, 마케팅 채널을 전략적으로 운영해 줄 사람과 함께해야겠다고 생각했다. 마케터 채용이 시급했다.

본격적으로 마케팅 활동을 하게 되면 분명 디자이너 인력도 부족할 것이라 판단해 마케터와 디자이너 채용을 동시에 진행했다. 채용할 때 어떤 질문을 해야 할지 고민이 많았다. 단순히 제품을 '많이 팔아 줄 마케터'가 필요한 것이 아니었기 때문이다. 제품을 홍보하기보다는 오롤리데이를 완벽하게 이해한 후 적확한 언어로 소비자와 소통해 주길 바랐다. 그렇다면 내가 원하는 오롤리데이 마케터에게 가장 필요한 자질은 무엇일까? 어떤 질문을 통해 그 자질을 알아볼 수 있을까? 며칠간 심도 있게 고민한 후 인스타그램에 오롤리데이의 첫 마케터 채용 공지를 올렸다. 그 도입 부분을 소개한다.

안녕하세요. 오롤리데이에서 '첫 번째 마케터'를 모집합니다.

오롤리데이는 'O,LD! makes your life happier'라는 슬로건을 모토로 다양한 작업을 하고 있습니다. 사용자의 행복도 중요하지만, 더 중요한 건 이 브랜드를 꾸려 나가는 사람들의 행복이라고 생각합니다. 만드는 사람이 행복하다면, 사용자에게 자연스럽게 그 행복이 전달될 거라 믿고 있기 때문이죠.

오롤리데이는 현재 운영과 디자인을 맡고 있는 대표 2명과 디자인 파트 직원 1명, CS 파트 직원 3명, 그리고 포장 파트타이머 1명, 숍 매니저 겸 영상 콘텐츠 디자이너 1명으로 꾸려지고 있는, 작지만 천천히 성장하고 있는 회사입니다.

작은 규모이기 때문에 많은 생각과 감정 공유가 이뤄질 거예요. 아래의 이력서 필수 내용을 보면 '취향과 성격'에 대한 질문이 많은 이유도 그 때문입니다.

오롤리데이에는 한 번도 마케터가 없었고, 6년 동안 별다른 마케팅을 하

팀워크라는 모터가 달린 요트

지도 않았습니다. 하지만 감사하게도 많은 분들이 오롤리데이를 찾아 주셨고, 사랑해 주셨어요. 그동안 운이 좋게도 많은 사랑을 받았던 오롤리데이가 이제 적극적으로 더 많은 분들께 오롤리데이를 소개하려고 합니다. 오롤리데이의 소박하지만 충분히 행복한 이야기를 전달해 줄 마케터를 찾습니다!

인재상

- '일상 속 작은 것들이 우리 삶을 충분히 행복하게 할 수 있다'라는 오롤리데이의 모토를 제대로 이해하고, 존중하며, 회사와 동료들과 함께 성장하고자 하는 의지가 강한 분이면 좋겠습니다.
- 긍정적이며 배려와 예의가 있는, 일하는 곳에 진심으로 애정을 가질 수 있는 분이면 좋겠습니다.
- 다양한 기물에 관심과 애정을 가지고, 작은 포인트도 허투루 지나치지 않는 예민하고 센스 있는 분이면 좋겠습니다.
- 오롤리데이의 브랜드와 제품에 대해 이해도가 높고 공부를 열심히 해 줄 분이면 좋겠습니다.
- 세상에서 벌어지는 일에 관심이 많은 분이면 좋겠습니다.
- 좋아하는 것을 여기저기 소문내기 좋아하는 오지랖이 넓은 분이면 좋겠습니다.
- 작은 것에도 충분히 행복할 수 있는 분이면 좋겠습니다.
- 아이디어와 대화를 나누는 것에 큰 재미를 느낄 수 있는 분이면 좋겠습니다.

오롤리데이의 첫 마케터가 되는 일이 무척 부담스러웠을지도 모르겠다. 그동안 본격적인 마케팅 활동을 한 적이 없기에 오롤리데이스러운 마케팅 방법을 스스로 찾아야 했고, 심지어 유일한 마케팅 채널인 인스타그램 계정도 잃었으니까. 새로운 계정을 만들어 팔로어를 0부터 차곡차곡 쌓아야 하는, 막중한 책임감이 느껴질 수 있는 자리였으니 말이다.

다른 파트의 채용 공지를 올릴 때도 그랬듯 취향과 성격에 대한 질문을 많이 했다. 우리를 잘 소개하려면 일단 우리를 잘 이해해야 하고 잘 물들어야 하기에 우리스러운 사람인지 보는 것이 첫 번째 관문이었다.

'결이 맞는' 사람을 뽑기 위한 우리만의 채용 기준

오롤리데이에서 취향과 성격에 대한 질문을 할 때 반드시 물어보는 몇 가지가 있다. 요즘 즐겨 듣는 음악을 소개해 달라는 아주 가벼운 질문부터 '죽기 전에 한 가지 음식을 먹을 수 있다면 먹고 싶은 것' 같은 가벼운 듯하지만 생각하게 만드는 질문, 그리고 오롤리데이를 제외하고 가장 좋아하는 브랜드와 그 이유를 묻는 질문까지. 이런 질문을 해 보면 그 사람이 좋아하는 것이 대충 그려진다.

팀워크라는 모터가 달린 요트

그다음은 '스스로 생각하는 나'에 대해 묻는 질문이다. 평상시 살면서 느낀 내 성격의 장점과 단점, 업무를 할 때 가장 잘했던 것과 발전시키고 싶었던 것, 그리고 평상시 나에게 가장 스트레스를 주는 것과 그것을 해결해 가는 방법, 삶의 주체가 되는 생각, 언제 가장 보람을 느끼는지, 스스로 나의 키워드 3개를 정리해 보면 어떤 것인지 등 '어렵다!'라고 혼잣말이 나오는 질문들이다.

안다. 이 질문들이 얼마나 어렵고 심오한지. 하지만 채용을 하는 사람으로서, 팀 분위기를 만들어야 하는 사람으로서 이런 질문은 매우 중요하다고 생각한다. 이런 질문에 답할 수 있다는 것은 그만큼 평상시 나에 대한 탐구가 잘돼 있다는 이야기다. 나에 대해 궁금해하고 탐구를 열심히 하는 사람은 늘 성장한다. 그런 사람은 비단 나뿐만 아니라 타인과의 관계도 적극적으로 탐구할 것이며, 어떤 문제가 생겼을 때 현명한 답을 찾으려고 노력할 것이다. 결국 '나를 얼마나 잘 알고 있는가'보다 '알려고 하는 태도'를 보고 싶다고 말하는 것이 더 가깝겠다.

취향과 성격에 이어 두 번째로 중요한 질문은 '오롤리데이에 대한 마음'을 알아보기 위한 것이다. 작은 회사는 한 명 한 명의 영향력이 굉장히 크다. 누군가가 회사를 싫어하고 자신의 일을 사랑하지 않으면 그 영향력은 고스란히 다른 팀원들에게 전해진다. 내 경험상 좋은 기운이 퍼지는 속도보다 좋지 않은 기운이 퍼지는 속도가 훨씬 빠르다. 그렇기에 본인의 일과 일터를 얼마나 사랑할 수 있는 사람인지가 정말 중요하다. 그래서 작은 회사일수록 간절함이 큰 사람과 일해야 한다고 생각한다. 꼭 오롤리데이여야 하는 이유가 분명한 사람. 오롤리데이에서 진행한 모든 프로젝트에 관심이 많고, 앞으로의 프로젝트를 함께 만들어 가고 싶은 사람. 한마디로 정의하자면 오롤리데이를 사랑하고, 오롤리데이를 더 좋은 브랜드로 만들기 위해 욕심을 내는 사람이다.

마지막으로 채용할 때마다 꼭 하는 질문이 있다. 바로 '본인이 받았으면 하는 월급(행복하게 살기 위해 필요한 금액)'. 아마 모든 질문을 통틀어 가장 어려울 수도 있겠다. 내 가치를 숫자, 특히 돈으로 표현하는 게 쉽지 않을 것이다. '뭐지? 이 회사가 나랑 연봉으로 밀당하나?' 라는 생각이 들 수도 있다. 하지만 그럴 의도는 전혀 없다. 어차피 어떤 사람을 채용할 때, 회사에서 그 직원에게 줄 수 있는 금액의 바운더리는 대충 정해져 있다. 이 말은 희망 연봉을 오롤리데이에서 책정한 금액보다 훨씬 적게 쓰더라도, 원래 계획대로 그가 쓴 것보다 더 큰 금액을 제시한다는 말이기도 하다. 물론 너무 큰 금액을 적는다면 그 반대 경우일 수도 있지만.

이 질문을 하는 이유는 명확하다. 내용에서 그대로 확인할 수 있듯 '행복하게 살기 위해 필요한 금액'을 묻는 것이다. '돈을 싫어하는 사람이 있나? 당연히 많이 받으면 좋은 거 아닌가?'라고 생각할 수 있겠지만, 너무나 맞는 말이지만, 그 대답은 '행복하게 살기 위해 최소한으로 필요한 금액'에 본질적인 대답이 된다고 생각진 않는다. 세상엔 굉장히 다양한 사람이 있고, 그만큼 다양한 소비 패턴이 존재한다. 어떤 사람은 한 달에 1,000만 원으로도 충분히 행복하지 않

팀워크라는 모터가 달린 요트

을 수도 있고, 어떤 사람은 단돈 50만 원으로도 넘치도록 행복할 수 있다.

돈은 앞서 질문한 취향, 성격, 오롤리데이에 대한 애정도에 비해 가장 정량적이고 이성적인 내용이기에, 이성적이고 계산적으로 생각했을 때도 '나의 일터가 과연 오롤리데이여도 괜찮은가' 생각해 봤으면 했다. 본인이 일을 대할 때, 혹은 삶을 살아갈 때 가장 중요하게 여기는 가치가 무엇인지 다시 한번 생각해 보길 바랐다. 만약 그게 물질적 가치라면 우리 같은 작은 회사보다는 금전적으로 더 안정감을 줄 큰 회사가 더 잘 맞지 않을까 하는 생각 때문이다(그렇다고 오롤리데이가 최소한의 급여를 주고 직원을 채용한다는 이야기는 결단코 아니다).

한 사람을 만난다는 것은 그 사람의 인생과 마주하는 일이라는 거창한 말이 있다. 하지만 나는 그 말이 전혀 거창하게 들리지 않는다. 그 사람의 표정에, 얼굴에 있는 미세한 주름의 모양에, 눈의 총기에, 말 한마디에서 느껴지는 품위에, 사용하는 단어에서 느껴지는 지혜에 그 사람의 일생이 담겨 있다고 생각한다. 그 말은 즉 사람은 잘 바뀌지 않는다는 의미일 수도 있겠다. 차곡차곡 다양한 에피소드를 겪으며, 그 속에서 각자의 깨달음을 거치며 20~30년에 걸쳐 쌓아 온 일생이기에 남이 함부로 바꿀 수도 없고 스스로 부단히 노력하지 않으면 바뀌기도 힘들다. 그렇기에 그 사람의 일생의 결이 나와 우리 팀원들과 잘 맞는지 검증하는 과정은 정말 중요하다. 그걸 1차적으로 검증하는 방법이 자기소개서와 면접이라고 생각한다. 오롤리데이

자기소개서의 질문이 무척 심오하고 어려울 수밖에 없고, 작은 회사치고 면접 단계가 꽤 많은 것도 그 이유다. 지원자 입장에서는 그 단계가 고되고 길다고 느껴지겠지만, 채용자인 나에겐 짧은 시간에 한 사람을 어느 정도 파악해야 한다는 아주 큰 임무가 주어진다. 팀원들에게 또 다른 좋은 팀원을 만들어 주는 것이 나의 역할 중 가장 중요한 일이라고 생각하기 때문이다.

자기소개서를 에세이 작가 뺨칠 만큼 잘 써서 술술 읽히게 하는 능력을 지닌 사람도 있고, 면접 때 말을 청산유수로 하는 사람도 있다. 하지만 그 속에서 드러나는 그 사람의 태도, 마음가짐, 인간적인 면모 등이 우리의 결과 맞지 않다면 합격까지 가지 않았던 것 같다. 최종 면접에 2명을 봤고 둘 다 너무 괜찮았지만 어쩔 수 없이 현재 상황에서 조금 더 우리에게 도움이 될 수 있는 사람, 즉 그래프가 아주 조금이라도 치우친 사람을 뽑은 적도 있다. 그럴 땐 나머지 사람과 함께 일하지 못하는 아쉬움이 크지만 작은 회사의 자리는 너무나 한정적이기에 포기할 수밖에 없다.

물론 사람은 경험해 봐야 제대로 알 수 있기에 1차 자기소개서와 2, 3차 면접으로 그 사람을 완전히 알 수는 없다. 하지만 나도 시간을 거듭하며 '우리와 맞는 사람을 찾아내는 눈'을 계속 트레이닝하고 있다. 확실히 그렇게 신중에 신중을 기하고 온 열정을 쏟아 채용하기 시작한 이후 우리스러운 사람들과 일할 수 있게 됐다. 덕분에 팀 분위기가 무척 화기애애하고 훨씬 더 열정적으로 변했다.

팀워크라는 모터가 달린 요트

(마케터 채용 이야기를 하다가 팀원을 채용하는 방법에 대한 이야기로 빠졌지만) 이런 일련의 과정을 통해 마케터 2명과 디자이너 1명을 고용했다. 원래 계획은 마케터 1명과 디자이너 2명이었으나, 우리와 맞는 사람에 집중하다 보니 처음 계획과는 다르게 팀원을 맞이했고, 그들은 여전히 오롤리데이에서 열정을 다하며 즐겁게 일하고 있다.

이 글을 쓰며 그 당시 그들이 작성한 자기소개서를 다시 한번 읽어 봤다. 그중 소개하고 싶은 부분을 (그 팀원의 허락을 받고) 적어 보겠다.

현재 이직을 위한 준비를 하고 있습니다. '본질을 추구한다'라는 원칙 때문입니다. 제가 추구하는 본질은 '만드는 이도 행복한 곳에서 일을 하는 것'입니다. 앞서 <오롤리데이 마케터 모집> 알림 글에 대표님께서 밝혀 주셨던 내용에 적극 공감합니다. '사용자의 행복도 중요하지만, 더 중요한 건 브랜드를 꾸려 나가는 사람들의 행복'이라는 점이요. 많은 브랜드가 소비자의 행복에만 조금 더 집중하고 있습니다. 다수의 브랜드 슬로건 또한 소비자에게 줄 수 있는 효용성만 명시하고 있죠. '만드는 이의 행복'은 조금 뒤로 제쳐 둬도 된다는 것이 제가 주로 보고, 들었던 내용입니다. 하지만 브랜드 마케팅과 기획, 홍보 등의 일을 쭉 해 오면서 내린 결론이 있습니다. 만드는 이와 소비자, 두 파트를 모두 행복하게 만들 수 있는 곳이 진정한 좋은 브랜드라는 것입니다. 만드는 이의 행복을 함께 고민하는 곳은, 그렇지 않은 곳의 사람들이 만든 결과물과 분명히 차이가 납니다. 하나의 브랜드가 '100년을 갈 수 있냐, 없냐'는 바로 여기에서 차이가 난다고 생각합니다. 기업의 목적은 이윤 추구이므로, 소비자 혹은 사용자를 절대 무시할 순 없습니다. 마케터로서 당연히 알고 있습니다. 그렇지만 만드는 이에 대한 존중도 반드시 고려돼야 한다고 생각합니다. 제가 오롤리데이에 관심을 가지게 된 것은 바로 이 점 때문입니다. 공동의 목표를 이뤄 가는 과정에서 서로를 생각하고, 그 속에서 느끼는 성취의 즐거움을 팀원들과 함께 느끼길 원합니다. 대표자 혼자만 만족하는 것이 아닌 거죠. 그렇게 돼야, 구성원 모두의 일과 삶도 '행복'해질 수 있다고 생각합니다. 저는 오롤리데이가 말하는 슬로건과 제품, 대표자의 삶의 방식에서 이것을 모두 확인할 수 있었습니다. 그래서 관심이 무척 많습니다. '이 사람들과 함께 일하면 어떨까' 하고요. 좋은 제품들과 디자인이 우수한 브랜드는 세상에 무수히 차고 넘칩니다. 그럼, 어떤 브랜드를 소비하고 어떤 브랜드에서 일해야 할까요? 요즘 저의 가장 큰 고민입니다. 제가 일하는 곳이, 내 자식에게도 자랑할 수 있는 좋은 브랜드였으면 합니다. 품질은 기본이고 디자인 면에서도 사람들의 칭찬을 받는 곳이었으면 합니다. 사용자와 함께 만드는 이의 행복도 함께 고민하는 곳이길 원합니다. 그래서 함께 오래오래 일할 곳을 찾고 있습니다. 그동안 관심 있게 바라봤던 오롤리데이의 공고 글이 올라온 것은 기회라고 생각합니다. 정성을 들여 저의 생각들을 적어 나가고 있는 이 순간이 참 좋습니다. 오롤리데이의 첫 마케터로 지원할 수 있게 돼 참 감사합니다.

이 글을 읽고 오롤리데이를 '100년 가는 브랜드'로 만들어야겠다는 의지가 불타올랐다. 100년까지는 생각해 본 적이 한 번도 없는데 굉장히 신선했다. 이런 순수하고 열정적인 마음이라면 우리가 말하는 행복을 제대로 전달해 줄 수 있지 않을까 싶었다.

임기섭이라는 이름으로 지원했던 이 친구는 이제 오롤리데이의 '마케터 호섭'이 되어 여전히 '몇 년 안에 오롤리데이 사옥을 짓겠다'는 순수한 야욕을 가지고 열심히 활동 중이다.

새로운 변화를 맞이하다

인스타그램 계정 도난 사건을 겪으며 '기존 계정을 깔끔하게 포기하고 새로운 인스타그램을 만들어야겠다'는 결심만 한 것은 아니다. 새로운 계정을 전략적으로 잘 사용하기 위해 마케팅팀이 필요했고, 직원을 3명이나 더 고용해야 하니 더 넓은 공간도 필요했다. 몇 년간 정붙이고 일했던 좁디좁은 상계동 사무실에서 벗어날 구실이 생긴 것이다. 그렇게 우리는 오랜 계정을 떠나보내며 몇 가지 새로운 변화를 맞이했다.

새로운 변화 1. 사무실 이사

사실 3명 자리쯤은 어떻게든 늘릴 방법이 있었다. 건물에 한 층의 여유 공간이 있었고, 그곳에 새로운 부서를 배치해도 될 일이었다. 하지만 그러고 싶지 않았다. 그 당시 건물 지하엔 물류&CS팀이,

건물 1층엔 해피어숍(지금은 문을 닫은 오롤리데이의 작은 쇼룸)이, 2층엔 디자인팀이 배치돼 있었다. 즉 한 건물에서 일하지만 부서별로 찢어져 있던 터라 즉각적이고 자유롭게 소통하지 못했다. 그래서 모든 직원과 마주 보며 자주 이야기하고 싶다는 갈증이 늘 있었다.

가장 시급한 문제는 물류실의 포화였다. 상계동에 있던 물류실은 건물 지하층을 개조해 만든 곳이었는데, 오래 쓸 생각으로 리모델링을 해 컨디션이 꽤 괜찮은 편이었다. 18평 정도의 작은 면적이었지만 대신 천장고가 높아 평수에 비해 많은 물건을 적재할 수 있었다. 그 말인즉슨 팀원들이 높은 곳으로 물건을 올리고 내리느라 엄청나게 고생했다는 이야기다. 게다가 지류 제품이 많아 박스의 무게도 상당했다. 신제품은 계속 늘어 가고, 적재 공간은 점점 없어지고, 팀원들 동선마저도 갈수록 타이트해졌다. 창고가 좁다고, 일하는 곳의 동선이 불편하다고 불평을 늘어놓았을 법도 한데 물류팀 직원들은 쉬이 툴툴거리지 않았다. 그런 팀원들한테 늘 고맙고 미안했다. 근처에 추가로 사용할 창고를 알아보려고 부동산을 돌아다녔지만 마음에 맞는 곳이 없었다. 시설이 쾌적하면 너무 멀거나 비쌌고, 가까운 곳은 환경이 너무 열악했다. 최소 50평은 돼야 숨통이 트일 것 같은데 그런 큰 공간을 찾기가 쉽지 않았다. 그러던 중 새 직원을 뽑기로 하면서 아예 그곳을 떠나 새로운 공간으로 이사 가는 방법을 고려하게 된 것이다.

'환경의 변화'에 대한 욕망도 그 못지않게 나를 자극했다. 상계동은 성장하는 브랜드의 사무실이 자리하기에 그리 좋은 환경은 아니었다. 일단 서울 중심가에서 거리가 무척 멀기 때문에 왕복 출퇴근 시간이 적게는 1시간, 길게는 4시간까지 소요되는 팀원도 있었다. 왕복 4시간이나 걸리는 친구는 군소리 없이 지각도 하지 않고 성실하게 회사를 다녔지만 늘 내가 더 안절부절못했다. 대중교통에 낭비하는 시간을 조금 더 본인을 위해 썼으면 했지만 물리적으로 불가능한 일이었다.

회사가 서울 변두리에 위치한다는 것은 단순히 긴 출퇴근 시간만이 문제는 아니었다. 인사이트를 얻을 만한 것이 도처에 없다는 점도 아주 치명적이었다. 탄성을 자아낼 만한 멋집이 부재했다. 점심시간에 점심을 먹고 회사 근처를 슬렁슬렁 산책하며 무의식적으로 인사이트를 얻는 것은 기대할 수 없었다. 우리 회사의 위치가 인재 채용에 큰 허들이 될 수도 있겠다는 생각이 들었다.

'그래! 여기서 알뜰하게 할 만큼 했다! 최선을 다해 버틸 만큼 버텼다! 이제 더 큰 바다로 나가야 할 때가 온 것 같아. 허들이 느껴진다면 허들을 치워 버려야지. 군이 지체할 필요가 없겠네'라는 결론에 도달했고, 그때부터 새로운 동네로 공간을 보러 다녔다.

인사이트를 얻을 수 있는 동네, 면적이 최소 60~70평 이상인 곳, 보증금과 월세가 너무 비싸지 않은 곳, 지하철역과 그리 멀지 않은 곳. 지금 와서 생각해 보니 욕심쟁이였다. 결국 싸고 좋은 곳을 찾겠다는 거잖아? 하지만 꿈을 크게 잡는 만큼 꿈에 가까워진다 했던가. 우연히 들어간 성수동의 작은 부동산에서 지금의 사무실을 소개받았다. 처음 예상했던 평수보다 두 배나 넓지만 예상 금액에 딱 맞는,

희망하는 조건보다 더 좋은 곳을 만난 것이다. 보자마자 '여기다' 싶었다.

새로운 팀원을 맞이하기 전에 모든 공사를 끝내야 했다. 이사를 가는 이유 중 '좋은 환경을 만들어야겠다'라는 생각이 강했으므로 이왕이면 투자를 많이 하더라도 쾌적한 공간을 만들고 싶었다. 사무실, 물류실, 손님을 맞이할 수 있는 숍으로 구역을 크게 세 파트로 나누고, 그 안에 화장실, 탕비실, 회의실, 촬영실 등의 기능적인 공간을 적재적소에 배치했다. 목표했던 것보다 규모가 더 큰 공간을 구했더니 그만큼 다양한 기능에 욕심낼 수 있었다. 제일 신난 사람은 나였다. '드디어 회사의 모습을 갖춰 가고 있다! 드디어 오롤리데이에도 회의실이 생긴다!' 내가 이렇게 들떠 있자 늘 투자에 진취적이었던 조쓰가 갑자기 불안함을 표했다.

"그곳으로 이사 가면 갑자기 고정비가 늘어나. 안 그래도 직원을 3명이나 채용해서 인건비가 확 뛰는데, 거기다 비싼 임대료에 인테리어 비용까지 감당할 수 있을까? 당장 몇 달을 어떻게 버텨야 할지 막막한데?"

물론 이 생각을 하지 않은 것은 아니었다. 비용만 생각하면 한숨이 푹푹 나오는 게 당연했다. 경험상 새로운 직원이 들어오고, 그 직원이 내가 바라는 역할을 해 주기까지 최소한 반년 이상은 걸렸다. 아무리 능력자라 하더라도 한 회사에 동기화되는 시간이 필요하고, 그래야만 비로소 그들의 능력이 제대로 발휘되곤 한다. 이 말은 직원을 새로 채용했다고 해서 그들이 당장에 수익을 만들어 주지는 않는다는 말이다. 그럼 결국 몇 달 동안은 매출은 늘지 않는데 고정비만 늘게 되는 불안한 상황에 맞닥뜨릴 수밖에 없다. 특히 우리처럼 외부에서 투자받지 않고 '스스로 투자하고 벌고 투자하고 벌고'의 사이클을 반복하는 작은 회사에서는 말이다. 하지만 그 두려움이 날 막지는 못했다.

"대출을 받아서라도 몇 달은 고생해 보자. 그런데 확신해. 지금 우리는 투자할 때고, 이 투자가 반드시 더 큰 보상으로 돌아올 거야. 지금이 점프를 해야 할 시기라는 강력한 확신이 들어. 이유가 정확히 뭐냐고 물어보면 나도 잘 모르겠어. 늘 그랬듯 그냥 내 직감이야. 나를 믿고 한번 가 보자! 만약 이 투자로 위기가 온대도 우리는 늘 해결했잖아?"

갑작스러운 큰 투자에 통장이 텅장이 되고 있었지만, 뭐 언제는 안 그랬나? 새로운 곳에서 '열일'하며 다시 '뚱장'으로 만들면 되는 것!

숫자에 철저한 사람들은 내 말이 너무나 무모하게 들릴지도 모르겠다. 내가 생각해도 나는 무모한 구석이 많다. 하지만 사업을 하는 데 이런 무모함은 어느 정도 필요한 것 같다는 생각이 든다. 조금 거창하게 얘기하자면 인생에는 강력하게 시그널이 오는 시기가 있는데, 그것을 잘 캐치하고 괜찮은 전략을 짜서 적절한 때 행동하는 것도 가끔 필요하다. 직감은 다년간의 데이터가 축적돼 발휘되는 또 다른 중요한 데이터라고 생각한다. 그냥 '불현듯 떠오른 그저 그런 생각'이 아니라 나도 모르게 차곡차곡 쌓여 온 데이터의 결실이라고 말이다.

새로운 변화 2. 새로운 사람들, 새로운 직업명

앞서 소개한 채용 방법으로 신중하게 팀원을 채용한 덕분에 다행히 우리와 결이 맞는 친구들과 함께 일하게 됐다. 그들은 생각보다 빠르게, 마치 우리와 오래전부터 함께해 온 사람처럼 적응해 나갔다. 기존 팀원들은 새로운 팀원들을 존중하고, 새로운 팀원들은 기존 팀원들을 존경했다.

마케팅팀이 생기고 디자이너가 1명 더 늘어나면서 직원은 총 11명이 됐고, 오롤리데이에도 본격적인 팀 체제가 갖춰지기 시작했다. 전체 회의와 더불어 팀 단위 회의를 했고, 팀 안에서 각자의 역할이 조금씩 더 분명해졌다. 멤버가 소수였을 땐 정확한 업무 분장이 어려웠다. 작은 회사일수록 '내 일'만 하면 절대로 회사가 굴러가지 않고 앞으로 나아갈 수 없다. 그렇기에 '네 일이 내 일이고, 내 일이 네 일이다'라는 생각을 갖고 서로가 언제든 도움을 주고받을 수 있는 관계라는 것을 명심해야 한다. 11명도 업무를 정확히 분장하기엔 그리 많은 수는 아니었지만, 각자의 역할에 대해 조금이나마 윤곽이 그려졌다.

어느 날 뵤뵤가 한 가지 제안을 했다.

"마케터는 마케터, 디자이너는 디자이너라는 정확한 호칭이 있는데, 우리(CS/물류)는 특별한 호칭이 없어서 유튜브나 외부에 소개할 때 난감한 경우가 종종 생기는 것 같아요. 우리 팀도 각각 역할에 따라 호칭을 만들었으면 좋겠어요."

아차 싶었다. 그동안 뭉뚱그려서 표현했던 'CS/물류팀' 안에서도 엄연히 각각의 주요한 역할이 존재했다. 특히 뵤뵤의 경우는 CS/물류팀으로 입사해 일을 시작했지만, 회사가 조금 커진 후로는 회계 관리라든가 협력사와 연락하는 일을 더 많이 하고 있어서 본인을 외부에 소개할 때 조금 더 혼란스러웠던 모양이다.

모든 팀원이 모인 회의에서 이 주제를 안건으로 삼았다. 직책 이름을 정하기 전에 각자가 주도적으로 하는 업무에 대해 충분히 이야기를 나누며 함께 브레인스토밍하는 시간을 가졌다. 기존에 없던 새로운 명칭을 만드는 것은 꽤 어려운 일이었지만, 그래도 그 과정을 통해 그들이 하는 일을 더 깊이 들여다볼 수 있어서 좋았다. 그 결과 정해진 이름은 이렇다.

이름	주 역할	직책명
뵤뵤	협력사와의 소통, 제품 발주, 회계 관리	파트너 커뮤니케이터 (partner communicator)
오미	고객과의 소통	해피어 커뮤니케이터 (happier communicator)
브라우니	물류 및 배송 관리	메신저 (messenger)

이름을 정할 때 가장 중요하게 생각한 것은 '서비스 service' 개념에서 '커뮤니케이션 communication' 개념으로 전환하는 것이었다. 통상적으로 고객과 소통하는 일을 CS라 부르고, 우리도 그 일을 당연하게 CS라 칭해 왔다. 오롤리데이 CS팀에 단 1명의 팀원이 있을 때부

터 내가 늘 강조해 온 말이 있다.

"가끔 인터넷으로 주문한 물건 또는 서비스에 불만이 생겨 전화로 컴플레인을 할 때 불쾌함을 느낀 적이 있어요. 친절하고 신속하게 불만을 처리해 주는 분도 물론 있지만, 상담원이 내 불만에 전혀 공감하지 않는 태도를 취했을 때 가장 화가 나더라고요. 마치 '나는 당신의 의견에 무조건 반대할 거야. 나는 우리 회사 사람이니까 회사 편만 들 거야'라는 생각으로 응대하는 느낌이라 기분이 좋지 않더라고요. 여러분도 명심해야 할 것이 있어요. 서비스의 기본은 공감입니다. 최대한 상대방 입장에서 생각해 보려 하고, 왜 불만을 느끼고 화가 났는지 공감하는 것이 우선이에요. 그런 다음에 만약 소비자가 오해하는 부분이 있다면 그 오해를 풀어 주고, 만약 미리 대비하지 못한 이슈라면 그에 대해 회사 내부에서 충분히 생각할 수 있는 시간을 벌어 주세요. 대비하지 못한 문제에 대해 섣불리 판단하지 말고 일단 공감해 주세요. 회사 입장이 아닌 고객 입장에서 생각하는 것이 핵심이에요. 그리고 그 고객의 입장을 저희에게 잘 전달해 주고, 우리가 수정할 수 있는 부분은 바로바로 시정합시다. 그렇다고 고객을 무조건 왕으로 떠받들라는 말이 아니에요. 만약 여러분을 존중하지 않는 태도를 보일 땐 저에게 얘기하세요. 제가 응대하겠습니다."

서비스라는 단어는 일방적인 느낌이 강하다. 하지만 커뮤니케이션은 쌍방이다. 우리가 원하는 것은 일방적인 서비스가 아니라 고객과의 소통이었다. '고객의 이야기를 듣고, 공감하고, 오해하고 있는 부분이 있다면 고쳐 주고, 적절한 답을 찾아 문제를 해결하고, 마음을 전하는 것'이 우리가 고객과 하고자 하는 소통 방식이었다. 그래서 서비스라는 단어를 커뮤니케이션으로 바꾸는 것이 우선이라 생각했고, 팀 이름을 CS팀에서 HC팀으로 바꿨다. 뽀뵤는 파트너사와 소통하는 역할이니 '파트너 커뮤니케이터', 오미는 고객과 소통하는 역할이니 '해피어 커뮤니케이터', 물류와 배송 관리를 통해 고객이 퀄리티 높은 제품을 빨리 받을 수 있게 노력하는 브라우니는 우리의 메시지를 고객에게 직접 전하는 사람이라는 뜻으로 '메신저'라 부르기로 했다.

괜히 많은 부모들이 아이 이름을 짓기 위해 작명소를 찾는 게 아닐 것이다. 이왕이면 우리 아이가 더 좋은 이름으로 불리길 바라고, 더 나은 삶을 살았으면 하는 간절한 마음으로 작명소의 문턱을 넘을 것이다. 이름은 그만큼 중요하다. '내가 어떻게 불리느냐'는 '어떤 삶을 사는가'와도 밀접한 연관이 있기 때문이다. '서비스하는 사람'이라고 명명하면 서비스만 할 것이고, '소통하는 사람'이라고 명명하면 상대방을 이해하며 소통하려 할 것이다. 동료들도 브랜드와 소비자의 접점에 있는 그들을 더 존중할 것이고, 스스로 건강한 소통을 하는 것에 사명감과 책임감을 느끼게 되리라고 생각한다. 그럼 소비자도 그들을 훨씬 더 존중할 것이라는 점에 의심의 여지가 없었다.

사실 HC팀의 이름을 새로 짓기 전까지는 직책명에 대해 별다른 생각이 없었다. 뽀뵤의 제안이 이름의 중요성을 다시 생각해 보게 한 것이다. 이런 일에 시간을 쓰는 것이 당장의 매출로 이어지는 것은 아니지만, 길게 봤을 땐 회사의 문화를 단단하게 하는 것과 더불어 큰 매출로도 이어질 것이라고 믿는다. 늘 작은 것의 차이가 큰 변화를 만들었으니까.

새로운 변화 3. 다시 태어난 인스타그램&유튜브

인스타그램 계정을 만드는 일은 아주 간단하다. 회원 가입 페이지에서 이메일 주소와 비밀번호, 사용자 이름만 채워 넣으면 된다. 해킹을 당한 후 그 간단한 일을 미룬 이유는 딱 하나, '잘하고 싶어서'였다. 목적을 분명히 하고, 그 목적에 부합하는 제대로 된 채널을 만들고 싶었다. 인스타그램 계정을 해킹당하면서 우리를 알리는 채널이 하나뿐인 것은 위험하다는 결론을 내렸다. 그래서 인스타그램 말고 다른 채널도 적극적으로 활용해 보기로 했고, 채널마다 사용 목적과 전략이 달라야 한다고 생각했다.

일단 주로 운영할 채널을 인스타그램과 유튜브로 결정했다. 유튜브를 그리 오래 하진 않았지만 몇 달간 2개 채널을 운영해 본 결과, 그리고 사용자로서 두 채널을 모두 경험해 본 결과 각각 주 사용자가 다르고, 그 채널을 선택하는 목적성 자체가 다르다고 느꼈다. 유튜브에서 엄청난 구독자를 보유하고 있는 크리에이터가 인스타그램을 한다고 해서 그 구독자가 그대로 인스타그램 팔로어가 되는 게 아니고, 인스타그램의 팔로어가 많은 인플루언서가 유튜브를 한다고 해서 바로 실버버튼을 받는 유명 유튜버가 되진 않는다. 그 사람이나 브랜드의 '찐팬'이라면 채널과 상관없이 따라오겠지만, 의외로 사람들은 팔로와 구독이라는 행위에 그리 너그럽지 않다. 팔로를 하고 구독을 한

팀워크라는 모터가 달린 요트

다는 것은 '당신, 참 매력 있네요. 앞으로도 당신을 계속 지켜보겠어요'라는 메시지이기 때문에 결국 콘텐츠가 매력 있어야 한다는 것이다. 하지만 두 채널의 콘텐츠 소구 방식이 완전히 다르기에 두 채널에서 똑같은 형태의 메시지를 전달해서는 안 된다는 것이 우리의 결론이었다. 물론 지금은 인스타그램에서도 릴스나 IGTV 등 영상으로 소구할 수 있는 포스팅 형태가 많이 생겼지만, 각 채널의 주요 소구 방법은 아직 차이가 있다.

유튜브는 영상으로 설득하는 채널이기에 조금 더 자세한 이야기를 풀어낼 수 있다. 예를 들어 비하인드 스토리나 제작기 등 글로 간결하게 풀기 힘든 이야기를 조금 더 생생하게 영상으로 담아서 전달할 수 있는 것이다. 반대로 인스타그램은 몇 장의 이미지로 시선을 끌어당기게끔 시각적인 자극을 줘야 하고, 간결하고 호기심이 생기는 문장으로 전하고자 하는 이야기를 전달해야 한다.

우리는 각 채널의 포스팅을 '광고'라고 생각하기로 했다. 단순히 브랜드 아카이빙이 아니라 포스팅을 '광고 구좌'라고 생각하면 기획 과정부터 결과물, 구매 전환율까지 달라질 것이라고 판단했다.

브랜드가 SNS 채널을 운영하는 목적은 무엇일까? 우리 브랜드가 무엇을 하는 브랜드인지 보여 주고 싶어서? 새 소식을 빠르게 전달하기 위해서? 여러 이유가 있겠지만, 이 모든 이유는 궁극적으로 '브랜드를 소비하게 하기 위함'이 아닐까? 결국 SNS는 무료로 브랜드를 홍보하고 광고할 수 있는 채널인 셈이다. 심지어 유튜브는 그걸 통해 돈도 벌 수 있다. 이렇게 생각하면 포스팅 하나를 올리는 것도 굉장히 신중할 수밖에 없다.

우리는 SNS 포스팅을 올리는 데 돈을 지불하지 않는다. 그렇기에 충분한 연구 없이 포스팅하는 것은 달리 얘기하면 공짜로 주는 광고 구좌를 낭비하는 일이 될 수도 있다. 공짜인 SNS를 잘 이용해 최대치의 효과를 낼 수 있다면 효율 높은 광고가 될 수 있지 않을까?

그럼 좋은 광고가 무엇일까 생각해 볼 필요가 있겠다. 그 전에 어떤 목적으로 광고를 해야 할지 고민해야 한다. 내가 정한 목적과 목표에 도달하는 광고가 좋은 광고이기 때문이다.

SNS를 통해 구매를 전환시키고 단순히 많은 매출을 올리고 싶다면, 타깃층이 좋아할 만한 시선 강탈 이미지를 만들고 자극적인 카피를 쓰면 가능할 것이다. 하지만 광고의 목적이 단순히 구매를 많이 일으키는 것만이 아닐 수 있다. 지금 당장엔 구매로 이어지지 않더라도 브랜드의 이야기를 차곡차곡 쌓아 가며 이미지를 만들고, 소비자로 하여금 호감을 갖게 하는 과정도 광고가 될 수 있다. 즉 브랜딩을 하는 과정인 것이다. 한눈에 마음을 사로잡는 이미지나 카피에 지갑을 여는 사람도 있겠지만 브랜드에 대한 호감과 신뢰, 충성도에 의해 소비를 하는 사람도 있을 것이다. 어떤 소비자를 타깃팅할 것이냐가 어떤 광고를 할 것이냐의 답이 될 수 있겠다. '어떤 광고'에 대한 결론을 내렸다면, 그 목적에 따라 포스팅을 기획하면 된다.

해킹당하기 전 인스타그램 계정은 어떤 목적도, 계획도 없이 그저 브랜드의 새 소식을 알리기 위해 운영했다면, 이번엔 구체적인 목표로 우리의 채널을 운영해 보기로 했다.

채널별 운영 계획

채널명	무엇을?	핵심 포인트	어떻게?
인스타그램	• 새 소식을 가장 빠르게 보여 준다(신제품 출시, 이벤트, 프로모션, 채용 공고 등). • 짧은 영상을 만들어 공유한다(릴스, IGTV로 짧게 소구할 수 있는 제품 광고 영상 등).	• 빠르게 소비되는 채널인 만큼 첫눈에 강력하게 유혹할 수 있는 시각적인 자극이 있는 이미지와 명쾌하고 간결한 카피가 중요. • 한눈에 오롤리데이의 디자인 능력을 잘 보여 줘야 하는 채널.	• 매일 새로운 콘텐츠를 만들어 하루에 하나씩 포스팅한다. • 제품을 디자인하듯 포스팅 이미지를 디자인하고 카피라이팅한다. • 숍 기능을 활용해 사이트 유입률과 구매 전환율을 높인다.
유튜브	• 브랜드의 이야기를 생생하게 보여 준다(비하인드 스토리, 제작기 등 브랜드를 만들어 가는 사람들의 이야기). • 우리가 판매하는 제품을 이용해 영상 콘텐츠를 만든다(제품 튜토리얼, 제품 사용기 등).	• 양질의 콘텐츠를 만드는 것에 집중. 영상을 보고 나서 인사이트를 얻거나, 제품에 대해 새로운 정보를 얻는 등 굳이 시간을 내서 영상을 봐야 하는 이유를 만들어야 한다. • 우리 모습을 솔직하고 자유롭게 보여 줄 것. 사람 냄새 나는 영상을 만들 것.	• 1~2주에 1개의 영상을 업로드한다. • 단순히 이미지나 글로 표현할 수 없었던 이야기를 조금 더 자세하게 나눔으로써 소비자와의 친밀도를 높인다.

작은 브랜드의 공짜 마케팅 영상 보러 가기

표를 보면 각 채널의 특징은 물론 왜 2개 채널을 운영해야 하는 지 한눈에 알 수 있을 것이다. 오롤리데이는 단순히 제품만 판매하는 브랜드가 되고 싶진 않았다. 우리의 생각, 비전, 브랜드와 소비자를 대하는 태도, 팀의 문화, 즉 우리가 일하는 방식을 이야기하고 싶었 다. 그렇기에 이야기하고 싶은 내용에 따라 다른 표현 방식이 필요했 다. 즉 다양한 채널을 적절히 사용해야 한다는 것이다.

사실 처음부터 채널에 대한 생각을 체계적으로 정리하고 접근한 것은 아니다. 처음부터 똑똑하고 체계적인 사람이었다면 실패할 확 률이 줄어들겠지만, 나는 1부터 10까지 부딪히면서 배워야 내 것으 로 흡수하는 사람이다. 지금도 이것저것 실행해 보며 우리에게 맞는 방법을 찾아 가고 있다.

2020년 8월 5일, 오롤리데이의 새 인스타그램 공식 계정에 첫 게 시물이 올라갔다. 첫 게시물엔 우리의 애절함을 제대로 담아 보기로 했다. 오롤리데이 계정이 해킹당해 새로운 계정을 오픈했으니, 다시 우리를 팔로해 달라는 내용을 아주 애절하게 영상으로 찍어서 올렸 다. 정말 감사하게도 팔로어 수와 좋아요 수가 빠르게 올라갔고, 응 원 댓글까지 이어졌다. 원래 5만 팔로어를 보유하고 있었기에 솔직 히 순식간에 반 정도의 수치는 회복하지 않을까 생각했다. 어떤 광고 의 도움 없이 순수하게 차곡차곡 쌓여 만들어진 숫자이기에 당연히 그들이 다시 돌아와 줄 거라고 막연히 생각했던 것 같다. 결과는? 매 일매일 열심히 포스팅을 하고, 7만 팔로어를 보유한 내 개인 계정에 자주 알렸는데도 1만이라는 숫자가 모이는 데 약 세 달이 걸렸다. 처음엔 무척 충격적이었다. 결국 5만 팔로어는 우리 팬이 아니었거나, 우리가 해킹당한 사실을 모르고 있거나, 아니면 새로운 계정까지 팔로할 만큼의 마음은 아니거나…. 팬이 많은 브랜드라고 자부해 왔는데 "꼭 그렇지만은 않아"라고 말하는 수치인 것 같아 처음엔 당황하기도 하고 속이 상하기도 했다. 하지만 긍정의 아이콘 오롤리데이팀은 곧 긍정적인 결과를 도출해 내기에 이르렀다.

"5만 명이 전부 팬이 아닐 수도 있지. 하지만 바꿔서 말하면 다시 우리를 찾아와 준 1만 명은 찐팬이라는 말일 수도 있잖아? 이분들께 더 잘하자! 우리가 어떤 위기를 겪어도 응원해 줄 분들이야!"

그때 비로소 알았다. 팬(팔로어)의 숫자보다 더 중요한 것은 '우리를 얼마나 좋아하는가' 하는 마음의 밀도라는 것을. 우리를 좋아하는 마음의 밀도가 높은 분들에게 감사함을 표하고, 그들과의 관계를 더 단단하고 끈적하게 만들어야겠다고 다짐했다.

오롤리데이 인스타그램 구경하기

강력한 팬을 보유한 브랜드

그래서 우리는 강력한 팬을 보유한 브랜드가 되기로 마음먹었고, 2020년 하반기 OKR의 목표를 '강력한 팬을 보유한 브랜드'로 정했다. 그렇다면 '강력한 팬'의 기준을 어떻게 세울 것인가? 우리는 이렇게 정의 내렸다.

강력한 팬(= 찐팬)

1. 우리의 미션과 가치를 공감하는 고객

2. 우리의 제품과 콘텐츠를 꾸준히 소비하는 고객

3. 우리가 알 수 있는 방법으로 애정을 표현하는 고객

4. 우리를 소문내 주는 고객

5. 우리에게 쓴소리도 해 줄 수 있는 고객

6. 우리 편이 돼 주는 고객

어떻게 하면 고객을 더 강력한 팬으로 만들 수 있을까 고민하고 있을 때, 마케터 호섭이 찐팬이 많고 그들과의 관계가 아주 단단한 BTS를 예로 들며 '아이돌 생애 주기를 살펴보고 우리도 그 주기대로 활동해 보는 것은 어떨까' 하는 화두를 던졌다. 호섭의 말을 따라 아이돌 생애 주기를 살펴보다가 BTS가 그간 해 온 활동과 성공 요인에 대해 조금 더 분석해 보기로 했다.

지금의 BTS를 보면 전 세계적으로 큰 사랑을 받는 글로벌 아이

돌이지만, 처음부터 지금처럼 대단한 사랑을 받은 것은 아니었다. SM, YG, JYP 등 대형 기획사를 제치고 빅히트라는 그다지 크지 않은 기획사에서 BTS를 성공시킬 수 있었던 요인은 어떻게 보면 '작은 브랜드에서 할 수 있는 유일한 마케팅 방법'이 통했기 때문이 아닌가 싶다.

아이돌 생애 주기

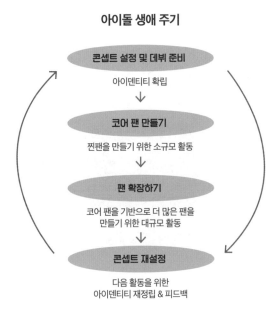

멤버 모두가 노래, 랩, 춤은 물론이고 작사에 작곡까지 직접 하는 실력파 아이돌이기에 그들이 직접 쓴 가사가 많은 또래의 공감을 샀을 것이다. 하지만 그보다 더 중요한 것은 '소통'이라고 본다. 당연히 큰 기획사가 아니기에 음악 방송에서 좋은 자리를 차지하지 못했을 것이고, 여러 미디어에서 불러 주지도 않았을 것이고, 많은 비용이 드는 콘서트를 하는 것도 쉽지 않았을 것이다. 그래서 그들이 노린 곳은 인터넷이었다. 비용이 들지 않는 트위터, 유튜브를 통해 본인들의 소식을 전하고 실력을 증명함으로써 입소문을 통해 팬이 늘어나기 시작했다. 왜, 그런 감정은 누구나 갖고 있지 않나? 나만 아는 가수, 나만 아는 작가 등 '나만 아는 것'에 대한 욕심 말이다. 아마 초기의 BTS는 그런 감성을 잘 자극한 듯싶다. 특히 SNS로는 내 소식만 일방적으로 전하는 것이 아니라 쌍방 소통을 할 수 있다. 그동안 많은 기획사에서 아이돌을 '신비주의, 넘사벽 존재'로 마케팅했다면 BTS는 그것과는 정반대로 '친근하고 밀접한 존재'로 본인들을 어필한 것이다. 그렇기에 팬들은 그들과 더 친밀하게 느꼈을 것이고, 나도 모르게 그들을 '연예인과 팬'의 관계보다는 조금 더 밀접한 관계로 인식하고 더 진심으로 응원하게 됐을지도 모른다. 특히 다른 그룹들은 새로운 앨범을 준비할 때 방송에 전혀 노출되지 않는 '비활동기'가 존재했다면, BTS는 그 기간에도 볼 수 있는 영상 콘텐츠가 넘쳐 났기에 다른 그룹으로 눈을 돌린다거나 이른바 '탈덕'하는 경우가 현저히 적었을 것이다.

앞서 말한 BTS의 성공 요인을 정리해 보면 이렇다.

1. 우수한 실력을 갖추고 있을 것

2. 작업물에 진심을 담을 것

팀워크라는 모터가 달린 요트

3. 팬들과 밀접하게 소통할 것

4. 팬 한 명 한 명에게 감사함을 느끼고 표현할 것

5. 비수기를 만들지 않을 것

작은 브랜드가 성공할 수 있는 방법도 다르지 않다. 작은 브랜드는 말 그대로 '작은' 브랜드다. 이 말은 곧 '큰' 브랜드에서 하는 방법을 그대로 따라 하다가는 가랑이가 찢어질 수도 있다는 얘기다. 큰 브랜드는 자본이 있고, 시장에서 우위에 있다. 만약 BTS가 대형 기획사와 똑같은 방식으로 마케팅했다면 지금처럼 성공할 수 있었을까? 우리는 지금 그들이 얼마나 능력 있고 진정성이 있고 열정이 있는 그룹인지 알고 있지만, 만약 대형 기획사의 아이돌과 같은 방식으로 소구됐다면 빛을 보지도 못하고 저문 별이 될 수도 있었을 것 같다. 수많은 아이돌이 몇 팀씩 생겨나고 없어지는 것처럼 말이다.

작은 브랜드도 마찬가지다. 큰 브랜드에서 미처 발견하지 못하거나, 발견했다고 해도 쉽게 시도할 수 없는 틈을 공략해야 한다. 큰 브랜드는 이미 몸집이 너무 커졌기에 하지 못하거나 하기 힘든 일이 분명 있다. 그중 하나가 팬들과 밀접하게 소통하는 것이다. 우리의 진정성과 열정, 그리고 팬들을 향하는 마음을 심도 있게 소통하는 것은 큰 브랜드에선 거의 불가능한 일이라고 볼 수 있다.

그럼 BTS의 성공 요인에 빗대 작은 브랜드에서 할 수 있는 일이 무엇인지 생각해 보자.

1. 우수한 실력을 갖추고 있을 것

요즘은 퀄리티가 떨어지는 제품을 찾기 힘들 정도로 작은 브랜드들의 제품 퀄리티가 아주 좋아졌다고 생각한다. 제품의 만듦새는 물론이고 패키지까지 어디 하나 흠잡기 어려울 정도로 완벽한 브랜드가 참 많다. 그런 훌륭한 작은 브랜드를 넘어 큰 브랜드와도 경쟁해야 하기 때문에 제품의 퀄리티를 우수하게 유지하는 것은 두말하면 입 아픈 필수 조건이다. 오롤리데이는 좋은 제품의 기준을 네 가지로 잡았다.

1) 좋은 퀄리티, 좋은 디자인, 좋은 가격 : 이 조건을 만족시키기 위해 우리가 취급하는 수백 가지 제품을 모두 국내 공장에서 제작한다. 중간 제작업체를 거치지 않고 모든 공장과 직접 소통하며, 제품의 퀄리티 체크를 게을리하지 않는다. 덕분에 중간 마진이 없는 합리적인 단가로 제작할 수 있으며, 고객에게도 합리적인 가격으로 품질이 더 좋은 제품을 소개할 수 있게 됐다.

2) 자주 쓰고, 또 찾게 만드는 : 예뻐서 구매했지만 막상 잘 쓰지 않아 집 한구석에서 자리만 차지하는 예쁜 쓰레기를 만들고 싶지 않았다. 그래서 뚜렷한 목적이 없는 제품을 만드는 것을 지양하고, 제품의 지속성과 사용성에 대한 연구를 꾸준히 하고 있다. 그 노력의 결과가 습관&목표 관리를 위한 'habit' 카테고리 제품이다(이 부분에 대한 자세한 이야기는 p.214에 나온다).

3) '내돈내산(내 돈 주고 내가 산)' 제품이어도, 선물 받는 기분을 느끼게 해 주는 : 온라인 쇼핑몰에서 물건을 사고 가장 기분 좋을 때는 아마 교환과 반품이 필요 없는, 상상했던 것과 똑같거나 기대 이상인 제품을 받았을 때가 아닐까? 그래서 우리는 상세 페이지를 무척 친절하게 만들기로 했다. 직접 만지고 체험하며 구매를 결정할 수 있는 오프라인 매장에 비해 온라인은 상상을 해야 한다. 그렇기에 고객이 실제처럼 상상할 수 있도록 최대한 많은 정보를 친절하게 나열해 궁금증이 생기지 않게 하는 상세 페이지를 만드는 것이 우리 역할이라고 생각했다. 그리고 제품을 하나만 사더라도 선물 받는 기분을 느꼈으면 좋겠다는 마음을 담아 예쁘게 디자인한 습자지로 정성스럽게 포장해서 배송한다. 박스를 여는 순간부터 행복했으면 좋겠다는 마음으로 오롤리데이 초창기부터 고집해 온 방식이다. 제품을 최대한 직접 검수하고, 관리하고, 포장까지 정성스레 하다 보니 필요한 공간은 넓어지고 인원은 늘어날 수밖에 없었다. 그래서 오롤리데이는 규모에 비해 고객 관리 파트와 물류팀이 탄탄하게 조직돼 있다. 성수동으로 이사하는 과정에서 물류와 배송을 대행하는 업체와 함께해 볼까 잠시 고민했지만 정성이 곧 우리의 아이덴티티라 생각했기에 우리가 최대한 할 수 있는 데까지 해 보자고 마음을 모았고, 여전히 내부에서 직접 운영하고 있다. 덕분에 우리는 판매량 대비 1%도 되지 않는 아주 적은 교환·반품률을 자랑한다.

4) 제품, 그 이상의 가치를 전달하는 : 단순히 제품을 판매하는 것만으로는 사람들의 삶을 조금 더 행복하게 만들기에 충분하지 않다고 생각했

다. 제품을 '잘 쓸 수 있게' 도와주는 것 또한 우리 임무라고 생각했다. 그래서 우리는 제품을 잘 쓸 수 있게 해 주는 콘텐츠를 만들기도 하고, 함께 으쌰으쌰 할 수 있도록 커뮤니티를 만들기도 했다(이 부분에 대한 자세한 이야기는 p.214에 나온다).

2. 작업물에 진심을 담을 것

잘 만들고자 하는 욕심, 만들면서 느끼는 즐거움은 고스란히 제품에 담기고 소비자에게 전달된다고 생각한다. 일례로 우리 엄마는 오랫동안 식당을 운영해 요리와 장사에서 굉장한 베테랑이지만, 엄마 음식을 먹으면 엄마의 컨디션과 기분이 체크될 만큼 결과물은 거짓말을 하지 않는다. 뭔가를 만들 때 그것을 대하는 태도가 정말 중요하다는 것이다. 습자지 포장 후 마지막에 스티커를 붙이는 행동에도 그 마음이 온전히 담긴다는 것을 명심하고, 모두 진심으로 임하려고 노력한다.

3. 팬들과 밀접하게 소통할 것

작은 브랜드에서는 빨리 내 편을 만드는 것이 정말 중요하다. 제품을 직접 써 본 사람들의 긍정적인 입소문만큼 강력한 것은 없기 때문이다. 물론 이건 큰 브랜드 작은 브랜드 할 것 없이 어떤 기업에나 좋은 마케팅이지만, 예산이 큰 광고를 할 수 없는 작은 브랜드에는 아주 간절한 방법이다. 거짓이 아닌 진심으로 주위 사람들에게 추천하고 소문내는 것만큼 강력한 마케팅이 어디 있을까. 즉 보잘것없는 우리를 처음 발견해 주고, 관심을 가져 주고, 소통까지 해 주는 소중한 인연을 쉬이 보지 말라는 이야기다. 그들과 밀접한 관계를 유지하고, 주의 깊게 마음을 관찰하고, 혹여 쓴소리를 할지라도 경청해야 한다. 특히 혼자 사업하는 사람이라면 제품도 만들어야 하고, 마케팅도 해야 하고, 직접 제품도 검수하고 포장하고 배송도 해야 하고, CS 처리도 해야 하니 할 일이 너무너무 많아서 SNS에 달리는 댓글 하나하나에 반응할 시간이 없다고 할지도 모른다. 아주 잘 안다. 나도 다 해 온 일이기에. 하지만 그분들과 소통하는 것은 단순히 서비스의 개념이 아닐 수도 있다.

4. 팬 한 명 한 명에게 감사함을 느끼고 표현할 것

3번의 연장선에 있는 이야기다. 소통할 때 보이는 태도에 대한 이야기이기도 하다. 영혼 없이 소통할 것이 아니라, 우리에게 애정을 표현하는 분들에게 진심으로 감사함을 느껴야 한다. 앞서 행복하지 않으면 제품에 티가 나기에 작업물에 진심을 담아야 한다고 말한 것처럼, 소통할 때도 진심을 담아야 한다. 진심으로 감사하는 마음은 'ㅋ' 하나에도, 이모티콘 하나에도 고스란히 느껴지기에.

5. 비수기를 만들지 않을 것

신제품을 계속 출시해 비수기를 만들지 말라는 이야기가 아니다. 작은 브랜드에는 제품을 주야장천 만들 만큼 꾸준한 자본도 존재하지 않는다. 제품을 출시하는 데 비수기가 필연적이라면, 소통에서만큼은 비수기를 만들지 않아야 한다는 말이다. 가장 쉬운 방법은 SNS에 꾸준히 소식을 업데이트하는 것이다. 그럴듯하고 근사한 것만 업로드해야 한다는 고정관념을 버리라고 이야기하고 싶다. SNS를 브랜드의 컬러를 보여 주는 포트폴리오처럼 활용하고 있다면 두 번째 계정이라도 만드는 것이 좋다. 왜 꼭 그래야만 하냐고 물어본다면? 큰 브랜드에서 못하는 걸 해야만 하니까! 큰 브랜드에서는 시시콜콜 본인들의 제작기를 잘 공개하지 않는다. 정보가 유출될 수도 있고, 그런 이야기를 하는 팀을 만들기도 쉽지 않을 것이다. 즉 큰 회사 입장에서는 시시콜콜한 이야기를 풀어내기엔 리스크가 꽤 크다.

브랜드 하나를 만들고 꾸려 가는 데 많은 걱정과 고비와 기쁨과 성취가 있을 것이다. 시즌 제품이 출시되기까지 3개월의 비수기가 생긴다면, 그 3개월간의 이야기를 종종 기록하라는 것이다. '우리는 이런 것을 준비 중이며, 이런 힘든 과정을 겪고 있고, 이런 즐거움이 있으며, 앞으로 이런 것을 출시할 예정이니 기대해 달라' 같은 내용이다. 그사이 많은 팬들은 기대도 하고, 응원도 하고, 기다리기도 하고, 소문도 내 줄 것이다. 우리가 아무것도 하지 않는 것이 아니라는 사실을 팍팍 티 내야 한다. 아직은 작지만 좋은 브랜드를 만들기 위해 부단히 노력하고 있다는 것을 말이다. 덧붙여 팬들과 소통할 수 있는 다양한 연결점을 만들어야 한다. 여러 채널을 적극 활용해야 한다. 채널마다 선호하는 타깃층이 다르고, 각 매체를 통해 소구할 수 있는 내용도 달라지기 때문이다. 다양한 연결점을 만들어 우리 팬이 될 수도 있는 사람들과 최대한 끈적하게 소통하길 바란다.

지금까지 다룬 내용을 보기 쉽게 정리하면 다음과 같다.

BTS의 성공 요인	작은 브랜드에서 할 수 있는 마케팅
우수한 실력을 갖추고 있을 것	좋은 제품을 만들 것
작업물에 진심을 담을 것	진정성이 담긴 메시지를 지속적으로 보여 주면서 좋은 제품을 만들겠다는 열정과 태도를 가질 것
팬들과 밀접하게 소통할 것	긍정적인 입소문을 내 줄 내 편을 만들 것
팬 한 명 한 명에게 감사함을 느끼고 표현할 것	우리 브랜드를 소비해 주고 관심을 가져 주는 고객에게 감사함을 느끼고 충분히 표현할 것
비수기를 만들지 않을 것	더 다양한 연결점을 만들 것

이 다섯 가지는 다행히 오롤리데이 초창기부터 잘 실행해 온 내용이다. 그렇기에 코로나라는 위기에도 굳건히 자리를 지킬 수 있었던 것이 아닌가 싶다. 대단한 전략을 세운 것은 아니었지만 의도치 않게 BTS와 비슷한 방법으로 브랜드를 키워 왔고, 덕분에 스스로 팬이라고 칭하는 분들이 많아졌다. 우리를 지켜 주는 그분들에게 더 적극적으로 마음을 드러내고 감사함을 나눠야겠다고 생각했다. 단순한 팬이 아니라 우리가 정의 내린 '강력한 팬=찐팬'이 돼 줄 것이라는 기대감을 갖고 말이다. 그렇게 우리의 강력한 팬을 만들기 위한 활동이 시작됐다.

찐팬과의 관계를 더 찐득하게 하기 위해

'강력한 팬을 보유한 브랜드'라는 목표를 달성하기 위해 팀별로 여러 활동을 시작했다. 우리는 그들과의 관계를 더 찐득하고 끈적하게 하기 위해 다양한 연결점을 만드는 데 힘을 쏟기로 했다.

1. 유튜브를 더 적극적으로 이용해 보기로 한다

조쓰와 둘이 회사를 운영할 땐 SNS에 시시콜콜한 이야기를 남기는 것만으로도 이야기를 잘 전달할 수 있었다. 하지만 개성 넘치는 팀원이 하나둘 늘어나고, 그들을 궁금해하는 팬분들도 많이 생겨났다. 그래서 브랜드를 만들어 가는 과정을 조금 더 생생하게 전달하면 좋겠다고 생각했다. 우리의 이야기를 글로 다 드러내기엔 한계가 있어 영상으로 차근히 풀어 보기로 했다. 그동안 사업을 하면서 쌓은 나의 인사이트를 방출한다든지, 팀원들이 어떤 일을 하며 하루를 보내는지 브이로그 형식으로 보여 준다든지, 프로젝트를 진행하며 겪는 어려움을 고백한다든지, 그동안 글로 보여 준 것보다 훨씬 더 날 것의 모습을 보여 주려고 노력했다. 우리 유튜브 채널은 알고리즘의 선택을 받지 못했고 구독자가 느는 속도도 더딘 편이지만, 그래도 오

오롤리데이 유튜브 구경하기

팀워크라는 모터가 달린 요트

롤리데이를 오래전부터 응원해 온 찐팬들은 정말 좋아해 주셨다. 좋아하면 더 자세히 알고 싶으니 우리의 이야기, 표정, 목소리를 생생하게 전해 듣는 것만으로도 함께 즐거워하는 것이다.

2. 더 편리한 쇼핑을 위해 전용 앱을 개발한다

앞서 말했듯 온라인에서는 소비자가 실제로 만지거나 체험해 보고 구매할 수 없기 때문에 판매자는 제품의 사이즈, 소재, 구매 시 주의해야 할 점, 의류의 경우 세탁 시 주의사항까지 아주 자세하게 알려 줘야 할 의무가 있다. 판매자가 제공하는 상세한 정보를 통해 소비자는 제품에 대해 더 구체적으로 상상할 수 있고, 그러한 상상을 통해 구매한 제품은 마음에 들지 않을 가능성이 현저하게 낮아진다. 그래서 우리는 상세 페이지에 최대한 많은 정보를 담으려고 했다. 누군가는 그렇게 구구절절한 것은 멋지지 않다고 할지도 모르겠으나, 나는 온라인에서 뭔가를 판매하는 사람으로서 꼭 해야 하는 의무이자 멋이라고 생각했다. 그 덕분인지 우리는 제품 교환이나 반품이 거의 없는 편이다. 매주 팀원들이 모여 어떤 사유로 교환과 반품이 생겼는지 공유하는 시간을 갖는데, 교환·반품률이 판매량 대비 1%가 되지 않는다. "그냥 제품이 마음에 안 들어서요"라는 이유는 거의 보지 못했다.

이는 우리가 제품을 잘 만들기 때문이기도 하겠지만, 고객이 충분히 생각할 수 있도록 정보를 제공하는 친절한 상세 페이지 덕분이라고 생각한다. 어떤 브랜드에서 교환이나 반품의 경험을 반복하지 않으면 결국 좋은 경험이 쌓여 재구매로 이어진다. 오롤리데이는 사이트 재방문율과 재구매율이 굉장히 높은 편이다. 재방문할 때마다 신제품 출시 등으로 변화를 체험하고, 재구매할 때마다 교환이나 반품 등 불만족스러운 경험을 하지 않는다면 그런 고객은 자주 방문하고 자주 구매하는 단골이 될 확률이 크다. 그리고 그들에게 지속적으로 건강한 메시지를 전달한다면 단순히 제품과 서비스에 대해서뿐만 아니라 브랜드 자체에 호감을 가질 확률도 커진다. 그렇게 알게 모르게 스며들며 찐팬이 되는 것이다.

그래서 우리는 그들을 위해 조금 더 편리한 쇼핑 환경을 만들기로 했다. 고객들의 쇼핑 관련 데이터를 분석해 보니 PC를 통해 구매하는 비율보다 모바일을 통해 웹사이트에 접속해 구매하는 비율이 훨씬 높았다. 나만 해도 좋아하는 브랜드는 애플리케이션(이하 앱)이 있는지 검색해 보고, 있다면 설치해서 이를 통해 쇼핑한다. 자주 방문하니까 조금 더 편리하게 쇼핑하기 위해서다.

내부 개발자가 있어야만 앱을 만들 수 있는 줄 알았는데, 우리가 사용하는 호스팅 서비스인 카페24에 쉽게 앱을 만드는 서비스가 있어 비교적 수월하게 만들 수 있었다. 그렇게 한 달 정도 '더 편한 쇼핑을 제공하기 위한 서비스'를 만드는 데 시간을 들였다. 결과는? 기

오롤리데이 앱 설치하기

팀워크라는 모터가 달린 요트

대보다 더 많은 고객들이 앱으로 접속해 구매하기 시작했다. 현재는 사이트 가입자 수 중 1/4이 앱을 설치했고, 그걸 통해 제품을 구매한다. 앱을 개발한 후 매출이 급증하진 않았지만 그걸 통해 쇼핑하는 분들이 많아진 것으로 보아 우리를 좋아하는 팬들의 쇼핑을 조금 더 편하게 만든 것은 확실한 듯하다.

3. 오롤리데이만의 오프라인 공간을 오픈한다

요즘은 앱을 통해 식자재를 주문하면 몇 시간 후 집 현관에 배달되는, 온라인으로 생활의 대부분을 해결하는 세상이라 해도 과언이 아니다. 어쩌다 사람들은 모든 것을 온라인 쇼핑을 통해 구매하게 됐을까?

1) 오프라인 매장에 찾아가기 힘든 상황에 처해 있어서(거리, 시간 등)

2) 내가 원하는 브랜드의 오프라인 매장이 없어서

3) 시간과 에너지 단축 등 편리하기 때문에(구매하면 하루 만에 배송되는데 굳이 오프라인을?)

4) 다양한 브랜드의 제품을 비교하며 살 수 있어서

5) 최저가를 비교해 살 수 있어서

6) 점원의 눈치를 보지 않아도 되니까

7) 온라인 쇼핑몰에는 적립금, 할인, 멤버십 등 다양한 혜택이 있으니까

8) 무겁게 쇼핑백을 들고 다니지 않아도 되니까

그럼에도 오프라인 쇼핑을 고집하는 사람들이 있다. 그 이유는?

1) 직접 보고, 만져 보고, 체험해 보는 맛이 있어서
2) 좋아하는 브랜드를 공간으로도 체험하고 싶어서
3) 배송되는 시간을 기다리기가 힘들거나, 그럴 수 없는 상황이라서
4) 온라인으로 구매하면 귀찮은 일이 생길지도 모르니까(불량 제품 배송, 사

   이즈 미스, 오배송 등의 이유로 교환·반품해야 하는 상황)
5) 직접 보고 사는 행위 자체를 좋아해서
6) 온라인 배송을 통해 발생하는 불필요한 쓰레기가 싫어서

두 니즈가 분명히 달라 보이긴 한다. 나는 온라인 쇼핑을 더 선호하지만, 큰 감동이나 울림을 느낀 건 대부분 오프라인 공간에서였다. 오프라인 공간을 방문하면 단순히 제품을 자세히 볼 수 있는 것만이 아니라 매장에서 흘러나오는 음악부터 향기, 청결도, 직원들의 태도까지 볼 수 있어 브랜드가 오감으로 다가온다. 그래서 단순한 호감이 큰 감동으로 변하기도 하고, 반대로 실망하기도 한다. 그렇기에 브랜드에서 오프라인 매장을 오픈할 땐 더 신중히 접근해야 한다.

오롤리데이의 오프라인 매장을 오픈해야겠다고 생각한 가장 큰 이유는 딱 하나였다. 우리가 전하고자 하는 행복의 의미를 더 입체적으로 전달할 공간을 만들고, 누구나 방문하는 순간 행복을 느낄 수 있기를 바랐다. 특히 우리의 찐팬인 해피어들이 편하게 와서 즐길 수 있는 공간이길 바랐다. 온라인에서만 느끼던 오롤리데이를 오감으로

느끼게 하며 그들에게 더 친근감 있게 다가가고 싶었다.

우리는 찐팬과의 관계를 더 찐득하게 하기 위해 유튜브를 통해 우리 모습을 더 솔직하게 보여 주고, 편리한 쇼핑 환경을 구축하기 위해 앱을 개발하고, 브랜드를 오감으로 체험할 수 있도록 오프라인 공간을 오픈했다. 이를 위해 추가 인력을 고용해야 했고, 모든 팀원이 많은 프로젝트에 동시다발적으로 집중해야 했다. 당장 큰 매출을 올릴 활동은 아니지만, '찐팬과의 관계를 더 찐득하게 하기 위해'라는 공동의 목표는 우리 모두를 움직이게 하기에 충분했다.

행복을 파는 가게, 해피어마트

상계동에서 아주 작은 매장인 해피어숍을 운영하다가 성수로 이사하며 문을 닫았다. 그 후로 많은 분들이 쇼룸 재오픈을 요청하셨지만, 뻔한 쇼룸이 아닌 조금 더 뾰족한 뭔가가 있는 곳이었으면 하는 욕심으로 오픈을 미루고 있었다. 세상에는 이미 멋진 숍이 넘쳐 났고, 그렇기에 단순히 인테리어가 멋진 숍 이상의 뭔가가 있기를 바랐다. 그러던 중 갑자기 2019년 말 서울 디자인 페스티벌에서 선보인 '마트' 콘셉트가 떠올랐다.

마트는 남녀노소 누구나 고민 없이 찾을 수 있는 공간이다. 많은 제품이 있고, 다양한 연령층이 모이는 곳이기도 하다. 나는 오롤리데이가 그런 브랜드였으면 했다. 특정한 타깃층이 있는 브랜드가 아닌, 조금 더 많은 사람들이 우리의 메시지를 듣고 느끼며 더 행복해지기를 바랐다. 마트는 누구에게나 열려 있는 공간이고, 빈손으로 나와도 전혀 부담감을 느끼지 않아도 되는, 문턱이 낮고 자유로운 공간이라는 생각이 들었다. 하나의 카테고리만 취급하는 브랜드가 아니라 다양한 제품을 만들고 있고, 앞으로도 더 다양한 형태의 뭔가를 선보일 것이기 때문에 마트는 오롤리데이에 딱인 콘셉트였다.

실제로 '해피어마트'라는 이름으로 디자인 페스티벌에서 부스를 오픈했을 때, 우리가 기대했던 것과 같이 다양한 취향을 지닌 다양한 연령층의 고객들이 방문해 주셨다. 하지만 간판에 '해피어마트'가 아닌 '오롤리데이'라고 적혀 있었어도 그랬을까? 아마 낯선 단어인 오롤리데이에는 그렇게 많은 사람들이 반응하지 않았을 것 같다.

해피어마트는 해피어가 모이는 공간인 동시에 누군가가 우연히 들어왔다가 해피어가 돼서 나가는 공간이었으면 했다. '행복해질 수 있는 공간이어야 한다'라는 목표를 갖고 공간을 꾸리기 시작했다. 그렇게 완성된 해피어마트 1호점(성수점)에는 특별한 것이 많다.

1. 오롤리데이의 모든 팀원을 만날 수 있다

성수동 일심빌딩 5층에 위치한 해피어마트 1호점에 도착하면 온 벽이 유리로 된 물류실을 통해 배송 과정을 볼 수 있다. 또 작은 창문을 통해 팀원들이 컴퓨터 앞에 앉아 일에 몰두하는 모습도 만날 수

팀워크라는 모터가 달린 요트

있다. 1호점인 만큼 해피어마트를 찾는 고객들과 조금 더 밀접하게 소통하고 자세하게 관찰하기 위해 사무실 한가운데에 마트를 오픈한 것이다. 그동안 오롤리데이 유튜브를 지켜봐 온 찐팬이라면 영상 속에 존재하던 팀원들과 실제로 소통할 수 있다는 점이 굉장히 재미있는 경험으로 다가올 것이다. 그리고 우리가 일하는 모습을 실제로 볼 수 있기 때문에 그만큼 브랜드에 대한 신뢰 또한 더 쌓일 것이다.

2. 체험형 온라인 매장이다

체험형 온라인 매장이라니, 아마 굉장히 낯선 용어일 것이다. 앞서 온라인 쇼핑과 오프라인 쇼핑에 대한 다양한 니즈를 정리했다. 그래서 우리는 각각의 장점을 통합해 새로운 개념의 공간을 만들고 싶었다. 오프라인 매장의 장점을 살리면서 온라인 구매 혜택도 제공하는 공간 말이다. 내 경험에 의하면, 오프라인 매장에 갔을 때 온라인 사이트와 혜택 통합이 잘 안 돼 적립금을 쓰지 못하거나, 오프라인에서 구매한 제품의 후기를 온라인 사이트에 남기지 못하는 경우가 있어 아쉬운 적이 많았다. 찐팬들을 위해 공간을 만들기로 결심한 만큼 그분들이 우리 사이트의 혜택을 그대로 누릴 수 있으면 좋겠다는 생각을 했다. 그래서 회원 시스템을 만들었다. 해피어마트의 회원이 되는 방법은 간단하다. 오롤리데이 온라인 사이트에 가입만 하면 된다. 이미 온라인 사이트에 가입한 해피어는 굳이 다시 가입할 필요가 없다. 우리는 해피어마트를 직접 찾아와 준 회원에게 전 제품 7% 할인 혜택을, 구매 시 적립금 혜택을, 구매 후 리뷰 작성 시 추가 적립금 혜택을 주기로 했다. 그리고 구매한 물건이 무거워 들고 가기 힘들면 택배로 배송해 주는 서비스도 덧붙였다. 오프라인 매장이지만, 직접 눈과 손으로 체험할 수 있는 체험형 온라인 매장에 가까운 셈이다.

3. 프레젠터가 있다

무인 매장이 아닌 이상 오프라인 매장에는 매장을 관리하고 운영할 담당 직원이 꼭 필요하다. 보통은 그들을 매니저, 스태프 등으로 표현하는데, 우리는 조금 더 우리다운 이름으로 부르고 싶었다. 그래서 새로운 이름을 짓기 위해 모든 직원이 둘러앉아 아이디어 회의를 했다. 이름을 짓기 전에 그 사람이 해피어마트에서 맡을 역할을 조금 더 구체화할 필요가 있었다. 우리가 그들에게 바라는 가장 큰 역할은 손님에게 오롤리데이를 정확하게 소개하고, 체험할 수 있게 도와줌과 동시에 손님의 이야기를 우리에게 제대로 전달하는 것이었다. 누군가에게는 브랜드의 첫인상일 수도 있는 오프라인 매장에서 우리의 메시지를 충분히 전달하는 현명한 전달자이길 바랐다. 쉽게 이름이 떠오르지 않아 팀원들이 몇 시간 동안 머리를 싸매고 있을 때, 조쓰가 갑자기 나타나서는 "선물이 영어로 프레젠트present 지? 그럼 선물을 전달하는 사람이라는 의미로 프레젠터presenter 어때?"라는 말을 툭 던졌다. 거기에 내가 '발표를 하는 사람, 프레젠터'의 뜻을 더했다. '고객에게 오롤리데이를 제대로 프레젠테이션하고, 늘 선물하는 마음으로 제품을 건넬 수 있는 사람'이라는 정의를 내리는 순간, 이거다 싶었다. 그렇게 해피어마트를 이끌어 갈 사람의 명칭은 '프레젠터'가 됐다. 누군가의 앞에서 프레젠테이션을 잘하기 위해서는 공부를 게을리하지 않아야 한다. 잘 알아야 하며, 온전히 본인 것으로 만들어야 충분히 설명하고 설득할 수 있을 것이다. '프레젠터'라는 말에는 '쇼룸의 스태프로서 브랜드와 제품 공부를 게을리하지 않고, 브랜드의 감도를 이해하고, 항상 용모 단정해야 하며, 청결에 신경 쓰고, 친절하게 고객을 잘 설득해야 합니다'라는 말이 함축된 것이 아닌가 싶다. 그만큼 이름이 주는 책임감은 대단하다. 덕분에 우리가 바라던 모습을 완벽히 갖춘 프레젠터 모나를 채용할 수 있었고, 한 사람의 힘은 대단했다. '어떻게 하면 이 공간을 방문한 사람들이 충분히 행복을 느낄 수 있을까?'를 늘 고민한 프레젠터 덕분에 해피어마트에는 즐길 거리가 점점 더 많아졌고, 그다지 크지 않은 공간임에도 많은 분들이 오래 머물렀다. 그 결과 블로그나 인스타그램 등에 해피어마트에 대한 긍정적인 후기가 쏟아졌다. 심지어 모나를 만나러 또다시 방문하는 손님들도 점점 더 늘어났다.

공간의 완성은 사람이라고 생각한다. 아무리 멋진 인테리어에, 예쁜 제품에, 좋은 향기에, 근사한 노래가 흘러나와도 공간에 있는 사람이 즐거워 보이지 않으면 호감이 가지 않고 오래 머물고 싶은 생각이 들지 않는다. 그래서 오프라인 매장에서 근무하는 팀원들은 '나의 첫인상이 브랜드의 첫인상이 될 수도 있다'라는 생각으로 책임감과 사명감을 가지고 일해야 한다. 하지만 그건 팀원들만이 노력해서 될 일은 아니다. 그들을 고용하는 고용주도 '어떻게 하면 그들이 더 사명감을 갖고 일할 수 있을지' 끊임없이 고민하고 노력해야 한다.

성동구 성수이로22길 61, 일심빌딩 5층으로 오면 해피어마트 성수점을 만날 수 있다.

팀워크라는 모터가 달린 요트

해피어마트는 계속 변화 중이다. 2022년 1월에는 드디어 2호점(판교점)도 오픈했다. 해피어마트의 목표는 단순히 지점을 늘리는 것이 아니라 더 큰 세상으로 나가는 것이다. 'All about oh, lolly day!(오롤리데이의 모든 것이 있는 곳)'라는 슬로건을 내건 만큼 제품뿐만 아니라 콘텐츠, 커뮤니티 등 다양한 모습의 오롤리데이를 느낄 수 있는 복합 문화 공간으로 성장해 나가는 것을 목표로 한다. 그 과정에서 우리가 절대로 놓치지 말아야 하는 것은 '누구라도 들어오면 더 행복해져서 나가는 곳'이라는 큰 미션이다. 멋지고 힙한 공간이 아닌, 행복을 판매하는 최초의 공간이 되고 싶다.

우리의 새로운 내비게이션, OKR

'일단 한번 해 보자!'라는 생각으로 OKR을 시작한 2020년. 쉽지 않았다. '별거 아니겠지' 하고 시작했는데 그 시스템을 우리 조직에 맞게 변주하고 맞춰 가는 과정이 꽤 힘들었다. 하지만 분명한 것은 덕분에 우리 조직은 크게 변했고, 드디어 '함께 일을 잘할 수 있는' 방법을 알게 됐다.

하반기 OKR의 목표는 '강력한 팬을 보유한 브랜드'였다. 그래서 우리는 기존 팬을 강력한 팬으로 만들기 위한 활동을 적극적으로 실행했다. 하지만 그 목표의 키 리절트를 '인스타그램 팔로어, 유튜브 구독자 수치' 등으로 잡는 바람에 중간에 큰 에피소드가 있었다. 인스타그램은 차곡차곡 팔로어가 쌓이는 데 반해 유튜브는 구독자 수 증가 속도가 더뎠다. 목표 달성의 측정 지표가 되는 키 리절트도 '일주일에 유튜브 구독자 수 100명 이상 증가'라고 잡기까지 했으니, 특히 유튜브를 총괄하는 마케팅팀의 초조함은 극에 달했다.

급기야 마케팅팀은 구독자를 늘리기 위해 획기적인 프로모션을 해 보자고 제안했고, 그들의 초조함을 잘 알기에 흔쾌히 오케이를 하고 프로모션을 알리기 위한 영상까지 촬영했다. '친구에게 우리 채널을 소개해 친구들이 채널을 구독하고, 구독자가 5,000명이 넘으면 큰 선물을 쏘겠다'는 내용이었다. '롤리가 쏜다!'라는 콘셉트의 영상은 꽤 재밌게 잘 찍혔지만, 왠지 모르게 꺼림직함이 사라지지 않았다. 그날 밤, 따뜻한 물로 샤워를 하는데 갑자기 '영상 편집을 당장 중단시키고 폐기해야겠다'라는 생각이 강하게 들었다. 그런 프로모션은 우리의 목표와는 거리가 먼 행동이라고 느껴졌기 때문이다. 키 리절트를 생각하기 전에 그것을 세운 이유인 목표를 떠올려 보면 '강력한 팬을 만들기 위함'이었다. 만약 그 프로모션을 통해 유튜브 구독자가 5,000명이 된다 한들, 키 리절트 수치를 달성했다 한들, 그것이 과연 강력한 팬 만들기라는 목표의 결과를 가늠하는 지표라고 할 수 있을까? 그렇게 모인 5,000명이 우리의 강력한 팬이라고 할 수 있을까? 대답은 완전 '아니요'였다. 목표치에 대한 키 리절트를 잘못 설정했다는 생각이 들었다. 그리고 그 키 리절트 때문에 우리의 활동 방향도 잘못되고 있음을 느꼈다. 바로 다음 날 마케팅팀 전원을 소집해 나의 생각을 풀어냈다.

호섭 롤리 말이 맞는 것 같아요. 지표에만 신경 쓰느라 정작 목표가 뭐였는지 놓친 것 같네요. 제가 크게 실수한 것 같아요.

롤리 이 영상을 촬영한 고다(전 비디오그래퍼)는 어떻게 생각해? 아마 편집 시작했을 텐데….

고다 촬영할 땐 너무 재미있었는데, 막상 편집을 시작하니 우리답지 않다는 생각에 조금 싸한 기분이 들긴 했어요. 그런데 그게 뭔지 정확한 이유를 몰라서 말씀을 안 드렸는데, 롤리가 말한 이유가 맞는 것 같아요.

롤리 그럼 여러분, 촬영하고 편집한 게 아깝긴 하지만 이 영상은 폐기합시다. 프로모션은 없던 걸로 하고, 다른 키 리절트를 세우든가 아니면 대대적으로 수정이 필요할 것 같아요. 이런 부분을 미리 체크하지 못하고 촬영하고 편집하게 해서 미안해, 고다.

고다 아니에요! 저는 아무렇지 않아요. 우리다운 영상을 만드는 게 더 중요하죠!

호섭 저도 마케팅 수치만 신경 쓰느라 중요한 부분은 놓쳐서 정말 죄송해요. 앞으로는 시야를 더 넓게 보고 결정할 수 있도록 할게요.

롤리 이제야 알겠어요. OKR을 해야 하는 이유! 목표를 정해 두니 정말 좋네요. 앞으로도 이런 일이 많을 텐데 모든 과정에서 조금 더 현명하고 우리다운 결정을 할 수 있게 도와주겠네요. 오늘 제대로 배웠으니 어제 찍은 영상은 아까워하지 맙시다!

몇 개월 동안 조직이 함께 바라보고 갈 목표가 생겼다는 점에서도 OKR은 충분히 의미 있다고 생각했는데, 어려움을 겪고 나니 그 의미가 무엇인지 훨씬 잘 와닿았다. 수시로 맞닥뜨리는 결정의 순간에서 우리가 직접 세운 목표는 중요한 내비게이션 역할을 한다. 그리고 재정비할 수 있게 도와준다.

이처럼 OKR 시스템을 조직에 차용하는 순간, 목표와 키 리절트는 조직에서 아주 중요해지기에 더 신중히, 더 치밀하게 세워야 한다. '강력한 팬을 보유한 브랜드'라는 목표는 어쩌면 직접적인 수치로 빠르게 결과가 나타나는 목표가 아니었을 수도 있다. 정성과 시간을 들여야 차츰차츰 그 모습이 더 단단해지는 목표였을 텐데, OKR 애송이들은 뭔가 잘못되고 있을 때야 그게 잘못됐다는 것을 알아차렸다. 그런데 알아차릴 수 있다는 것이 얼마나 다행인가. 빠르게 우리다운 방법을 다시 찾아갈 수 있어서 얼마나 다행인가.

아직 OKR에 미숙한 팀에 당부하고 싶은 이야기가 있다. 수치에 연연하지 말고 액션 자체에 의미를 뒀으면 한다는 것이다. 예를 들어 '양질의 콘텐츠를 만들어 구독자 수를 1,000명 늘린다'라는 키 리절트를 세웠으면 1,000명에 집중하기보다는 양질의 콘텐츠를 만드는 행위 자체에 집중하길 바란다. 외부 요인이 작용하는 수치는 100% 자체 힘만으로는 달성하기 힘들다. 그렇기에 수치에 집중하면 패배감을 자주 느낄 수 있다. 대신 액션 자체에 집중하면 팀이 힘을 모아 그 액션을 해 나가는 과정 자체에서 성취감을 느낄 수 있다. 액션에 따라 결과가 바로바로 나타날 수도 있겠지만, 천천히 진가가 발휘되

　　　　　　　　팀워크라는 모터가 달린 요트

기도 하니 말이다. 혹여 그 액션 자체가 원하던 결과를 가져오지 못했다고 할지라도 함께 모여 문제점을 파악할 수 있고, 새로운 목표를 세울 때 그 부분을 개선할 수 있으니 너무 실망하지 않았으면 좋겠다. 오롤리데이도 우당탕탕 하는 과정에서 훨씬 더 찐득한 팀워크가 생겼으니!

하지만 그보다도 선장인 내가 제대로 키를 잡으면서, 우리가 함께 향할 목적지가 분명히 생기면서, 선원들 모두가 한마음 한뜻으로 열심히 각자의 역할을 하면서 힘차게 전진할 수 있게 됐다. 드디어 우리에게도 팀워크라는 성능 좋은 모터가 달린 것이다. 여전히 폭풍우가 치기도 하고 큰 파도에 휘청거리기도 하지만 그래도 쉬이 뒤집어지지는 않는다.

아름다운 퍼즐(=미션, 비전)을 완성하기 위해, 그림을 완성할 퍼즐 조각(=인재 채용, 팀 빌딩)을 모으고, 적재적소에 퍼즐을 배치해 채워 나가며(=회사에 맞는 시스템), 아름다운 그림을 함께 만들어 가는 것이 브랜드를 만드는 과정이 아닐까 싶다. 그 과정에서 팀원들이 함께 힘을 모아 '더 아름다운' 그림을 그려 가는 것이 바로 팀워크이고 성장일 것이다.

2020년 연말에도 어김없이 팀원들의 1년 리포트를 받았다. 훨씬 더 풍부해진 질문에 보답하듯, 훨씬 더 단단해진 그들의 대답을 확인할 수 있었다. 회사에 대한 애정, 선장 역할을 열심히 한 나에 대한 격려, 동료들을 향한 존중, 그리고 개인의 성장이 고스란히 담겨 있었다. 팀원들의 리포트를 보며 '아, 우리 잘 가고 있구나' 하는 안도감이 들었다. 그리고 앞으로 우리는 어떤 방향으로 더 성장할 수 있을지, 무엇을 해야 이들의 열정이 식지 않을지 설레는 고민을 하기 시작했다.

더 많은 사람들이
행복해지는

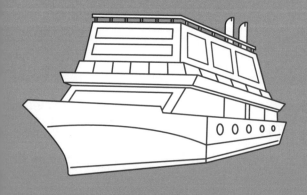

8~9년 차

크루즈

2020년에 '책을 쓰자'는 제안을 정말 많이 받았다. 내 책을 만든다는 것은 오래전부터 꿈이었다. 말 그대로 꿈. 너무 먼 꿈이어서 감히 이 렇게 빨리 기회가 올 것이라고 생각하지 못했다. 아주 어릴 때 백일 장에서 상을 종종 받긴 했지만 책을 끼고 사는 다독가도 아니고, 글 이라고는 인스타그램이나 블로그에 쓰는 것이 전부인 나에게 책 집 필은 멀고도 먼 이야기였다. 그런 나에게 2020년부터 귀를 쫑긋하게 하고 심장을 두근거리게 하는 제안이 들어오기 시작한 것이다. 솔직 히 많이 설렜다. 냅다 쓴다고 해 버릴까 망설이기도 했다. 하지만 아 직은 아니라는 생각이 늘 발목을 잡았다. 돈을 주고 나의 이야기가 담긴 책을 구입하는 독자들에게 실망을 안기고 싶지 않았다. 나만이 할 수 있는 뾰족한 뭔가가 더 있어야 한다고 생각했고, 그래서 너무 나 감사한 제안이지만 본의 아니게 거절했다.

2020년이 저물어 가는 어느 날, 팀원들과 회의를 하며 이런저런 이야기를 쏟아 내다가 '이 좋은 이야기를 함께 나누고 싶다'라는 생 각을 처음으로 하게 됐다. 때가 된 것일까. 팀원들과 '이런 책을 쓰 고 싶어'라고 이야기한 지 며칠 지나지 않아 백도씨 출판사로부터 똑 같은 콘셉트로 출간 제안을 받았다. 백도씨는 오롤리데이가 아주 작 고 작았을 때부터 우리의 감성을 좋아하고 여러 번 컬래버레이션 러 브콜을 보낸 출판사다. 그래서 우리에 대해 누구보다 잘 알고 애정을 갖고 있을 것이라 믿었고, 무엇보다 때가 됐다고 생각했기에 얼마 후 바로 계약서에 도장을 찍었다.

더 많은 사람들이 행복해지는 크루즈

미션 보드를 만들어 보자

이 책을 쓰기로 마음먹은 후였다. 어떤 이야기를 할까, 오롤리데이의
과거는 어떤 모습이었고 현재는 어떤 모습일까 생각하다가 다이어리
에 떠오르는 생각을 마구마구 적기 시작했다.

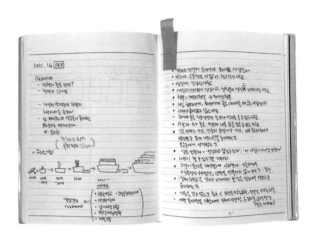

    나의 이야기이고 우리의 이야기이지만 매일 머릿속에 떠다니는
기억과 생각을 글로 적어 정리하니 추상적이었던 것이 명확하게 읽
히기 시작했다. 그리고 이걸 나 혼자만 알고 있으면 안 되겠다는 생
각이 들었다. 직원들이 계속 늘어나고, 여전히 우리만의 문화를 만들
어 가고 있고, 우리의 평화로운 분위기를 유지하게끔 하는 암묵적인
룰이 존재하지만, 그걸 한번 명쾌하게 정리해야 할 시기가 왔다고 생

각했다. 누가 우리의 새 식구가 된다고 해도, 그것 하나만 봐도 우리가 어떤 것을 지향하고 지양하는지, 우리의 최종적인 목표가 무엇인지 알 수 있도록 말이다.

나는 그걸 '미션 보드'라고 부르기로 했다. 미션 보드를 만들기로 마음먹은 그날 밤, 정말 오랜만에 아주 깊게 집중했다. 허리가 불편한 의자에 3시간을 꼬박 앉아 있으면서도 불편한 줄 몰랐다.

1. 미션(why?)

미션은 '왜 존재해야 하는가?'에 대한 이야기다. 세상엔 이미 수없이 많은 브랜드가 존재한다. 그럼에도 우리 브랜드가 이 세상에 존재해야 하는 이유가 곧 브랜드의 미션이다. 브랜드의 자존감과도 같은 문제다. 꼭 규모 있는 브랜드가 아니더라도, 혼자서 운영하는 1인 브랜드여도 마찬가지다. 스스로 존재 가치에 대해 알지 못하고, 나의 존재 가치를 스스로 설득하지 못한다면 지탱하기도, 지속하기도 어렵다. 브랜드를 꾸려 가다 보면 아주 많은 유혹이 나를 혹은 팀을 흔들 것이다. 매일 시시때때로 오르락내리락하는 데이터가 우릴 시험하려 들 것이다. 그때마다 '그럼에도 불구하고'라는 생각으로 꿋꿋하게 신조를 지키게끔 도와주는 것이 미션이다. 자존감이 약한 사람은 늘 위태롭다. 브랜드도 똑같다. 미션이 분명한 브랜드는 일관성 있게 지속된다. 일관성 있게 지속되는 미션에 많은 이들이 공감한다면? 그것이 바로 잘된 브랜드라고 할 수 있다.

더 많은 사람들이 행복해지는 크루즈

오롤리데이의 미션

당신(팀원, 제작자, 고객, 우리를 둘러싼 모든 환경)의 삶을 '더 행복하게' 만든다.

oh, lolly day! Makes your life happier.

왜 happy가 아니라 happier인가. 많은 사람들이 궁금해하는 것 중 하나다. 오롤리데이 미션에는 전제 조건이 있다. 행복이라는 추상적이고 다소 진부한 키워드를 말하기 위해서는, 그 행복에 대해 우리 안에서만큼은 명확한 뭔가를 갖고 있어야 한다고 생각했다. 그래야 우리가 생각하는 행복을 설득하고 제안할 수 있을 테니까. 감사하게도 나는 긍정적이고 낙천적인 기질을 타고났다. 나를 잘 모르는 사람들이 보기엔 내 삶에 행복만 가득할 것 같겠지만, 사실 나는 다사다난의 상징인 사람이다. 어릴 때부터 희한하다 싶을 만큼 고난과 고통이 많았고, 사업을 하면서도 굳이 겪지 않아도 될 어려움까지 많이 겪었다. 하지만 나에겐 그 와중에도 작은 희망과 행복을 찾는 능력이 있었다. 이를테면 무척 힘든 하루를 보내고 퇴근한 후에 마시는 맥주 한 캔에 크게 기뻐한다든가, 별것 없는 일상이지만 매일 달라지는 하늘을 보면서 예쁘다고 호들갑을 떨며 사진을 찍는다든가 하는 일 말이다. 이런 작고 하찮은 일이 나에게는 작은 행복이 돼서 나의 행복 주머니를 꾹꾹 채우고 있었는지도 모르겠다. 살면서 이렇다 할 큰 행운이 있진 않았지만, 그런 작은 행복이 모여 내 삶을 나름 충분히 채워 주고 있었던 것이다. 나는 믿는다. 이미 많은 사람들의 삶 속에 행복이 도사리고 있다고. 그걸 잘 발견하는 사람은 조금 더 행복할 것이고, 아직 발견하지 못한 사람은 행복하지 않다고 느낄 것이다. 행복은 어쩌면 가까이 두기 힘든 큰 것이 아니라 그저 늘 곁에 있는 작은 것이 아닐까 싶었다. 누군가에게 좋은 영향력을 주고 싶고, 누군가의 삶에 작은 행복을 곁들여 주고 싶어 오롤리데이를 시작했다. 내가 감히 누군가의 삶을 더 나아지게 만들고, 그들에게 큰 행복을 줄 수는 없을지 몰라도 그들의 삶에 도사리고 있는 작은 행복을 발견하게끔 도와주고, 늘 사용하던 물건에 기분 좋아지는 메시지를 담아 삶을 조금 더 재미있게 만들어 주는 역할은 할 수 있을 것 같았다. 그래서 우리는 happy가 아니라 happier라는 단어를 사용한다. 이미 행복한 삶을 알아차리게 도와주는 것, 그 덕분에 조금 더 행복한 삶을 누릴 수 있게 하는 것이 우리의 미션이니까.

2. 비전(what?)

미션이 조금 추상적이고 큰 목표라면, 비전은 그 추상적인 목표를 이루기 위해 무엇을 할 것이냐는 구체적인 목표다. 즉 미션을 달성하기 위해 '우리는 무엇을 해야 하는가?'에 대한 이야기다. 장기적인 비전, 단기적인 비전 등 구체적인 시간을 명시하며 비전을 세우면 좋다. 미션이 팀을 움직이게 하는 '정신'에 대한 문제라면, 비전은 조금 더 구체적인 '목표'에 대한 문제라고 볼 수 있겠다. 정신은 있는데 무엇을 해야 할지 구체적인 목표가 없다면 팀원별로 서로 생각하는 방향성이 달라질 수도 있다. 그렇기에 팀원들을 한 정신으로 같은 방향을 향해 행동하게 하려면 미션과 비전은 우위 없이 둘 다 중요하다. 꼭 팀만의 문제가 아니라 한 명의 개인이라고 생각했을 때도 마

더 많은 사람들이 행복해지는 크루즈

찬가지다. 예를 들어 '몸과 정신이 건강하고 타인에게 선한 영향력을 주는 사람이 되는 것'을 내 삶의 미션으로 정했다면, '꾸준히 운동을 하고, 종류를 가리지 않는 독서를 하며 소양을 쌓고, 내가 쌓아 온 경험과 인사이트를 타인에게 나눠 준다'는 나의 비전이 된다.

오롤리데이의 장기 비전

행복을 전달하는 방법, 도구를 한 카테고리에 가두지 않는다. 누군가의 삶을 더 행복하게 해 줄 수 있는 아이디어가 생긴다면 형태가 무엇이든 상관없다. 제품, 서비스, 콘텐츠, 커뮤니티, 공간 등 그 무엇이든 우리의 방법대로 보여 주고 소통한다.

오롤리데이는 제조업으로 사업을 시작했지만, 누군가 그 단어만으로 오롤리데이를 표현한다면 조금은 서운(?)할 것 같다. 제품을 만들다 보니 그 제품을 더 잘 쓸 수 있게 도와주는 콘텐츠를 만들고 싶었고, 함께 나눌 수 있는 커뮤니티도 만들고 싶었고, 그 제품을 더 잘 체험할 수 있는 우리만의 온전한 공간도 만들고 싶었다. 그래서 그렇게 했다. 그러다 보니 더 이상 오롤리데이를 '제조업'이라는 작은 단어로 표현할 수 없게 됐다. 우리가 다양한 분야에서 다양한 모습을 보여 주는 이유는 딱 하나다. 누군가의 삶을 더 행복하게 하기 위해서. 우리 팀에게 그 이유는 아주 큰 동기와 에너지가 된다. 그리고 그 동기와 에너지가 다양한 아이디어를 만들어 낸다. 그렇기 때문에 우리 스스로를 제조업이라는 단어에 가두는 순간, 우리 아이디어도 그 안에 가두게 되는 것이다. 우리는 스스로를 가두지 않기 위해 '누군가의 삶을 더 행복하게 해 줄 수 있는 아이디어가 생긴다면, 행복을 전달하는 방법과 도구를 특정 카테고리에 가두지 않는다'는 비전을 만들었다. 에코 백 한 장에서 시작해 문구 브랜드로, 문구 브랜드에서 다양한 카테고리를 취급하는 라이프스타일 브랜드로, 이제는 제품을 넘어 콘텐츠를 만드는 브랜드로. 앞으로 우리가 또 어떻게 변화할지는 우리도 모른다. 그 단순한 사실이 나와 팀원들을 매우 설레게 만들고, 그 설렘은 지속해서 좋은 에너지원이 될 것이다.

3. 코어 밸류(how?)

미션과 비전을 효과적으로 달성하기 위해 구성원들이 가져야 할 원칙과 태도에 대한 중심 가치이자, 건강한 팀워크를 만들기 위해 노력해야 할 중요한 약속이다. 즉 '우리는 어떻게 일할 것인가?'에 관련된 이야기다. 회사마다 결도, 추구하는 방향성도 다를 것이기 때문에 뻔한 이야기라 할지라도 최대한 자세하게 적어 두는 것이 중요하다. 어떤 것이 안 중요하겠냐마는, 그중에서도 우리 회사에서 가장 중요하게 생각하는 가치를 뽑아 내는 것은 그만큼 그 가치에 동의하고 결이 맞는 사람과 함께 일할 가능성을 높이는 일이다. 항상 정직하고 규칙대로 하는 것을 좋아하는 사람이 상황에 따라 융통성 있게 변화하는 사람을 완전히 이해할 수 없듯, 회사에서도 '우리가 어떤 태도로 일해야 하는지'에 관련된 중요한 가치를 정해 주는 것은 정말 중요하다.

오롤리데이의 코어 밸류

1) 성장하자 (끊임없는 자아 탐구, 자아 성숙, 능력 성장)

- 프로젝트를 시행할 때 소외되거나 뒤처지는 사람이 없는지 수시로 체크한다. 그게 다수라면 프로젝트의 방향성에 문제가 있음을 인지한다. 만약 뒤처지는 사람이 아주 소수이고 거기에 내가 속해 있다면 어떻게 성장해서 프로젝트를 잘 수행할 수 있을지 연구하고 노력한다.
- 스스로를 완벽하다고 자만하지 말 것이며, 다른 이를 나보다 못하다고 무시하지 않는다. 무엇도 100% 완벽한 건 없다는 것을 인정하고, 조금 더 만족스러운 결과에 도달하기 위해 모두 한마음으로 노력한다.
- 함께 세운 분기별 OKR의 달성률을 높이기 위해 나의 업무를 촘촘히 계획하고, 명확한 타임라인을 세우고 공유하며, 주기적으로 점검한다.
- 누구나 미팅을 주최할 수 있다. 미팅을 주최할 때는 일방적이지 않을 것이며, 어젠다를 미리 공유한다.
- 과거 혹은 지금 당장에만 머물지 않고 미래를 볼 수 있는 눈을 갖추도록 노력한다.
- 일을 취미나 단순한 돈벌이가 아닌, 나와 동료와 회사가 발전할 수 있도록 시간과 에너지를 투자하는 것이라고 생각한다.
- A보다 A+, 혹은 그보다 더 나은 B를 찾으려고 노력한다.

2) 협력하자

- 오롤리데이에는 연차, 직급별 수직 관계가 없다. 모두 민주적으로 회의에 참여하며, 눈치 보지 않고 자유롭게 의견을 이야기한다.

- 팀의 경계 없이 구성원 모두가 자유롭게 피드백을 할 수 있다. 다른 팀 일도 내 일처럼 관찰하고 피드백한다.
- 희생이 아니라 협력하는 마음으로 서로 돕는다.
- 누군가가 도움이 필요한 것 같으면 모른 척하지 않는다.
- 도움이 필요하다면 눈치 보지 않고 도움을 청한다.
- 오롤리데이에는 네 일, 내 일이 따로 없다.

3) 솔직하자

- 반대를 위한 반대를 하지 않는다. 어떤 의견에 반대 의견을 낼 때는 반드시 그 이유를 구체적으로 말하고 개선점을 제안한다. 불만이 아닌 제안을 한다.
- 피드백은 제3자를 거치지 않고 당사자에게 다이렉트로 전한다.
- 상대방의 말을 경청하고 그의 입장과 상황을 고려하며 공감하고 이해하려고 노력한다.
- 피드백과 비난을 혼동하지 않는다.
- 부정적인 감정일수록 오래 담지 않는다. 부정의 기운은 내가 생각하는 것보다 늘 강하다. 부정적인 감정을 속에 담을수록 조직은 나 때문에 검게 물들어 간다는 것을 늘 경계하자.
- 실수를 했다면 공개적으로 솔직하게 밝히고 인정하고 반성하자. 인정하고 반성하는 건 부끄러운 일이 아니다. 구성원이 나를 더 신뢰할 것이며, 나는 똑같은 실수를 반복하지 않을 것이다.
- 칭찬하고 싶은 마음도 애써 감추지 말자. 솔직하게 칭찬하고 응원한다.

솔직하게 소통하는 방법

1 팩트로 소통한다. 이성보다 감정이 더 크게 요동치는 날에는 쉬어 간다. 감정을 추스르고, 팩트만으로 이야기할 수 있는 상태에서 소통한다.

2 부정적인 생각은 절대로 혼자 오래 깊이 생각하지 않는다. 고민을 함께 나누면 훨씬 빠르고 쉽게 더 좋은 해답을 찾을 수 있는 경우가 많다. 특히 운영진과 이야기해야 답이 나오는 것은 빠르게 운영진과 상의하자.

4) 행복하자

• 개개인의 다름을 인정하고 존중한다.

• 행복에 대한 나만의 기준이 무엇인지 스스로에게 물어보고, 탐구하고, 그것에 가까워지기 위해 노력한다.

• 팀원들과 서로의 행복에 대해 자주 이야기 나누고 공감한다.

• 부정적인 기운을 다른 사람에게 전파하는 것을 주의하며, 팀원들과 함께 긍정, 즐거움, 재미, 행복을 나눈다. 내가 맑은 물의 미꾸라지가 아닌지 늘 주의한다.

회사마다 성장에 대한 기준도, 협력과 솔직, 행복에 대한 의미도 다를 것이다. 이 네 가지 코어 밸류는 오롤리데이에서 중요하게 생각하는 가치일 뿐 절대 정답이 아니다. 회사 대표가 코어 밸류를 세팅하는 과정에서 가장 중요하게 생각할 것은 '나 역시 이 가치를 지킬 수 있느냐'다. 결국 회사에서 가장 모범을 보여야 하는 사람은 대표이며, 대표가 핵심 가치대로 솔선수범하는 것이 중요하다. 대표와 임원진부터 먼저 회사의 핵심 가치대로 행동하면 직원들은 자연스럽게 그 행동을 따를 것이다.

괜히 가훈을, 교훈을, 사훈을 크게 써서 벽에 붙여 놓는 것이 아니다. 별거 아닌 것 같은 몇 글자에 회사의 정신과 방향성이 담겨 있다. 목적지를 정해 놓지 않고 항해한다면 자유로워서 좋겠지만, 위기가 닥칠 때마다 크게 위태로울 것이다. 해가 쨍쨍하고 바람이 선선하게 부는 좋은 날엔 어디로 향하든 무슨 문제가 있을까. 너무 좋기만 할 텐데. 하지만 어느 날은 비바람이 불기도 할 테고, 해적선이 공격할 수도 있고, 멀리 보이는 외딴섬에서 바비큐 냄새가 유혹하는 날도 있을 것이다. 좋은 날보다 그런 날이 더 많을지도 모른다.

미션 보드는 단순히 그럴싸한 말을 나열한 문서가 아니다. 여러 유혹과 위기 속에서도 꿋꿋하게 방향을 제시하는 아주 소중한 내비게이션 역할을 해 줄 것이라 장담한다. 물론 성능 좋은 내비게이션을 만드는 데는 대표의 역할이 크다. 단순히 그럴싸한 문장을 나열하는 것이 아니라, 나와 팀의 마음을 울리는 무언가를 만들어 보자.

팬을 움직이게 하는 브랜드

2020년에 찐팬과의 관계를 찐득하게 하는 데 온 힘을 쏟았다면, 이제는 그 1년의 시간에 대한 결과치가 궁금했다. 과연 우리가 그들의 마음을 움직인 것인지 말이다. 우리는 팬들에게 그 답을 듣기 위해 새로운 OKR의 목표를 '팬을 움직이게 하는 브랜드'라고 정했다. 이 목표를 달성하는 데 필요한 키 리절트를 세우기 위해서는 '움직이다'의 정확한 정의가 필요했다. 우리는 다음 네 가지로 정리했다.

1. reaction : 좋아요, 댓글, 공유, 리포스팅 등으로 우리의 콘텐츠에 리액션을 한다.
2. make : 인스타그램, 유튜브, 블로그, 브런치 등에 스스로 우리에 대한 내용이 담긴 포스팅을 한다.
3. buy : 우리 제품을 직접 구매한다.
4. move : 사이트 방문, 앱 설치, 해피어마트 방문 등 직접 움직인다.

우리가 1년 동안 그들의 마음을 움직이게 했다면, 이제는 적극적인 행동으로 우리에 대한 애정을 보여 줄 것이라고 믿었다. 우리는 그 움직임을 이끌어 내기 위해 다양한 활동을 시작했다.

1. 해피어레터

요즘은 뉴스레터의 세상이라고 해도 과언이 아니다. 뉴스레터는 고객에게 메일로 소식을 전하는 흔하고 클래식한 마케팅 방식이지만, 요즘에는 단순한 마케팅 용도가 아닌 양질의 정보를 나누고, 브랜드의 이야기를 친절히 전하기 위해 많이 사용된다. 뉴스레터 자체를 비즈니스 모델로 삼는 스타트업도 많이 생겨났다. 나도 여러 브랜드의 뉴스레터를 구독하고 있지만, 사실은 반의반의 반도 읽지 못한다. 뉴스레터는 읽지 않는 순간 마음을 불편하게 하지만 버리기는 아까운 쓰레기로 전락해 버린다. 읽을거리가 넘쳐 나고, 심지어 양질의 뉴스레터도 매일 새롭게 태어나는 와중에 우리가 '굳이' 뉴스레터를 만들기로 결심한 이유는 명확하다. 해피어를 위해서다. 내가 느낀 우리 해피어들은 수줍음이 많다. "오롤리데이 팬이에요! 정말 좋아해요!"라고 소리치는 팬보다 수줍게 다가와 편지를 건네고, 공개 댓글을 달기보다는 디엠을 보내고, 늘 나를 보면 얼굴이 붉어져서 "저… 롤리 님, 같이 사진 찍을 수 있을까요?"라며 조심스럽게 말하는 분들이 더 많다. 사실은 그마저도 하지 못하는 분들이 더 많을 것이다. 하지만 인스타그램도, 유튜브도 해피어들과 소통할 수 있는 방법은 공개적으로 보이는 댓글창뿐이다. 물론 디엠을 보낼 수도 있겠지만, 그분들께는 디엠을 보내는 것도 큰 용기가 필요한 일일 것이다. 그래서 그런 성향을 지닌 해피어들도 눈치 보지 않고 우리와 편하게 소통할 수 있는 창구를 만들고 싶었다. 그게 바로 뉴스레터였고, '읽고 싶은' 뉴스레터로 만드는 것이 우리의 과제였다.

1) 유튜브나 인스타그램에서 이미 한 이야기를 또다시 반복하지 않기로 했다. 뉴스레터에서만 볼 수 있는 조금 더 내밀한 이야기를 하기 위해 우리는 '서투른 일(work)기'라는 코너를 만들었다. 유튜브에서 프로젝트 단위로 팀의 활동을 보여 준다면, 뉴스레터에서는 팀원 한 명 한 명의 활동과 생각에 대한 이야기를 조금 더 자세하게 보여 주기로 했다.

2) '나만의 소확행'이라는 코너를 통해 해피어들에게 직접 소확행 사연

을 받고 있다. '소확행 자랑하러 가기'라는 버튼을 클릭하면 소확행을 구구절절 쓸 수 있는 폼이 열린다. 거기에 열심히 자랑하면, 우리가 사연을 하나씩 뽑아 못난이 일러스트로 사연을 그려 준다. 꽤 많은 해피어들이 매주 각자의 귀여운 사연을 보낸다.

3) 오롤리데이는 양질의 제품 리뷰가 정말 많은 편이다. 자사 몰 리뷰 게시판뿐만 아니라 블로그, 인스타그램 등 다양한 곳에 리뷰가 많이 올라와 있다. 심금을 울리는 리뷰도 많은데, 항상 우리만 보기 아깝다는 생각을 했다. 그래서 다른 해피어들과 리뷰를 나누기 위해 '찐팬 시상식'이라는 코너를 만들었다. 팀원들끼리 투표해 다수결로 선정한 찐팬의 리뷰를 게시하고, 구매하고 싶어도 절대로 구매할 수 없는 '찐팬 에디션 굿즈'와 손 편지를 선물한다. 이 코너 덕분인지 양질의 리뷰가 점점 더 빠르게 늘고 있는 듯하다.

4) 그 어느 곳에서보다 빠르게 오롤리데이의 소식을 전하는 코너도 만들었다. 해피어레터를 읽는 고마운 구독자들을 위해 가끔 세일 쿠폰 등의 혜택도 선물로 넣어 둔다.

5) '답장 환영' '이번 레터 어땠어?' '소확행 자랑하러 가기' 등 구독자가 직접 액션을 하게 만드는 버튼을 레터 여기저기에 배치했다. 사실 이게 핵심이다. 수줍은 해피어들이 우리에게 하고 싶은 말을 자유롭게 할 수 있는 장치를 만들어 놓은 셈이다. 격주에 한 번씩 발송되는 이 레터는 차

곡차곡 구독자를 모아 가고 있다. 사실 우리에겐 '몇 명이 레터를 구독하나?'보다 '얼마나 많은 답장을 받았는가?'가 훨씬 중요한 수치다. 이 질문에 의미 있는 결과를 얻기 위해선 '얼마나 답장을 쓰고 싶게 만드는 레터인가?'를 늘 고민해야 한다.

6) 우리는 반말로 레터를 쓴다. 레터의 화자는 우리 팀원이 아니라 못난이다. 반말 모드 레터의 결과는 성공이었다. '못난아, 안녕?'이라는 문장을 시작으로, 친한 친구에게 쓴 것 같은 진솔한 이야기가 담긴 반말 답장이 왔다. 우리를 응원하기도 하고, 아쉬운 부분에 대해 솔직히 이야기하고 조언과 위로를 건네기도 한다. 심지어 본인의 고민을 털어놓기도 한다. 한번은 해피어가 보낸 긴 답장을 보고 팀원 모두 감동의 눈물을 흘린 적도 있었다. 우리의 이야기를 하고 싶다기보다, 해피어들의 이야기를 듣고 싶어서 시작한 레터는 정말 그들의 이야기를 실어다 주는 중요한 수단이 됐다.

2. 좋은 목표 설정과 실천을 위한 유튜브 콘텐츠

새해가 되면 안 그래도 베스트셀러인 habit 카테고리의 습관 제품이 훨씬 많이 판매된다. 아무래도 새해는 좋은 습관을 많이 만들

해피어레터 읽으러 가기

고, 기필코 목표를 달성할 것이라는 열정이 최대치로 뿜뿜하는 시기이기 때문이다. 그래서 우리는 습관 제품을 구매한 분들이 제품을 더 잘 사용해서 삶이 조금 더 건강해지길 바라는 마음으로 그들을 도와줄 방법을 궁리했다. 우선 '좋은 목표를 세우는 방법'과 '목표를 실천하고 유지하는 법'에 관련된 콘텐츠를 시리즈로 만들어 유튜브에 올렸다. 동기부여를 위한 영상이니만큼 평상시 콘텐츠를 만들 때보다 훨씬 명료하고 단호한 어투로 이야기하며 최대한 다양한 예시를 보여 줬다. 그 영상은 업로드와 동시에 빠르게 관심을 받았고, 좋은 콘텐츠를 만들어 줘서 고맙다는 댓글도 많이 달렸으며, 무엇보다 습관 제품의 매출 상승으로 이어졌다. 이 영상은 여전히 조회 수가 꾸준히 오르고 있고, 특히 연말과 새해가 되면 오름폭이 훨씬 커진다. 목표를 세우고 실천하는 방법에 대한 고민이 많은 분들에게 추천하고 싶은 영상이다.

3. 35days habit 챌린지

영상 콘텐츠 제작뿐만 아니라 목표를 달성할 수 있도록 도와주는 이벤트도 열었다. '35days habit 챌린지'는 습관을 만들고 목표를 달성해 나가는 과정을 '#굿해빗콜렉터'라는 해시태그와 함께 35일 동

목표 설정법 영상 보러 가기

안 인스타그램에 인증하는 챌린지였다. 물론 사이트 적립금이 상금으로 걸려 있기도 했지만, 사실 35일이란 시간이 꽤 길기에 이벤트를 기획하면서도 얼마나 참여할까 걱정했다. 하지만 우려와는 달리 결과는 대성공이었다. 수십 명의 참가자가 꾸준히 참여했고, #굿해빗콜렉터 해시태그를 달고 수백 개의 게시물이 올라왔다. 심지어 1등을 차지한 해피어는 35일 동안 단 하루도 빼놓지 않고 본인의 매일을 기록했다. 챌린지가 끝난 후 10등 안에 든 분들 중 두 분을 사무실로 초대해 인터뷰한 적이 있는데, 우리의 챌린지 덕분에 혼자가 아니라 다른 사람들과 '함께 노력하고 있다'는 기분을 느낄 수 있었고, 덕분에 좋은 에너지를 받아 지속할 수 있었다고 이야기했다. 처음 며칠은 힘들었는데, 계속 변해 가는 본인의 매일을 느끼며 성취감을 맛볼 수 있었다며, '우리와 함께해 줘서 정말 고마웠다'라는 이야기를 건네는 우리에게 도리어 '내 하루를 더 의미 있게 만들어 준 오롤리데이에 정말 고맙다'라고 감사 인사를 전했다. 그 두 분과 인터뷰를 하는 동안 몇 번이고 눈물이 왈칵 쏟아져 나오려는 것을 참았다. 누군가의 삶을 조금 더 행복하게 하기 위해 노력한 일이 결과를 맺어 우리 앞에 돌아왔으니 이 얼마나 감동적인 일인가. 엄청나게 많은 참여자가 참가한 챌린지는 아니었지만 단 10명이라도, 단 1명이라도 우

35days habit 챌린지 보러 가기

리가 전하고자 하는 행복의 의미를 온전히 이해했으면 그걸로 충분한 이벤트였다.

찐팬들의 마음을 움직이고, 적극적인 움직임을 끌어내기 위한 활동 덕분에 우리도 슬슬 그들의 애정과 움직임을 체감했다. 다양한 채널에 우리에 대한 양질의 포스팅이 많이 올라왔다. 예전에는 제품에 대한 후기가 대부분이었다면, 2020년을 기점으로 우리의 전반적인 활동, 즉 오롤리데이라는 브랜드에 대한 이야기가 올라오기 시작한 것이다. 제품 하나를 구매해도 습자지와 엽서로 정성스레 포장하는 포장법부터 솔직하게 우리의 모습을 담아내는 유튜브 콘텐츠, 인스타그램 해킹의 위기에서 씩씩하게 벗어나는 모습, 찐팬들과 소통하는 방법까지 다양한 관점에서 우리에 대한 관심과 호평이 쏟아졌다. 꿋꿋하게 해 오던 활동이 드디어 빛을 발하는 순간이었다.

오롤리데이 상표권 도용, '위기를 기회로!'

2021년 4월, 사내 메신저에 공유된 사진 한 장 때문에 회사 전체가 술렁였다. 대형 쇼핑몰에 오롤리데이 매장을 오픈한 적이 없는데, 사진 속 매장은 앞구르기를 하면서 봐도 영락없는 대형 쇼핑몰 속 오롤리데이 매장이었다. 한 중국인의 SNS에 그 사진이 올라와 있었고, 그 아래에는 중국어로 매장 소개 글이 적혀 있었다. 중국 한 지방의 꽤 규모 있는 쇼핑몰에 오롤리데이 매장이 오픈했다는 거짓말 같은 내용이었다.

그 포스팅에는 매장 입구 사진뿐만 아니라 내부 사진도 있었는데, 오롤리데이의 로고와 못난이가 프린트된 제품이 가득 차 있었다. 20평 정도로 보이는 매장을 꽉 채울 정도의 양이었으니 모조품 개수가 어마어마하다는 이야기였다. 하루에도 수십 건씩 모조품 제보를 받고 별의별 형태의 모조품을 봐 왔지만, 이건 단순히 모조품을 만드는 행위가 아니었다.

사진을 제보한 팬분이 댓글로 '너넨 진짜가 아니다'라는 언급을 했는데, 그 댓글의 댓글로 '우리가 진짜고 한국이 가짜다. 우리는 2011년부터 이 브랜드를 운영해 왔다'라는 어이없는 댓글이 달렸다. 그들은 단순히 '짝퉁'을 만드는 데 그치는 것이 아니라 오롤리데이를 본인들의 브랜드라고 우기고, 중국 내에서 본격적으로 브랜딩 활동을 하려는 것 같았다.

사실 이미 중국의 여러 오픈마켓에 오롤리데이 모조품이 넘실대고 있었다. 샤넬이나 루이 비통, 디즈니도 모조품을 다 잡아 처벌할 수 없을 만큼 짝퉁 시장이 굉장히 크기 때문에 유명세를 얻으려면 모조품은 어느 정도 안고 갈 수밖에 없다고 생각했다. 모조품 하나하나 전부 신경 쓰고 상대하느라 에너지를 쏠 바엔 새로운 것을 개척해 나가는 데 더 에너지를 쏟자고 마음을 다잡았다. 하지만 이번 케이스는

더 많은 사람들이 행복해지는 크루즈

그렇게 눈감을 수 있는 문제가 아니었다. 김치, 한복도 본인들의 문화라고 우기는데 작은 브랜드인 오롤리데이쯤이야 본인들 것으로 만들지 못할까. 우리가 강력하게 움직이지 않으면 눈 뜨고 코 베이는 상황이 펼쳐질 것이라는 두려움이 느껴졌다.

일단은 이미 벌어진 상황에 대해 객관적으로 이해할 필요가 있었다. 물이 얼마나 엎질러졌는지 알아야 그에 맞는 대책을 마련할 테니 말이다. 단순히 제품 카피가 아닌 것 같아 중국에 오롤리데이의 상표권이 등록된 상태인지 조회해 봤는데, 무려 33개의 상표가 오롤리데이의 브랜드명과 캐릭터로 등록돼 있었다. 맙소사… 생각보다 더 스케일이 컸다. 아예 송두리째 빼앗아 가려고 작정했구나. 웬만해서 두려워하지 않는 꽤 강한 멘털을 지닌 나도 이번 건은 타격이 컸다. 정확히 표현하자면 두렵다기보다 막막했다.

사실 몇 해 전 중국 상표권을 진행하는 국내 업체가 우리를 찾아온 적이 있다. 오롤리데이가 중국 시장으로 수출을 시작했으니, 워낙 도용 사례가 많은 곳인 만큼 발 빠르게 준비하지 않으면 피해를 볼 확률이 높다며 중국 내 상표권을 등록해야 한다는 제안을 하기 위해서였다. 그때는 그 말이 크게 와닿지 않았다. '국내에서도 아직 상표권을 다 등록하지 못했는데 어떻게 중국까지 해?' '중국은 원래 상표권을 등록해도 도용이 많은 곳 아닌가? 건너 건너 듣기로는 등록해도 아무 소용 없다던데?' '일단 우리는 당장 거기에 투자할 돈이 없어' 이런 생각으로 그 제안을 거절했다.

그 후로 우리는 국내뿐만 아니라 해외, 특히 중국의 매출도 계속 늘었고, 카피 제품은 걷잡을 수 없이 많아졌다. 그러다 이렇게 브랜드 자체를 통째로 도용당하는 사건까지 터진 것이다. 타국의 상표권까지 준비할 만큼 경제적 여유가 많지 않았기도 했지만, 사실 가장 큰 원인은 나의 안일한 생각 때문이었던 것 같다. 브랜드를 함께 아등바등 키워 가고 있는 팀원들에게 미안했다. '내가 좀 더 철저하게 이런 부분을 챙겼다면' '그때 그 제안을 조금 더 신중하게 생각해 봤다면' 하고 말이다.

하지만 이미 외양간의 소는 잃었으니, 남은 소라도 지키기 위해 열심히 외양간을 고쳐야 했다. 낙담은 우리에게 사치였다. 이 일을 처리해 줄 수 있는 능력 좋은 변리사를 수소문해 사무소를 찾아가 참담한 현실을 상담했다. 변리사는 사건을 살펴보더니 보통 스케일이 아니라며 고개를 절레절레 저었다. 하지만 비슷한 사례를 워낙 많이 다뤄 봤고, 우리가 원작자임이 너무 분명하기 때문에 이길 확률이 더 높다며 자신감을 표출했다. 신뢰감이 느껴지는 태도 덕분에 꼭 그분과 함께해야겠다는 생각을 했지만, 다음 날 메일로 날아온 견적을 받아 보고 다리에 힘이 풀렸다.

2억…? 2억 하고도 플러스알파의 금액이었다. 워낙 스케일이 큰 싸움이라 많은 금액이 들 것이라 예상은 했지만, 정말 그렇게 '억' 소리가 날 줄은 생각도 못했다. 더 막막해졌다. 작은 브랜드에서 2억이라는 큰돈을 통장에 모셔 두고 있을 가능성은 아주 희박하기 때문이다.

우리는 가짜 매장에 가서 피해를 보는 고객이 없었으면 하는 바람으로, 그리고 우리처럼 작은 브랜드가 비슷한 상황을 겪지 않았으면 하는 바람으로 이 절망적인 소식을 인스타그램을 통해 팬들에게 알렸다. 그 어떤 포스팅보다 훨씬 더 많은 '좋아요'와 댓글 반응이 있었다. 뿐만 아니라 신문과 뉴스 매체에서도 우리를 취재했다. 덕분에 공중파 프로그램으로는 최초로 〈뉴스데스크〉에 출연했다(하하…).

지인은 물론 우리를 좋아하는 해피어, 그리고 오롤리데이를 전혀 모르던 사람들까지 함께 분노하고 응원해 줬다. 소송 금액을 마련하기 위한 펀딩을 열어 달라고 요청하는 해피어도 있었다. 현실적으로 생각했을 때, 대출이나 펀딩을 받지 않으면 우리 힘만으로는 소송이 불가능했다. 펀딩을 열어 달라는 요청에 마음이 흔들렸지만 쉬이 행할 수 없었다. 냉정하게 보면 이 사건은 우리가 사전에 대비하지 못했기에 벌어진 일이고, 이익집단에서 이익을 위해 대가 없이 누군가의 도움을 받는다는 것이 내 기준엔 굉장히 아이러니하게 느껴졌다. 하지만 그것 말고 뾰족한 방법이 없는 것도 사실이었다. 그래서 생각을 전환해 보기로 했다.

1. 대가 없이 뭔가를 받는 것이 두렵다면, 그에 맞는 보상을 해 드리면 되지 않을까?
2. 그럼 우리가 어떤 보상을 할 수 있을까?
3. 당연히 제품이지! 당장 현금화할 수 있는 건 판매하고 있는 제품이다!
4. 그럼 후기가 좋은 베스트셀러 제품으로 패키지를 만들어 보자.

5. 펀딩받는 금액보다 더 많은 제품을 드리자.

6. 예를 들어 10,000원을 펀딩해 주셨다면 감사의 마음을 담아 조금 더
   큰 금액의 제품으로 보상해 드리는 거야.

생각을 전환하니 펀딩을 하지 못할 이유도 없었다. 공짜로 다른 이의 도움을 받는 것이 아니라, 그만한 보상으로 감사한 마음을 표현 하면 되는 것이었다. 팀원들도 이 의견에 모두 동의했다. 펀딩을 오 픈할 방법을 고민하고 있을 때, 가장 큰 국내 크라우드 펀딩 플랫폼 인 와디즈에서 연락이 왔다.

자체 홈페이지나 인스타그램 등 우리 채널을 통해 펀딩을 오픈할 수도 있었지만, 우리는 더 투명하게 펀딩 과정을 공개하고, 우리를 모르는 사람들에게도 이 소식이 퍼졌으면 하는 마음으로 확성기 역 할을 해 줄 와디즈를 펀딩 플랫폼으로 선택했다. 단순히 우리 사건이 더 많이 알려져 더 많은 펀딩 기금을 마련하고 싶었던 것이 아니라, 작은 브랜드를 운영하는 많은 사람들이 이 사실을 알고 본인들이 겪 을지도 모를 수고로움을 미연에 방지할 수 있기를 바라는 마음이 더 컸기 때문이다. 우리 사건을 조사하면서 아주 많은 국내 기업이 우리 처럼 상표권을 도둑질당했다는 사실을 알게 됐고, 그들이 빨리 그 사 실을 알아차리길 바랐다.

우여곡절 끝에 펀딩을 오픈했고 많은 사람들이 '오롤리데이 지키 기 프로젝트'에 동참했다. 단순히 돈을 펀딩하는 것을 넘어 본인들의 SNS에 소식을 공유하기도 했다. 코로나다 뭐다 침체돼 있던 분위기

속에서 누군가를 돕는다는 것은 정말 대단하고 감동적인 일이었다.

우리가 앞서 정리한 '강력한 팬'의 정의 중 마지막이 '우리 편이 돼 주는 고객'이었다. 이 사건을 통해 다시 한 번 그들의 존재를 체감하며 감사하는 마음이 더욱 커졌다. 그리고 더 잘하고 싶은 욕심이 들게 했다.

사건을 알리고 펀딩을 하는 과정에서 오롤리데이답게 씩씩해서 보기 좋고 더 열렬하게 응원하고 싶다는 칭찬을 많이 받았다. 씩씩하게 모든 과정을 이겨 낼 수 있었던 이유는 바로 우리의 빛나는 팀워크 덕분이었다. 당연히 돈도 잃고, 에너지도 잃고, 시간도 쓰고, 힘 빠지고 우울한 일이지만, 우리에겐 감정적으로 허우적거릴 시간이 없었다. 팀이란 것은 한 명 한 명의 기운이 정말 중요하기에 대표인 나부터 무기력함에 휩쓸리지 말아야지, 굳게 다짐했다. 그 일이 터진 이후로 우리 팀에서 시시때때로 외치던 구호가 있다.

"위기를! 기회로!"

조용히 일하다 혹은 회의를 하다가 뜬금없이 "위기를!"이라고 크게 소리 지르면 다들 일에 집중하다가도 큰 목소리로 "기회로!"를 외쳤다. 팀은 좋을 때 함께 웃는 것도 중요하지만, 힘들 때 같이 울다가

오롤리데이 지키기 프로젝트 영상 보러 가기

함께 으쌰으쌰 하는 것도 중요하다. 위기를 극복해 나가는 방식을 통해 굉장히 끈끈한 전우애가 생기기도 하고, 누군가에게 실망해 팀이 와해되기도 한다.

우리는 위기를 기회로 만들겠다는 생각으로 그 사건을 대하고 어려움을 이겨 냈다. 공중파 뉴스와 인기 유튜브 채널, 와디즈 펀딩을 통해 우리를 모르는 사람들에게 '오롤리데이'라는 존재를 뜻하지 않은 방법으로 알리게 됐지만, 이럴 때일수록 우리의 건강한 모습을 보여 주면 나중에 정말 좋은 기회로 돌아올 것이라고 믿었다. 그래서 더욱 우리답게 유쾌한 모습으로 위기를 극복해 나가며 씩씩해졌던 것 같다.

펀딩은 아주 성공적으로 끝났고, 감사하게도 펀딩하는 과정에서 조금 더 저렴하게 우리를 위해 힘써 주겠다는 또 다른 능력 있는 변호사팀을 만났다. 그렇게 해서 많은 사람들의 도움으로 소송의 첫걸음을 뗄 수 있었다. 하지만 워낙 스케일이 큰 사건이라 자료를 모으는 데만 반년이 넘게 걸렸다. 우리가 우리임을 증명하는 데 그렇게 많은 시간과 돈과 에너지가 드는지 몰랐다. 지금 이 글을 쓰고 있는 2022년 1월은 펀딩이 마무리된 지 7개월이나 지난 후지만, 이제야 본격적으로 소송을 시작했다.

결과는 아무도 예측할 수 없다. 시간도 우리가 예상했던 것보다 훨씬 많이 필요할 것이다. 그저 이기기 위해, 우리의 권리를 지키기 위해 최선을 다하겠다는 변호사님을 믿고 갈 뿐이다. 하지만 지금까지의 과정에서 우리는 상상도 못할 만큼 큰 응원과 사랑을 받았고,

덕분에 우리의 권리를 지킬 수 있는 큰 힘을 얻었다. 우리를 응원하고 도와준 많은 분들을 위해서라도 꼭 이길 것이다! 위기가 정말 기회가 되는 이야기를 만들어 가야지.

쉽고 깊고 유쾌하게! 비 해피어 캠페인

"어려운 것을 쉽게, 쉬운 것을 깊게, 깊은 것을 유쾌하게."

일본의 극작가 이노우에 히사시가 한 말이다. 우리가 말하는 행복은 누군가에게는 굉장히 쉽겠지만, 또 누군가에게는 굉장히 어려운 일이라고 생각한다. 사람마다 행복을 느끼는 방식은 다르다. 누군가는 굉장히 쉽게 행복해지지만, 행복의 기분이 뭔지 잘 모르겠다는 사람도 있다. 조쓰와 나만 봐도 그렇다. 지난 해피어레터를 통해 '요즘 나의 행복 점수는 몇 점?'이라는 질문을 모든 팀원에게 한 적이 있다. 나는 10점 만점에 100점, 조쓰는 4점이라고 대답했다. 깜짝 놀라서 요즘 무슨 걱정이 있냐고 물었다. 그러자 조쓰는 행복이 뭔지 잘 모르겠다고 말했다. 그리고 여전히 공감이 되지 않지만, 본인에겐 그 점수가 그리 낮은 점수가 아니라고 말했다. 내가 4점이라고 말하는 순간이 온다면 아마 심한 우울 상태일 것이다. 11년을 함께 살며 많은 시간을 공유한 부부 사이도 이렇게나 행복의 기준이 다르다.

그래서 조쓰처럼 행복을 잘 모르겠다는 사람들에게 우리가 말하는 행복을 쉽지만 깊게, 그리고 유쾌하게 풀어내 행복에 대한 인식을 변화시켜야겠다고 생각했다. 오롤리데이에 관심이 많은 사람들만이 아닌, 대중에게도 우리가 생각하는 행복을 지속적으로 이야기하고, 그들의 인식을 조금씩 변화시키고 싶다는 목표가 생겼다.

우리는 누군가의 생각과 행동의 변화를 위해 다양한 방법으로, 지속적인 메시지를 이야기하는 활동인 캠페인을 해 보기로 했다. 단순히 '우리 제품을 쓰면, 우리 콘텐츠를 보면 행복해져요!'가 아닌, '어떻게 하면 내 삶이 행복에 가까워질 수 있을지' 스스로 생각하게끔 하고, 그런 과정을 통해 조금 더 행복한 사람이 되길 바라는 마음이었다.

'YOLO You Only Live Once'라는 말이 유행한 적이 있다. 온갖 매체에서 하도 떠들어 대서 욜로 하지 않는 사람을 마치 낙 없이 사는 사람처럼 생각하는 사람들도 점점 늘어났다. '한 번뿐인 인생 행복하게 살자'의 의미로 시작된 욜로가 점점 '미래는 전혀 생각하지 말고 현재 즐거운 것에만 집중하자'라는 의미로 퍼져 나가는 것이 무척 못마땅했다. 내가 생각하는 욜로는 그런 의미가 아니었다. 미래에 대해 아무 생각과 계획 없이 현재를 즐기라는 말이 아닌, 나만의 가치관과 방향성을 갖고 그 안에서 나만의 행복을 발견하며 그 행복에 충실하게 사는 것이 내가 생각하는 욜로였다. 나는 현재 즐기는 행복에는 내 삶에 대한 책임감도 뒤따라야 한다고 생각한다. 하지만 한때 유행했던 욜로의 분위기에서는 각자의 자리에서 열심히 일하는 사람을

더 많은 사람들이 행복해지는 크루즈

바보 취급했다. 본인의 삶에서 즐거움을 찾지 못하고, 현실 세상에서 아등바등하는 사람이라는 프레임을 멋대로 씌우면서 말이다. 하지만 어떤 사람은 일을 하면서도 행복을 느낀다. 그만큼 사람의 행복은 다양하고, 굉장히 주관적이다. 돈과 시간을 쓰며 쾌락에 행복함을 느끼는 사람도 있겠지만, 미래를 위해 건실히 살아가는 순간순간에 기쁨을 느끼는 사람도 있다는 말이다. 욜로의 본질적인 의미를 매체에서 자주 얘기해 줬으면 했다. 하지만 안타깝게도 그러진 못했던 것 같다. 몇 년간 유행하다가 점점 모습을 감춘 것은 아마 밑천이 드러나서가 아닐까 싶다.

　반면 여전히 많이 쓰이는 '소확행'은 나와 팀원들이 굉장히 좋아하는 단어다. '작지만 확실한 행복'이라는 말이 '한 번뿐인 인생 행복하게 살자'보다 훨씬 더 구체적이고 아름답게 들린다. 우리는 사람마다 각자의 '작지만 확실한 행복'이 있다고 믿는다. 그리고 그 형태는 정말 다양하다. 나는 어릴 때부터 행복의 형태를 가시화하는 것을 좋아했다. 매년 다이어리나 노트를 사면 꼭 한 페이지를 펼쳐 내가 좋아하는 것을 나열하곤 했다.

초여름 밤에 창문 열고 이불 꼭 덮고 자기. 풀벌레 소리 듣기. 하늘 구경하기. 춥지도, 덥지도 않은 날 오랫동안 산책하기. 눈 오는 날 멍하니 창밖 구경하기. 좋아하는 예능 프로그램을 보며 맥주나 와인 마시기. 찻잎 우려서 마시기. 바다보다는 산과 숲. 내가 만든 김치볶음밥이 끝내주게 맛있을 때. 집중이 잘되는 순간. 재미있는 드라마 몰아 볼 때. 맘에 쏙 드는 옷 덕분에 길거리 지나가다가 쇼윈도에 비친 내 모습이 꽤 괜찮아 보일 때. 회사에서 팀원들이랑 놀다가 개그 코드가 잘 맞아서 같이 빵 터질 때. 퇴근 후의 시원한 맥주 한잔과 바삭한 치킨. 누군가에게 생각지도 않은 칭찬을 들었을 때. 내가 누군가를 칭찬할 때. 누군가와 함께 있는 순간에 편안하다고 느낄 때. 내가 누군가에게 좋은 영향을 주고 있다는 생각이 들 때.

이런 구체적인 행복을 나열하다 보면 그저 쓰는 행위만으로도 충분히 행복해진다. 정말 작지만 자주 만날 수 있는 확실한 행복인 셈. 한 번뿐인 인생에 나만의 소확행을 여러 개 갖고 있다는 것은 얼마나 행복한 일인가. 너무 하찮고 작아서 언제든 마음만 먹으면 행복해질 수 있다는 것은 정말 감사한 일이다.

문제는 이런 작고 하찮은 것을 행복이라 인식하는 사람이 있고, 그렇지 않은 사람이 있다는 것이다. 예전에 유튜브에서 인지심리학자 김경일 교수가 강연하는 것을 우연히 본 적이 있다.

"행복은 강도가 아니라 빈도다."

100점짜리 행복을 열흘에 한 번씩 느끼는 사람보다, 10점짜리 행복을 매일 느끼는 사람이 조금 더 행복하다는 것이다. 여기서 100점짜리 행복이란 내가 좋아하는 사람에게 받는 고백, 가고 싶은 대학으로의 진학, 가고 싶은 회사로부터의 스카우트, 아파트 청약 당첨, 로또 당첨 등 오로지 나만의 노력과 의지로는 이루기 힘든, 운이 따라야 하는 일이 많다. 하지만 나는 이건 큰 행복이 아니라 행운이라고 생각한다. 물론 행운이 따라 준다면 당연히 행복도 따라오긴 하지만, 이것이 행복의 전부라고 생각한다면 행운이 따라 주지 않을 많은 날에는 행복하지 않다고 느낄 확률이 크다. 반대로 앞서 말한 구체적인 소확행은 10점짜리 혹은 1점짜리 행복일 수 있다. 아주 작아서 점수는 하찮을지 몰라도, 그래도 이런 작은 행복을 계속 주머니 속에 모으다 보면 큰 행복이 될 것이라 믿는다.

자신의 기분을 나아지게 하는 행복 레시피를 정확히 알고 있으면 무기력하고 우울한 날이 갑자기 찾아와도 빠르게 헤어 나올 수 있다고 한다. 그래서 나만의 행복 레시피, 즉 소확행 리스트를 만들어 보는 것은 정말 중요하다.

이런 이야기를 캠페인을 통해 하고 싶었다. 오롤리데이는 누군가의 삶을 더 행복하게 하기 위해 존재한다. 물론 물건과 콘텐츠를 통해 그 행복을 더 강력하게 만들어 줄 수도 있지만, 그것보다 더 중요한 것은 행여나 발견하지 못한 작은 행복을 발견할 수 있게, 알아차릴 수 있게 도와주는 것이라고 생각한다. 그렇게 우리는 많은 사람들이 행복을 쉽게 발견할 수 있도록, 누구나 행복한 사람(해피어)이 될 수 있다는 믿음으로 '비 해피어 캠페인Be Happier Campaign'을 시작했다.

누군가의 생각을 바꾼다는 것은 절대로 쉬운 일이 아니다. 그렇기에 오랫동안 진심으로 정성을 들여야 겨우 가능한 일이라는 생각이 든다. 그래서 우리는 이 캠페인을 장기간 지속하기로 전략을 세웠다. 단 몇 주, 몇 달, 1년으로 끝날 캠페인이 아니라 오롤리데이가 존재하는 한 지속해야 할 캠페인이라고 말이다. 최대한 더 널리, 많은 이들에게 전달돼 더 많은 사람들이 조금 더 행복해져야 이 캠페인이 비로소 의미 있어진다고 생각했다.

우리는 캠페인 시작일을 오롤리데이의 창립 기념일인 5월 15일로 결정했다. 창립 기념일마다 의미 있는 뭔가를 하고 싶었는데 이 캠페인이 딱이었다. 그리고 매해 창립 기념일마다 새로운 캠페인 메시지를 만들어 1년 동안 장기적으로 지속해 나가기로 계획했다. 한 해 동안 하나의 메시지를 제품에도 녹이고 콘텐츠에도 녹이면서 사람들로 하여금 익숙해지게끔 하는 전략이었다.

캠페인 첫해의 메시지를 도출하기 위해 회의에 회의를 거듭했다. 2021년 5월 15일은 오롤리데이 창립 7주년 기념일이었다. 그래서 우리는 '7'이라는 숫자로부터 브레인스토밍을 시작했다. "숫자 7을 떠올렸을 때 무엇이 생각나나요?"라는 질문에 우리는 입을 모아 '럭키 세븐'을 말했다. 강력했다. '행운의 숫자 7'은 어릴 때부터 늘 인기 있는 숫자였다. 그 숫자가 정말 행운을 가져다준 기억은 없지만, 그래도 이왕이면 선택지 중 7을 고르려고 했던 것 같다. 이것도 주입식 교육의 결과였을까, 약 15명의 팀원 모두 7을 보며 '행운'이라는 단어를 떠올렸다. 그 단어를 통해 우리가 생각하는 행복의 가치를 잘 풀어 볼 수 있을 것 같았다.

여러 번의 심도 있는 회의 끝에 '자주 만나기 힘든 행운을 통한 큰 행복을 좇기보다는, 주위에 늘 존재하는 작은 행복을 발견

더 많은 사람들이 행복해지는 크루즈

하자'는 메시지를 도출했다. 하지만 캠페인의 메시지는 직관적이고 쉬워야 한다. 메시지를 조금 더 간결하게 만들고 상징적으로 시각화하기 위해 디자인팀과 마케팅팀이 머리를 모은 결과 'lucky ＜ happy ＜ happier'라는 새로운 키 메시지^{key message}를 만들어 냈다. happier(더 행복한)가 happy(행복한)의 우위 비교급 형용사이기 때문에 'happy ＜ happier'는 상식적으로 이해할 수 있는 공식이다. 거기에 완전히 다른 단어인 lucky를 추가하고, lucky를 happy보다 아래에 놓아 '행운보다 행복, 행복보다 더 행복'이라는 새로운 공식을 만든 것이다. 이 키 메시지를 시각화하기 위해 행운의 상징인 네잎클로버와 행복의 상징인 세잎클로버를 이용해 키 비주얼을 만들었다.

키 메시지와 키 비주얼로 최대한 오롤리데이스러운 결과물을 만들기 위해 디자인팀이 아주 많이 고민했다. 더 많은 사람들에게 이 메시지가 퍼졌으면 하는 마음에 오롤리데이에서 많은 사랑을 받은 제품군이자 일상생활에서 자주 사용하는 의류, 액세서리, 컵, 포스터 등의 제품에 그래픽을 적용했다. 자주 사용하는 다이어리나 노트를 제외한 제품, 특히 액세서리는 주로 못난이를 필두로 그래픽 작업을 했기 때문에 못난이를 배제한 새로운 키 비주얼을 만들어 전개하는 것은 매우 낯설고 설레는 일이었다. 못난이가 들어가진 않았지만 오롤리데이스러운 그래픽을 만드는 것이 디자인팀의 과제였으며, 여러 번 디벨롭하는 과정을 거쳐 우리 마음에 쏙 드는 그래픽을 넣은 제품을 만들었다.

그다음은 마케팅팀의 몫이었다. 캠페인 메시지와 제품을 어떻게 더 많은 사람들에게 퍼뜨릴 것이냐는 정말 어려운 일이었다. 캠페인은 최대한 많은 사람들의 입과 행동을 통해 퍼져 나가야만 성공한다. 우리는 쉽게 구전될 만한 캠페인 슬로건을 만들기로 했다. 'lucky ＜ happy ＜ happier'가 그해에 전개할 키 메시지라면, 이 슬로건은 앞으로도 지속될 비 해피어 캠페인 자체의 메인 슬로건인 셈이다. 이 캠페인을 시작한 것은 모든 사람이 해피어가 되길 바라는 마음에서다. 그러기 위해서는 모든 사람이 스스로 해피어(행복한 사람)가 될 수 있다는 믿음을 가져야 한다고 생각했다. '행복한 사람'이 남의 이야기가 아니라 본인의 이야기가 될 수도 있다고 믿는 것부터 시작이라고 생각했다. 그래서 '누구나 해피어가 될 수 있어'라는 슬로건을 정했다. 행복은 가진 것이 많은 사람들의 전유물이 아닌 '누구나' 가질 수 있는 것이라고 말이다.

캠페인을 기획하고 고민하는 모든 순간을 영상으로 담아 유튜브에 올렸다. 결과를 짠! 하고 멋지게 보여 주는 것도 좋지만, 아무래도 인식 자체를 변화시켜야 하는 캠페인이다 보니 오랜 시간 설득하는 것이 필요하다고 생각했다. 그래서 우리가 이런 결과물을 도출하기까지 어떤 고민을 했는지 진지하게 이야기할 필요가 있었다. 하지만 영상 조회 수도, 캠페인에 대한 관심도도 그리 높지 않았다. 가장 우리다운 활동을 시작했다고 생각했는데 기대한 만큼 결과가 따라 주지 않자 팀원들의 기가 푹 죽어 버렸다. 그때 친구가 해 준 말이 큰 위로가 됐다.

"자극적인 것에는 사람들이 빨리 반응하고 열광하지만, 오래가기 힘들어. 그 대신 착한 건 사람들이 알아보는 데 한참 걸리지만 오래가. 나는 너희가 착한 걸 하고 있다고 생각해."

맞다. 우리는 착하고 좋은 메시지를 이야기하는 브랜드다. 뾰족하고 자극적이고 트렌디한 이야기가 아닌, 뭉툭하고 추상적이고 오랫동안 마음에 새겨야 할 도덕책 같은 이야기 말이다. 친구가 해 준

비 해피어 캠페인 영상 보러 가기

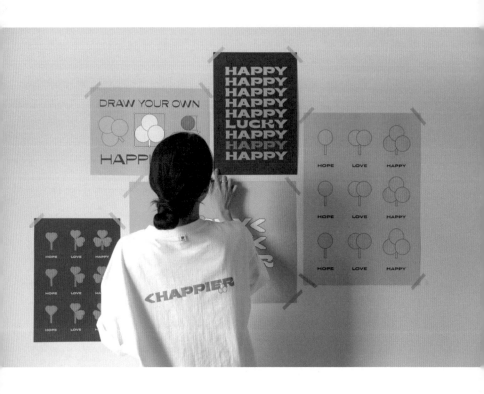

Don't go too far to chase good luck(🍀)
Happiness(🌳) is everywhere.

더 많은 사람들이 행복해지는 크루즈

말을 마음속에 새기고 또 새겼다. 분명 캠페인을 처음 시작할 때는 '사람들의 인식을 바꾸는 건 쉬운 일이 아니야. 그러니 오래 보고 천천히 해 나가자!'라고 다짐해 놓고 결과를 보며 초조해한 것을 반성했다. '그래, 천천히 우리만의 방법을 찾아보자. 느리더라도 찐하게 가 보자. 오래오래 정성을 들여 보자. 더 많은 사람들이 해피어가 될 수 있도록.'

캠페인은 여전히 진행 중이고, 여전히 우리는 행복을 '쉽고 깊고 유쾌하게' 말하는 방법에 대해 연구하고 있다.

더 많은 사람들이 행복해졌으면 좋겠어

나는 아주 넉넉하지 못한 학창 시절을 보냈다. 정확히 말하면 '가난했다'는 표현이 더 맞겠다. 부모님의 잦은 사업 실패와 도전의 반복으로 우리 집은 늘 위태로웠고, 내가 고등학생 때 가세가 완전히 기울어지고 말았다. 고등학교 1학년 때는 간신히 삶을 이어 갔고, 2학년 때 집에 빨간딱지가 붙으면서 당장 밥을 사 먹을 돈도 없을 정도로 폭삭 망해 버렸다. 그 일 때문에 우리 가족은 이산가족처럼 뿔뿔이 흩어졌고, 나는 자취방에 홀로 남았다. 부모님과 연락할 수 있는 유일한 수단이 휴대폰이었는데, 그마저도 요금을 제때 내지 못해 끊기기 일쑤였다. 매일 쌓여 가는 여러 종류의 미납 영수증과 생활비의 압박이 나를 힘들게 했다. 그렇다고 부모님을 붙잡고 어리광을 부릴 수 있는 처지도, 누군가에게 도움을 요청할 수 있는 상황도 아니었다.

하지만 정말 감사하게도 많은 사람들의 관심과 도움을 받았다. 학원비를 거의 면제해 주다시피 하며 미술대학 진학의 꿈을 지켜 주신 미술 학원 선생님, 본인 집에 자주 초대해서 재워 준 친구들, 밥을 챙겨 주신 친구들의 부모님, 졸업식 날 밀린 급식비를 대신 내 준 고모, 어려운 환경 속에서 포기하지 않고 책임감을 갖고 꿋꿋이 생활해 준 우리 엄마…. 덕분에 나는 미래를 위해 더 열심히 살 수 있었고 지금은 그 당시 꿈꾸던 미래에서 좋아하는 일을 하며 살아가고 있다.

나는 정말 복이 많은 사람이다. 하지만 세상엔 어려운 환경에 처해 있지만 누구의 도움도 받지 못하는 아이들이 더 많을 것이라고 생각한다. 먹고 자는 등 기본적인 삶을 위한 최소한의 것들도 누리지 못하는 아이, 재능이 있는데도 꿈을 펼칠 엄두조차 내지 못하는 아이 등…. 얼굴도 모르는 그들을 떠올리면 나는 자꾸 열아홉 살의 춥고 외로웠던 자취방으로 돌아간다.

내 손으로 돈을 벌면서부터 그런 아이들을 돕고 싶었다. 그러던 중, 지인의 소개로 초록우산 어린이재단을 만나게 됐다. 나의 이야기를 그분들께 다 털어놓았다. 나 같은 처지에 있는 아이들을 '복지의 사각지대에 있는 아이들'이라고 부른다며, 재단에서 그런 아이들을 발굴하고 후원하는 사업을 하고 있다고 했다. 그뿐만 아니라 청소년 보호시설에 있다가 만 19세가 되면 아무런 준비 없이 사회에 나가게

돼 자리를 잡지 못하고 떠도는 아이들이 많다며, 그 아이들의 자립을 위한 후원도 함께 진행하고 있다고 했다. 그 아이들을 돕고 싶다는 내 말에 손을 꼭 잡으며 최선을 다해 함께 돕겠다고 말씀해 주셨다.

비 해피어 캠페인을 기획하면서, 더 많은 사람들이 조금 더 행복해지는 것을 꿈꾸면서 그 아이들을 위한 후원도 함께해야겠다고 생각했다. 일시적으로 끝나는 후원이 아니라 적은 금액이라도 최대한 오랫동안 지속됐으면 했다. 그래서 생각해 낸 것이 오롤리데이 매출 일부를 후원하는 방식이었다. 오롤리데이의 매출은 창립 이래로 꾸준히 상승하고 있다. 지금은 그리 큰 금액이 아닐지라도 이 사업을 유지하는 한 꾸준히, 지속적으로, 점점 더 큰 금액을 후원할 수 있을 것이라는 생각이 들었다.

다행히 팀원들 역시 내 마음에 공감하며 후원을 반겼다. 후원을 한다는 전제하에 '오롤리데이 사이트 매출액의 2%를 할 것이냐, 수익금의 2%를 할 것이냐'를 놓고 토론을 벌였다(많은 기업이 수익금의 n%를 기부하는 방식을 택한다). 언뜻 보면 무슨 차이인지 와닿지 않겠지만, 수익금과 매출액에는 엄청난 차이가 있다. 어떤 제품을 1만 원에 판매한다고 가정하면 그 제품을 만들기 위한 원가, 노동비, 세금 등을 다 빼고 순수하게 이익으로 남는 금액이 수익금이다. 예를 들어 10,000원짜리 제품의 수익금이 1,000원이라 하면, 1,000원의 2%는 20원이다. 반면 10,000원짜리를 판매하면 매출액은 그냥 10,000원이다. 그렇기에 10,000원의 2%는 200원이다. 금액의 단위가 커지면 이 차이는 엄청나다. 그래서 후원 기준액이 수익금이냐, 매출액이냐는 심각하게 고민해야 할 중요한 문제였다. 우리는 깊이 고민한 끝에 매출액의 2%를 후원하기로 결정했다.

그렇게 결정한 가장 큰 이유는 바로 해피어 덕분이었다. 이 후원이 단순히 회사 차원에서 이뤄지는 후원이 아니라, 오롤리데이를 이용해 준 해피어들이 함께하는 후원이라고 생각하고 싶었다. 해피어들이 복지의 사각지대에 있는 아이들의 문제에 대해 공감하고, 우리 제품을 구매함으로써 후원에 동참하는 것이라고 말이다. 그렇게 생각하니 더 이상 고민할 것도 없이 매출액의 2%를 후원하는 것이 가장 투명하고 심플한 방법이라는 생각이 들었다.

비 해피어 캠페인의 오픈과 동시에 오롤리데이의 자사 몰 매출액의 2%는 차곡차곡 적립돼 분기별로 한 번씩 초록우산 어린이재단에서 후원하는 아이들에게 전달되고 있다. 정확히 말하면 복지의 사각지대에서 도움을 받지 못하는 아동과 청소년의 자립을 돕는 데 쓰인다. 많은 해피어들의 사랑이 모여 2021년 5월 15일부터 12월 31일까지 총 5,188,964원의 금액을 기부했다. 아주 큰 금액은 아니지만, 그래도 어떤 아이에겐 이 후원이 삶에서 한 줄기 빛이 될 수도 있겠다는 생각을 한다. 특히 그 일을 해피어들과 함께했다고 생각하니, 그들과 더불어 더 많은 사람에게 행복을 전달했다고 생각하니 훨씬 더 큰 의미로 다가왔다.

모두 우리를 아는 줄 알았어

1~2년 전부터 종종 백화점에서 입점 제안이 들어왔다. 하지만 백화점은 우리와 결이 맞지 않을 것 같다는 생각에 늘 거절했다. 일단 나부터 백화점에 가서 쇼핑을 하는 사람이 아니었기에 공간과의 심적거리가 굉장히 멀었다. '백화점은 오롤리데이와 잘 맞지 않는다'라는공식이 머릿속에 입력돼 있는데, 2021년 2월 여의도에 '더현대 서울'이라는 공간이 오픈했다. 더현대 서울은 단순히 여의도에 생긴 현대백화점이 아니었다. 기존 백화점의 틀을 깨부순, 새로운 세대를 위한새로운 공간이었다. 새로운 것에 대한 호기심과 탐구심, 행동력까지갖춘 MZ 세대를 위한 공간이랄까(여전히 밀레니얼 세대와 젠지 세대를 한번에 묶는 것이 이해되지 않지만).

시간의 흐름을 알 수 없도록 창문이 하나도 없는 기존 백화점 인테리어에서 벗어나 천장을 유리로 마감해 공간에 머무는 동안 시간의 흐름을 온전히 느낄 수 있게 했다. 면적 대비 큰 매출을 올리기 위해 매장을 하나라도 더 넣은 공간이 아닌, 건물 한가운데에 큰 연못과 폭포를 배치하고, 심지어 꼭대기 층 대부분은 새소리가 울려 퍼지는 정원으로 만들었다. 지하 2층엔 대기업의 자본이 들어간 브랜드대신 연남동, 성수동 거리에서 만날 수 있었던 개인 브랜드가 자리잡았고, 고객을 위한 서비스가 생명이었던 백화점에 사람이 없는 무인 공간까지 등장했다. 백화점이라는 보수적인 집단에서 이런 새로운 변화를 일궈 내기까지 얼마나 많은 부침이 있었을지 안 봐도 비디

오다(요즘엔 '안 봐도 유튜브'라고 한단다).

'과연 이렇게 해도 매출이 나올까?'라는 의심과 불확실성으로 오 픈 후 결과치를 얻기까지 얼마나 많이 번뇌했을까. 하지만 다행히 번 뇌의 결과는 꽤 달콤한 듯했다. 많은 인파가 공간을 찾았고, 백화점 에서 볼 수 없었던 연령층이 바글거렸으며, SNS에 핫 플레이스라는 말과 함께 인증 사진이 빠른 속도로 올라왔다. 백화점을 1년에 한 번 방문할까 말까 하는 나조차 궁금해 찾아가 정도였으니 새로운 사람 들의 주목을 끄는 데는 완벽히 성공한 셈이다.

더현대 서울을 체험하고 와서 처음으로 백화점에 입점해도 되 겠다는 생각을 했다. 더현대 서울의 지하 2층 정도면 오롤리데이 매 장이 꽤 잘 어울릴 것 같았다. 그러던 와중에 더현대 서울 지하 2층 의 팝업 공간에 오롤리데이를 초대하고 싶다는 반가운 메일을 받았 다. '오롤리데이가 입점했으면 좋겠습니다'가 아니라 '더현대 서울 지하 2층에 해피어마트가 있으면 좋겠습니다'라는, 오롤리데이를 꽤 잘 아는 분의 정확한 제안이었다. 우리가 오프라인 매장을 만들 때 는 '오롤리데이'가 아닌 '해피어마트' 형태로 만든다는 것을 이해해 야 할 수 있는 제안이었다. 그동안 오롤리데이 입점 제안은 많았지만 해피어마트 입점 제안은 처음이었다. 그래서 움직여야겠다는 생각이 들었다.

담당자와 함께 일정과 팝업 스토어 위치를 조율하고 오픈 준비를 시작했다. 우리가 배정받은 곳은 지하철에서 바로 더현대 서울로 이 어지는 지하 2층 입구 쪽에 자리한, 무려 50평이 넘는 규모 큰 공간이었다. 그곳을 제품으로만 채우고 싶지 않았다. 누군가에겐 그곳이 우리의 첫인상일 테니 '오롤리데이는 이런 정신으로, 이런 것을 만들어 가는 브랜드예요'라고 이야기하고 싶었다. 그곳에서 어떤 퍼포먼스를 하느냐에 따라 우리의 첫인상이 달라질 것이라고 생각했다. 그래서 제품을 디스플레이하는 방식보다 행복의 가치를 큐레이션하는 방식을 훨씬 더 오래 고민했다.

오롤리데이와 해피어마트의 첫 백화점 진출이자 우리가 오픈한 매장 중 가장 큰 곳이었기에 모든 팀원이 몇 주간 그 일에만 매달렸다. 디자인팀은 하나라도 더 새로운 것을 보여 주기 위해 신제품을 개발하고, POP며 가격표며 구석구석 작은 것까지 신경 쓰느라 매일 밤을 지새웠다. 마케팅팀은 한번 들어온 고객은 어떻게든 오롤리데이의 팬이 됐으면 하는 바람으로 이벤트와 리워드를 촘촘하게 기획했고, HC팀은 매일 쏟아지는 온라인 주문 건을 빠르게 해치우면서도 팝업 공간에 입고할 제품을 열심히 포장하고 준비했다. 미리 준비한다고 한 것 같은데, 이런 일은 꼭 전날이 되면 미처 생각하지 못한 일이 와르르 쏟아진다. 그제야 우당탕탕 처리하고 체력을 몽땅 소진했지만, 우리에겐 백화점 폐점 이후인 밤 9시부터 다음 날 오전 8시 전까지 모든 준비를 끝내야 하는 어마무시한 미션이 남아 있었다.

무려 5.5톤 트럭에 빈틈없이 제품을 가득 싣고 여의도로 향했다. 오롤리데이의 모든 팀원 16명과 일일 도우미로 와 준 친구 4명, 가구 설치를 도와주실 기사님 두 분, 공간 설계를 함께해 준 디자이너까지 총 23명이 모여 설치를 시작했다. 한 명도 게으름을 피우지 않고 최선을 다해 일하는데도 진척은 느리고, 야속하게도 시간은 빠르게 흘러갔다. 새벽 2시, 4시, 6시…! 6시가 됐는데도 80% 정도밖에 완성되지 않아 땀이 줄줄 흐르는데, 엎친 데 덮친 격으로 백화점의 모든 전원이 내려갔다. 지하 2층이었기에 밖에서 들어오는 한 줄기 빛도 없었다. 더워서 줄줄 흐르다 못해 절어 있던 땀이 식은땀으로 변했다. 빨리 시설팀을 찾아 방법을 마련해야 했지만, 그마저도 시간이 없어 우리가 판매하는 제품 중 하나인 휴대용 램프를 여러 개 점등했다. 무드등으로 쓰이는 조도가 상당히 낮은 등이라 딱 코앞만 환해지는 정도였지만, 희미한 불에 의존해 몸을 열심히 움직였다. 그 긴박한 순간에도 우리는 웃음을 터뜨리며 "추억이다, 추억이야!"를 외쳤다. 밤을 꼴딱 지새우면서 땀에 전 상태로 일하며 호탕하게 웃을 수 있는 팀이 얼마나 될까. 정신을 차리고 나서 다시 생각했을 때 그 순간이 얼마나 감사하게 다가왔는지 모르겠다.

오전 8시, 드디어 95% 정도 완성된 듯한 느낌이었다. 땀 냄새가 나지 않는 옷을 입고 손님을 맞이해야 했기에 비교적 집이 가까운 팀원들을 먼저 보내고, 몇몇이 남아 남은 일을 정리했다. 백화점 오픈 직전까지 정리를 끝내고 차로 1시간 거리의 집으로 돌아가는 동안 정신 못 차릴 정도로 잠이 들었다. 집에 도착해 샤워를 하고 20분만 눈을 붙이고 다시 나간다는 걸 꼬박 2시간이나 자 버렸다. 시간을 확인하고 까무러치며 일어나 매장에 있는 팀원들에게 연락했더니 무사히 오픈했고, 벌써 많은 손님이 우리 공간을 가득 채우고 있으니 걱정 말라고 안심시켜 줬다. '중요한 일을 앞에 두고도 이렇게 깜빡 잠이 들 정도로 나는 우리 팀을 무척 많이 신뢰하고 있구나' 하는 생각에 울컥해졌다. 부랴부랴 도착하니 피곤한 기색 하나 없이 밝게 웃으며 응대하는 팀원들과 즐거워하는 고객들이 우리의 두 번째 해피어 마트를 가득 채우고 있었다.

오픈 직후에는 확실히 오롤리데이를 알고 있는 고객들, 즉 해피어들이 많이 찾아와 주셨다. 해피어들은 대부분 수줍음이 많아 우리한테 다가와 "저 해피어예요!"라고 크게 소리치는 분은 없었지만 못난이 에코 백을 메고 오신다든가, 양말에 새겨진 못난이를 드러낸다든가, 계산할 때 슬쩍 휴대폰 케이스를 보여 준다든가 하는 귀여운 행동으로 해피어임을 인증했다. 팝업 스토어를 오픈하면 당연히 방문 고객 중 해피어가 큰 비중을 차지할 것이라 예상했다. 하지만 며칠이 지나자 우리 생각이 완전히 틀렸다는 것을 알았다.

"여기는 뭐 하는 브랜드인가요?" "국내 브랜드인가요?" "국내 대기업에서 만든 세컨드 브랜드인가요?" "우와, 여기 뭐야? 행복이 콘셉트인가 봐. 너무 귀엽다~" "온라인으로도 구매할 수 있나요?" 등의 질문이 하루에도 몇 번씩 쏟아졌고, 오롤리데이를 원래 알고 있었는지 여쭤보면 몰랐다고 대답하는 고객이 생각보다 훨씬 많았다. 이 사실은 우리에게 신선한 자극이 됐다.

더현대 서울 팝업 스토어 준비 과정 보러 가기

1. **충격** : 오롤리데이가 이제는 꽤 대중적인 브랜드가 됐다고 생각했는데 전혀 아니었다니!

2. **자극** : 우리가 헤엄치던 곳은 아주 작은 연못이었고, 앞으로 항해해야 할 더 큰 바다가 있구나.

3. **긍정적인 신호** : 우리를 모르는 사람들도 매장에 들어와서 긍정적인 피드백을 주고 구매까지 한다. 인지도에 상관없이 사랑받을 수 있는 브랜드가 될 수 있겠다는 희망이 생겨!

4. **각성** : 더 큰 바다로 나가 보자! 더 많은 사람들을 만나 보자! 우리가 말하는 행복의 가치를 더 널리 퍼뜨려 보자!

팝업을 연 3주 동안 새로운 파트타이머는 채용하지 않았다. 팀원들이 사무실 근무를 최소화하며 매일매일 현장을 지켰다. 온라인으로 사업을 하다 보면 고객과 직접 만날 기회는 그리 많지 않다. 더군다나 팬이 아니라 불특정 다수를 만날 기회는 더더욱 그렇다. 그래서 그곳에서의 근무는 앞으로 다시 만나기 힘든 값진 경험이라고 생각했다. 그리고 우리만큼 우리 이야기를 잘 전달할 수 있는 사람은 없을 것이라고 생각했기에 모두의 동의하에 사무실이 아닌 그곳에서 근무했다.

팝업 스토어를 철수한 후 모든 팀원이 모여 회고하는 시간을 가졌다. 현장을 경험하지 않은 직원이 한 명도 없었기에 모두 각자의 경험과 인사이트를 나눌 수 있었다. 앞서 소개한 2019 디자인 페스티벌과 비교했을 때 체력적으로는 비슷한 강도로, 아니, 그보다 더 힘들었지만 그때와는 아주 크게 달라진 것이 있었다. 그때 우리가 힘들어한 이유는 '왜 해야 하는지'에 대한 고민과 생각 없이 그저 행하기만 했기 때문이다. 하지만 이번 프로젝트를 시작할 땐 모든 팀원이 공감하는 공동의 목표가 있었고, 그 목표는 개개인에게 동기부여가 되기에 충분했다.

모두 입을 모아 이야기한 것이 사무실에서만 일하던 사람이 하루 종일 서서 손님을 맞이하는 게 쉽지 않았고 체력적으로 너무 힘들었다는 점이었다. 하지만 고객의 소리를 실시간으로 들을 수 있었던 것, 일하는 데 도움이 될 크고 작은 아이디어를 얻었다는 것, 그리고 현장 서비스직에 대한 이해도와 존경심이 생긴 것이 좋았고, 그 과정에서 팀원들과 함께 으쌰으쌰 할 수 있어서 더 끈끈한 팀워크가 완성된 것 같다는 이야기를 했다.

어느새 서로가 서로에게 굉장히 중요한 역할을 하는 동료가 됐고, 공동의 목표를 향해 함께 항해하는 선원이라는 생각을 갖게 한 아주 힘겹고도 즐거운 프로젝트였다.

상세 페이지 뒤엎기 프로젝트

팝업 스토어가 종료되기 이틀 전, 너무나도 어이없는 실수로 꼬리뼈를 다치고 말았다. 꿈적하기도 힘들 만큼 큰 부상이었고, 남은 기간엔 도저히 팝업 스토어에 참석할 수 없는 지경에 이르렀다. 결국 그 날부터 열흘간 침대에서 와식 생활을 시작했다. 든든한 팀원들을 둔 덕분에 내가 없이도 아주 나이스하게 팝업 스토어가 마무리됐고, 나는 재활을 위해 최대한 움직이지 않으며 집에서 강제 휴식을 취했다. 아무래도 팝업 스토어 준비 기간부터 오픈 내내 에너지를 탈탈 털어쓴 나에게 건강의 신이 노하셔서 강제로 쉬게 한 것은 아닐까 싶었다. 며칠을 푹 쉬다 에너지가 좀 채워지자 책꽂이에 꽂혀 있던 책을 꺼내 들었다.

《스토리의 과학》(월북, 2021)은 스토리텔링 컨설팅 기업 '스텔라 컬렉티브 Steller Collective'의 수장 킨드라 홀의 저서다. 5월에 시작한 비해피어 캠페인이 기대만큼 대중에게 퍼져 나가지 못했고, 흥미롭다는 평을 그다지 받지 못했기 때문에 '우리가 행복을 너무 어렵게 이야기하는 것이 아닐까? 어떻게 하면 더 쉽게 이야기하고 설득할 수 있을까?'라는 고민이 한동안 팀 회의 때마다 화두가 됐다. 그래서 그 시기에 본능적으로 이런 종류의 책을 많이 구매했던 것 같다.

책 내용은 심플했다. 요즘 소비자는 완성된 제품보다 제품을 만들어 가는 이야기에 더 많은 관심을 갖고 집중하며, 각 브랜드는 제품의 특장점을 나열하는 것보다 그 제품이 만들어지기까지의 이야기를 훨씬 더 진정성 있게 이야기해야 한다고 했다. 그러면서 저자는 본인의 경험, 정확하게 말하면 남편의 경험을 풀어내며 '스토리텔링'의 중요성을 이야기한다. 저자의 남편은 소비에 굉장히 인색한 사람이며, 함께 쇼핑을 가도 늘 저자의 소비를 제지하는 입장이었다고 한다. 그런 그가 한 향수 매장에서 점원의 프레젠테이션에 홀린 듯이 고가의 향수를 구매하게 된 이야기를 소개한다. 향수에 관심이 없는 사람에게 아무리 향수의 재료, 향기 등의 특장점을 나열해 봤자 귓등으로도 듣지 않을 것이다. 일단 향수의 존재 자체에 관심을 갖게 하는 것이 훨씬 더 중요하다. 그게 바로 스토리의 힘이라고 저자는 말한다. 그 이야기를 읽는데 갑자기 몇 가지 질문이 머리를 스치고 지나갔다. 나는 바로 머리맡에 있던 노트를 펼치고 떠오르는 질문과 답을 적어 내려가기 시작했다.

Q. 우리는 소비자에게 친절하게 우리 제품을 소개하고 있나?

A. 응! 이야기하듯 소개하고 있긴 해. 오래전부터 상세 페이지를 만들 때 가장 중요하게 생각한 것이 '친절하고 다정한가? 상세 페이지만 읽어도 온라인 구매를 하는 데 전혀 어려움이 없나?'였어. 고민한 만큼 친절하고 다정한 상세 페이지는 맞는 것 같아.

Q. 그럼 우리 상세 페이지는 완벽해?

A. 음… 그건 아닌 것 같아. 상세 페이지를 만들 때마다 늘 번뇌에 휩싸였어. 하고 싶은 말은 잔뜩인데 너무 많은 정보와 이야기를 넣으면 소비자가 글을 읽지 않을 것 같았거든. 그래서 늘 하고 싶은 말의 1/10도 하지 못했던 것 같아. 그러다 보면 결국 정보 위주의 글이 되고, TMI라고 생각되는 것은 덜어 내게 되더라고. 그럼 어떻게 되겠어? 처음 글이 말랑말랑했다면, 수정을 거친 글은 아주 건조해지는 거지. 물론 소비자의 성향

에 따라 건조하고, 정보가 명확하게 읽히는 글을 선호할 수도 있어. 하지만 그 글이 오롤리데이의 정체성을 잘 보여 주는지, 우리의 이야기를 잘 담고 있는지 질문한다면 그건 아닌 것 같아. 그리고 잘 정리된 글은 이미 다른 데도 많으니까. 그럼에도 우리 상세 페이지는 다른 브랜드보다는 친절한 편인 것 같아. 우리뿐만 아니라 해피어들도 그렇게 생각하는 것 같고. 지금도 충분한 것 같지만 완벽하지는 않다고 여기는 건 스스로가 100% 만족스럽지 않기 때문이야. 사실 각 제품의 비하인드 스토리를 들으면 제품이 더 매력적으로 보일 것 같거든. 해피어들에게 그런 이야기를 더 해 주고 싶어. 지금보다 더 매력적인 상세 페이지를 만들 수 있을 것 같아.

Q. 지금 상세 페이지에 가장 추가하고 싶은 내용이 있다면 뭐야?

A. 어떤 제품을 만들 때, 혹은 소비자에게 제품을 소개할 때 팀원 각자의 역할에 따라 집중하는 포인트가 달라. 예를 들어 기획자는 어떤 것에서 영감을 얻어 그 제품을 기획했을 거고, 디자이너는 기획자가 원하는 제품을 구현할 때 디자인적으로 가장 신경 쓴 부분이 있을 거고, 마케터는 완성된 제품을 보며 소비자에게 꼭 소개하고 싶은 키 포인트가 있을 거고, 제품을 검수하고 소비자와 소통하는 HC팀은 소비자가 구매 전과 후 꼭 알아야 할 주의사항을 강조하고 싶을 수 있잖아? 그런데 기존의 상세 페이지에서는 그런 것들을 복합적으로 소개하다 보니 오히려 꼭 알아야 하는 특징이 잘 소구되지 않았을 수도 있겠다 싶어. 아이디어를 중요하게 보는 소비자는 기획자의 말에 더 관심이 갈 테고, 디자인을

가장 중요하게 생각하는 소비자는 디자이너의 킥이 궁금할 거야. 아주 꼼꼼한 소비자는 무엇보다 제품의 스펙이나 주의사항 등이 제일 중요할 테고. 이런 내용을 좀 더 명확하게 담아서 소비자가 조금 더 중심이 되는 페이지를 만들고 싶어.

Q. 상세 페이지에 꼭 필요한 정보와 이야기까지 넣는 게 쉽진 않을 것 같은데, 그 타협점을 어떻게 찾을 수 있을까?

A. 사실 아직은 정확히 모르겠어. 일단 개선점을 발견했으니 팀원들과 이야기해 보면 좋겠어. 조금 더 오롤리데이스러운 페이지를 만드는 방법에 대해서 말이야.

나와의 질의응답 타임을 마치고 나니 빨리 회사에 출근해 팀원들과 이에 대한 이야기를 나누고 싶어졌다. 그리고 생각보다 꽤 웅장한 프로젝트가 시작될 수도 있겠다는 생각에 그날 밤 떠오른 생각을 영상으로 기록했다. 다음 날 회사에 도착하자마자 전체 회의를 소집해 팀원들 앞에서 밤새 적어 둔 이야기를 펼쳤다. 그 길고 긴 스토리를 표현하는 방법에 대해 우려하는 팀원도 있었지만, 그래도 모두 흥미로울 것 같다며 우리다운 상세 페이지 만들기에 도전해 보자고 했다. 그렇게 우리의 새로운 프로젝트가 시작됐다. 이름하여 '상세 페이지 뒤엎기 프로젝트'.

인스타그램, 해피어레터 등 오롤리데이의 콘텐츠 글을 대부분 담당하는 콘텐츠 마케터 다카포에게 팀별 담당자와 인터뷰해서 상세 페이지에 넣을 글을 정리해 보라는 과제를 줬다. 며칠을 고심하던 다카포가 어느 날 SOS를 보냈다.

"롤리, 일단 정리할 수 있는 건 다 해 봤어요. 그런데 이 방향성이 맞는지 모르겠어요. 내용이 너무 많은 건 아닌가 싶고. 일단 기획자의 말을 비워 뒀으니 그 부분은 롤리가 채워 주면 좋을 듯해요."

기획자의 말이 비어 있는 파일을 넘겨받았을 때도 내용이 무척 길었지만, 일단 적고 다시 추리자는 마음으로 하고 싶은 말을 다 적었다. 그러면서도 '제작 과정에서 있었던 이야기를 최대한 모두 전달하고 싶다'와 '과연 이 긴 내용을 디자인적으로 명료하고 예쁘게 정리할 수 있을까?' 두 가지 생각이 계속 충돌했다.

며칠 후면 F/W 제품 론칭일이어서 시간이 많지 않았기에 마케팅팀이 모두 투입돼 신제품의 상세 페이지 원고를 적었다. 80% 이상 정리되자 마케팅팀은 디자인팀에게 본격적인 업무를 요청했다. 마케팅팀이 며칠 동안 고심해서 쓴 원고를 보기 좋게 페이지로 만드는 작업이 남아 있는 것이다.

"에이미, 노션(프로젝트 관리, 메모 기능, 자료 저장 등 업무 전반에 필요한 기능을 제공하는 소프트웨어)에 원고 올렸어요. 한번 봐 주세요."

다카포의 말에 업무 요청 노션 페이지를 본 에이미의 동공이 흔들렸다. 에이미는 아무리 어려운 일이라도 안 되겠다, 못한다는 이야기를 하는 사람이 아닌데 그 순간만큼은 강하게 찡긋하는 미간과 흔들리는 동공과 관자놀이에 올라간 손등이 그의 복잡한 마음을 표현하고 있었다. 나는 그 혼란스러운 마음을 정확히 알아차렸고, 그 이유도 충분히 알고 있었다. 아마 원고를 컨펌하며 느낀 내 마음과 일치했을 것이다. 그때는 자정에 가까운 아주 늦은 밤이었다. 신제품을 대량으로 업데이트하는 시기에는 할 일이 쏟아지기 때문에 특히 디자인팀은 그 시즌만큼은 야근하는 경우가 종종 있다. 그날 역시 오픈까지 일주일도 남지 않은 시기였고, 빨리 상세 페이지를 만들어야 해 피어들과 약속한 날에 제품을 오픈할 수 있었다. 안 그래도 마음이 초조한 때 '이 긴 글을 어떻게 디자인으로 풀어야 하나'라는 고민까지 하게 된 것이다.

롤리 에이미, 원고 봤어? 어때?

에이미 음⋯⋯. 이거 각이 안 나오는데요?

롤리 그지? 나도 원고 쓰고 컨펌하는 내내 똑같은 생각을 했어. 그런데 또 간략하게 줄이다 보니 예전 상세 페이지랑 똑같아지더라고. TMI를 전달하려고 이 프로젝트를 시작했는데 결국 줄이다 보니 예전과 똑같아지는 상황이랄까? 그럼 디자인 걱정은 일단 제쳐 두고 글만 봤을 때 어떤 느낌이 들어?

에이미 글만 읽었을 땐 재밌어요. 확실히 제품에 더 흥미가 생길 것 같은 글이에요. 근데 이걸 어떻게 디자인으로 녹여야 할지 정말 모르겠어요. 아무래도 글이 많아지면 그만큼 가독성도 떨어지고 확실히 덜 예뻐 보일 것 같아요. 그런데 또 우리는 디자인이 중요한 브랜드이니 덜 예뻐 보인다는 것은 치명적인 일 같아요.

롤리 맞아. 그래서 나도 너무 고민이 되네. 생각해 보면 아무리 좋은 글이라도 읽게 만들어야 좋은 거잖아? 아예 읽으려고 시도조차 하지 않는다면 그 글이 좋은 글인지 나쁜 글인지 알 수도 없을 테니까. 그런데 이렇게 글이 많으면 지레 겁먹어 뒷걸음질 칠 것 같아. 우리 제품은 몇 날 며칠 고민해서 사야 하는 고가의 고관여 제품이 아니라, 빠르게 결정하고 구매하는 저관여 제품에 더 가깝단 말이지. 그런데 우리가 저관여 제품을 고관여 제품으로 만드는 게 아닐까 싶어. 구매를 더 어렵게 만드는 거지.

에이미 저만 해도 이런 문구나 액세서리는 고민 없이 '예쁘면' 사는 경우가 더 많거든요. 예뻐서 샀는데 기능이 좋으면 더 좋은 거고요. 그런데 지금 우리가 만드는 상세 페이지는 자칫하면 제품을 '예쁘지 않게' 보이도록 할 수도 있겠단 생각이 들었어요. 물론 그럼에도 예쁘게 만드는 것이 디자이너의 일이겠지만, 계속 보고 있는데 자신이 없네요.

에이미와 심각한 이야기를 나누고 있을 때, 다른 팀원들도 우리 이야기에 관심을 가졌다. "롤리, 그럼 어떻게 되는 거예요? 원고 쓰는 걸 멈춰야 하나요?" 나요가 물었다. "지난주에 유튜브에 상세 페이지 뒤엎기 프로젝트 1탄이 올라갔는데, 이 프로젝트가 엎어질 수도 있나요?" 찰리가 물었다.

"상세 페이지 뒤엎기를 다시 뒤엎기할 수도 있는 거지. 결과를 생각하고 이 프로젝트를 시작한 건 아니니까. 가장 좋은 방법을 찾아보자. 일단 오늘은 하던 일 멈추고 집에 가서 머리 좀 식히고 오자. 지금 이 상태에선 더 좋은 방법을 찾기 힘들 거야. 잠 좀 자고 내일 나

와서 다시 얘기해 보자고! 분명 더 좋은 방법이 있을 거야."

　일이 꽉 막혀서 잘 풀리지 않고 쉬이 답이 나오지 않을 땐 그 일에서 잠시 벗어나는 것이 가장 빠르고 좋은 방법일 수도 있다. 하나에만 몰두해 온 시야가 그곳에 집중돼 있을 땐 창의적이고 색다른 방법을 찾기가 쉽지 않다. 대학교 졸업 전시를 준비하던 때, 전시가 얼마 남지 않았는데 반년 동안 준비하던 과제가 갑자기 마음에 안 들고 안 풀리기 시작했다. 몇 날 며칠을 모니터를 들여다보며 끙끙 앓고 있는데 친구들이 나를 억지로 밖으로 끌고 나갔다. 그렇게 멱살 잡혀 끌려가듯이 간 뮤직 페스티벌에서 과제고 뭐고 다 잊은 채 신나게 뛰어놀고 돌아온 바로 다음 날, 나는 반년간 지속하던 과제를 아예 뒤집어엎었다. 기존에 하던 과제가 하나도 아깝지 않을 만큼 재미있고 나다운 아이디어를 생각해 냈기 때문이다. 새로운 주제로 작품을 완성하는 데 걸린 시간은 단 3일이었다. 그때 알았다. 아무리 노력해도 풀리지 않을 땐, 내 머리의 나사를 풀어 보는 것이 가장 좋은 방법이란 것을.

　내가 나사를 푸는 곳은 주로 화장실, 샤워실, 부엌인데 따뜻한 물을 만지며 상상의 나래를 펼치다가 뭔가 좋은 아이디어가 하나씩 걸려들곤 한다. 그날도 그렇게 고단한 하루를 마무리하며 뜨뜻한 물로 샤워를 하고 있을 때였다. 또 상상의 나래를 펼치다가 의식의 흐름대로 자문자답 시간을 갖게 됐다.

Q. 지금 써 둔 원고에 문제가 있니?

A. 아니, 원고에는 문제가 없어. 여러 명의 진심이 모인 글이라 그런지 설득도 잘되고 재미도 있어. 에이미도 글은 재미있다고 하더라고. 그래서 글을 줄이는 게 무척 아까워. 글도, 사진도 다 담으면서 잘 읽히고 멋진 상세 페이지를 만드는 것은 진정 불가능한 걸까?

Q. 지금 원고는 어떤 방식으로 쓰여 있어? 어째서 그 긴 글이 재미있게 잘 읽히는 걸까?

A. 노션을 이용해서 쓰고 있어. 처음 계획대로 기획자, 디자이너, 마케터, HC팀 관점으로 나눠서 쓰고 있지. 내용이 너무 길다 보니 한 번에 쭉 펼쳐 쓴 건 아니고, 노션의 토글 기능(접었다 폈다 하며 내용을 숨기거나 보이게 하는 기능)을 이용해 챕터별로 분리해서 정리하고 있어. 읽는 사람이 닫혀 있는 토글을 직접 펼치며 주체적으로 읽어 가는 거야. 그럼 궁금하지 않은 내용은 건너뛸 수도 있고, 화살표를 접어 두면 그리 긴 내용처럼 보이지 않기 때문에 심적 부담도 덜해. 이미지도 숨겨 둘 수 있고, 참고할 만한 외부 자료는 하이퍼링크를 이용해서 걸어 둘 수도 있어.

Q. 그럼 상세 페이지도 노션을 이용하면 안 돼? 노션으로 작성했을 때 잘 읽힌다면 그 방식을 그대로 차용하지 않을 이유가 있을까?

A. 오… 그러네? 그런데 상세 페이지는 결국 우리 홈페이지와 제품을 소개하는 외부 업체(텐바이텐, 29cm 등)의 사이트에서도 볼 수 있어야 하니까 그 모든 걸 노션으로 만드는 건 불가능해. 그렇다면 홈페이지에 올

라가는 상세 페이지와 노션 페이지를 동시에 오픈해 볼까? 노션 페이지는 이번에 쓴 것처럼 모든 TMI를 담은, 정말 상세+상세+상세 페이지가 되는 거지! 대신 홈페이지에서 오픈하는 상세 페이지는 노션 페이지에서 최대한 핵심만 뽑아 간략하게 만들고, 그 상세 페이지에 하이퍼링크로 노션 페이지를 연결해 두는 거야. 홈페이지의 상세 페이지로도 제품을 파악하기에 충분하지만, 그래도 더 진득한 이야기가 궁금한 사람들은 노션 페이지로 넘어갈 수 있게 말이야. 둘 다 읽으면 가장 좋지만, 하나만 읽어도 부족하지 않게 한번 만들어 봐야겠어. 한 가지 방법에 우리 욕심을 모두 담을 수 없다면 2개로 만드는 것도 방법이네. 대신 하나에서 2개로 넘어가는 과정을 자연스럽게 만들어 봐야겠다! 실마리를 찾은 것 같은데? 내일 팀원들과 얘기해 봐야지!

다음 날 출근하자마자 페이지를 동시에 2개 오픈하는 방법에 대해 팀원들과 이야기를 나눴다. 현재 상황에서 시간과 노력을 가장 덜 들이고 문제를 풀 좋은 방법이라는 이야기가 나왔고, 시간을 아끼기 위해 마케팅팀은 기존에 쓴 긴 글을 간략 버전으로 줄였다.

뒤집기 전의 상세 페이지와 가장 다른 점은, 그때는 제품의 모든 것이 줄글로 설명됐다면 이번엔 챕터별로 소제목을 뽑고 굵직굵직한 흐름이 보이게 더 전략적으로 줄였다는 것이다. 상세 페이지를 펼쳤을 때 단순히 제품을 팔기 위한 페이지가 아니라 제품을 소개하는 칼럼처럼 보이도록 신경 썼다. 에이미도 그제야 답을 찾은 듯한 눈치였다. 중앙 정렬이었던 기존 글을 조금 더 가독성을 높이기 위해 좌측

정렬로 바꾸고 글씨 사이즈도 조금 더 키웠다. 챕터가 바뀌는 단락마다 나눔선과 소제목을 넣어 긴 호흡을 적당히 끊어 줬다. 시원시원하게 편집한 사진과 적절한 그래픽, 그리고 글까지 적당한 리듬감으로 물 흐르듯 볼 수 있게 배치하는 데 집중했다.

신제품 오픈까지 단 3일, 디자인팀과 마케팅팀이 더 좋은 퀄리티의 페이지를 만들기 위해 잠을 줄여 가며 혼신의 힘을 다했다. F/W 시즌은 오롤리데이에 가장 중요한 시즌이다. 오롤리데이에는 많은 아이템이 있지만, 베스트는 여전히 다이어리다. 그 때문에 다이어리 오픈은 1년 중 가장 중요하고 긴장되는 순간인데, 그와 동시에 상세 페이지 뒤엎기 프로젝트의 첫 결과물이 도출되는 순간이기도 했다. 이미 유튜브를 통해 상세 페이지 뒤엎기 과정을 전한 터라 많은 분들이 더 꼼꼼히 읽어 줄 것이라 생각했기에 더욱 설레고 긴장됐다.

오픈하고 며칠 동안은 제품 후기보다 상세 페이지의 변화에 대한 후기를 더 많이 찾아봤다. 다행히 'TMI가 굉장히 흥미롭고, 덕분에 제품을 써 보고 싶다는 생각이 든다'는 이야기가 많았고, 그제야 우리의 새로운 도전이 의미 없지 않았다는 것에 안도했다. 과정에 어려움이 무척 많았고 체력적으로 힘들었지만, 결국 우리만의 방법을 찾아 무사히 결과를 만들었다. 굳이 하지 않아도 되고, 급하지도 않은

 상세 페이지 뒤엎기 프로젝트 영상 보러 가기

프로젝트였다. 하지만 문제점을 발견했는데도 멈춰 있는 것은 우리답지 않다고 생각했다.

어느 날 갑자기 불쑥 찾아온 '영감 조각'이었을 뿐인데, 이 영감에 힘을 실어 준 것은 팀원들이었다. 의심이나 귀찮은 마음을 갖고 행동하지 않았다면 절대 완성할 수 없는 프로젝트였다. 안 그래도 바쁜 시기에 괜히 욕심을 부리는 바람에 더 고생시켜 미안하다는 말에 즐거웠다고 얘기해 주는 팀원들이 있어 얼마나 감사했는지. 2021년 오롤리데이에 많은 프로젝트가 있었지만, 나에게 가장 의미 있는 프로젝트는 바로 이것이다.

컬래버레이션의 핵심, 1+1=3

더현대 서울 팝업 스토어는 더 큰 바다로 향한 도전이었다. 그 덕분일까, 그 후로 반가운 연락이 쏟아졌다. 감사하게도 론칭 2년째부터 컬래버레이션 러브콜이 종종 왔지만, 이맘때처럼 쏟아진 적은 처음이었다. 일주일에 1~3회 정도 연락이 왔으니 우리 입장에선 쏟아졌다는 표현이 맞겠다.

그 전에는 '팬층이 단단한 브랜드'에서 얻을 수 있는 것들을 기대하며 제안했겠지만, 팝업 스토어를 직접 방문해 우리의 퍼포먼스를 본 사람들은 우리가 팬만이 아닌 대중의 주의도 끌 수 있는 팀이라는 것에 기대감이 크다고 했다. 그뿐만 아니라 이미 오롤리데이에서 출시한 많은 제품으로 제품력을 증명했고, 우리가 1년간 집중한 콘텐츠로 콘텐츠도 잘 만들 수 있는 팀이라는 것을 보여 줬다. 다양한 관점에서 봤을 때 도움이 되겠다는 생각으로 많은 팀들이 우리에게 러브콜을 보내온 것이다.

내가 생각하는 컬래버레이션의 가장 큰 핵심은 '시너지synergy'다. '함께 일하다'의 의미인 그리스어가 어원이며, 여럿이 뭉쳐 더 큰 힘을 낸다는 뜻이다. '1+1=3'의 느낌으로 둘 이상이 모여 서로의 장점이나 좋은 효과가 극대화되는 현상을 말한다. 나는 컬래버레이션이라면 자고로 '한 브랜드와 다른 브랜드가 만났다'라는 사실에 그치는 것이 아니라 '누구와 누가 만나 어떤 좋은 결과를 냈다'까지 나와야 한다고 생각한다. 물론 결과는 예측하기 어렵지만, 기획 과정에서 그 신나는 결과를 전혀 예측할 수 없다면 결과가 좋을 확률은 아주 희박하다.

1과 1이 만나면 최소한 2는 돼야 한다. 0이나 -1이 되지 않아야 할 것이다. 그 결과를 예측하기 위해서는 우리 브랜드의 현재 상황과 협업할 브랜드에 대해 잘 알아야 한다. 그런데 러브콜 메일을 받다 보면 러브콜이 'love' call이 아닌 경우가 참 많다. 러브콜이라 하면 말 그대로 내용에 '러브', 즉 사랑하는 마음이 담겨 있어야 한다. 최소한 본인이 프로젝트를 제안하는 팀에 대한 이해와 어느 정도의 애정은 있어야 한다는 말이다. 하지만 메일을 읽다 보면 기가 차는 실수가 꽤 많이 보인다.

더 많은 사람들이 행복해지는 크루즈

1. 이름 실수

놀랍게도 오롤리데이를 오를리데이, 올리데이, 오로리데이, 롤리데이, 오클리데이 등으로 잘못 부르는 분들이 꽤 많다. 메일 중간에 한두 번 정도 오타로 인한 실수는 당연히 이해하지만 첫인사부터 마지막 인사까지 단 한 번도 제대로 된 이름을 쓰지 않는 분도 있다. 혹은 협업 제안을 여러 브랜드에 하면서 내용을 복사해 붙여 넣기 했는지 우리 이름이 들어가야 할 자리에 다른 브랜드 이름을 적어 보내는 치명적인 실수를 하는 분도 있다. 이렇게까지 실수하는 분이 많을까 싶지만, 예상외로 정말 많다. 아무리 메일 내용에 혹하더라도 잘못 불린 이름으로 상한 마음은 쉬이 괜찮아지지 않는다. 우리에 대해 조금이라도 공부했다면 기본 중의 기본인 이름을 틀릴 일은 절대로 없을 테니까 말이다.

2. 일방적인 내용

컬래버레이션은 협업이란 뜻이다. 즉 서로 도와 일하는 것을 말한다. 둘 이상이 모여 하나의 목표를 만들고 그 목표를 향해 함께 일하는 행위다. 그렇기에 둘 사이는 절대로 갑과 을의 관계가 되면 안 된다. 그렇게 되는 순간 중요한 결정의 순간에 힘이 한쪽으로 쏠릴 수밖에 없고, 그럼 공평하고 올바른 협업을 했다고 보기 어렵다. 그렇기에 동등한 결정권을 갖고 목표를 향해 나아가는 것이 정말 중요하다. 2인3각 달리기에서 누구 한 명이 빨리 달리거나 강한 힘으로 압도한다면 같이 넘어지거나 나머지 한 명이 질질 끌려가다가 다칠 확률이 크다. 그런데 가끔 스스로를 갑이라 생각하고 메일을 보내는 분들이 있다. 본인이 먼저 제안하는 입장임을 망각한 것인지 '우리가 제안하니 감사하게 생각해'라는 뉘앙스를 풍기는 분, 협업에 대한 우리 의견을 듣지도 않고 일방적으로 약속 날짜를 공지하는 분, 제안 메일임에도 본인들 소개와 제안 내용을 하나도 정리하지 않고 보내는 분, 제안 메일과 동시에 1~2주 후 완성 디자인이 나와야 한다고 요청하는 분 등 무례함의 형태도 다양하다.

상대방을 존중하는 마음과 태도는 첫인사 하나에도 묻어 나온다. 메일의 첫인사에서조차 상대방을 배려하는 태도가 보이지 않는 사람과 일을 하면, 장담하건대 100,000%의 확률로 힘들어진다. 그리고 모든 결정 과정에서 우리 의견이 배제될 가능성이 아주 크다. 우리는 그들이 원하는 아웃풋을 만들어 주는 하청팀이 아니라 시너지 있는 결과를 만들기 위해 협업하는 팀이라는 것을 잊지 말아야 한다.

요즘은 가히 '컬래버레이션 축제'라 할 정도로 다양한 브랜드에서 컬래버레이션 상품이 출시되고 있다. 소비자는 그동안 보지 못했던 '새로운 것'과 소수만 누릴 수 있는 '레어rare 한 것'을 원한다. 한 브랜드에서 그 욕구를 지속해서 충족시키기란 쉬운 일이 아니기에 다른 브랜드와 협업해서 새로운 것을 만들어 내는 것이다. 결국 컬래버레이션의 목적은 다음과 같다.

더 많은 사람들이 행복해지는 크루즈

1. 그동안 보여 주지 않았던 새로운 것과 레어한 것을 만들기 위해

2. 긍정적인 인지도나 이미지 상승을 위해

3. 새로운 팬(소비자)층의 유입을 위해

이 목적을 달성하기 위해, 즉 반복해서 말하지만 시너지를 내기 위해서라고 할 수 있다. 여기서 중요한 것은 세 가지 목적을 어느 한 팀만 달성하는 것이 아니라, 각 팀이 함께 긍정적인 효과를 누려야 성공적인 컬래버레이션이라 할 수 있다는 점이다.

하지만 가끔 '컬래버레이션을 하기 위한 컬래버레이션' 제안을 받는 경우도 있다. 목적은 생각하지 않은 채 '요즘 다들 하니까 우리도 해야지' '요즘 이곳이 핫하니까 여기랑 하면 되겠다' 하는 마음으로 연락을 하는 곳이 꽤 있다. 물론 제안하는 쪽에서 이런 이야기를 직접적으로 하지는 않지만, 이야기를 몇 마디만 나눠 봐도 간절함을 알 수 있다. 큰 기업들 사이에서 컬래버레이션이 그렇게 소비되는 것을 종종 봤다. 한 브랜드의 로고와 다른 브랜드의 로고 사이에 '×'가 들어간다고 컬래버레이션이 아니고, 한 브랜드의 캐릭터와 다른 브랜드의 캐릭터가 나란히 그려져 있다고 컬래버레이션이 아니다. 왜 그 두 브랜드가 만나야만 했는지에 관련된 메시지가 있어야 하고, 새로움과 레어함이 있어야 한다.

하지만 우리가 아직 작은 브랜드이고 상대방이 유명한 대기업이라면? 제안한 브랜드의 인지도와 그들이 제시한 큰 금액이 아주 강렬하게 유혹할 것이다. 인지도와 돈은 둘 다 매우 중요한 요소이며,

특히 유명한 브랜드와의 컬래버레이션은 작은 브랜드에서 할 수 있는 아주 강력한 마케팅임에 틀림없다.

하지만 분명히 생각해야 한다. 컬래버레이션 결과치가 좋아야 우리에게 긍정적인 마케팅이 된다는 것을. 그렇지 않을 경우엔 오히려 대중에게 우리 브랜드에 대한 좋지 않은 첫인상을 심어 주는 흑역사가 될 수도 있다는 점을 명심해야 한다. 아직 브랜드의 아이덴티티가 확실하게 잡혀 있지 않다면 더욱 위험하다. 컬래버레이션에서 가장 중요한 것은 '새로움과 레어함'이기에 한번 소모된 이미지는 다른 데서 또 사용하기도 힘들고, 특히 같은 업종의 브랜드와는 다시는 컬래버레이션을 하지 못할 확률이 훨씬 크다. 그렇기에 우리랑 결이 잘 맞고 진정한 시너지를 낼 수 있는 브랜드와 신중히 컬래버레이션해야 하는 것이다.

마지막으로 2021년 연말에 한 재미있는 컬래버레이션을 소개하고 싶다. 한 해의 마지막을 장식한 이 컬래버레이션은 우리 팀이 굉장히 좋아하는 유튜브 플레이리스트 채널인 '리플레이'에 우리가 직접 러브콜을 보내면서 시작됐다. 내 취향에 맞는 음악으로 기가 막히는 플레이리스트를 만드는 리플레이의 리스트를 평소에도 자주 들었다.

컬래버레이션 노하우 영상 보러 가기

더 많은 사람들이 행복해지는 크루즈

그날도 사무실에서 일하며 리플레이에서 흘러나오는 팝송을 듣고 있었다. 그러던 중 '해피어마트에 리플레이 리스트의 음악이 흘러나오면 어떨까?' 하는 생각이 번뜩 들었다. 당장 마케터에게 달려가 의견을 물었다. 이왕이면 이미 존재하는 리스트가 아닌 해피어마트의 무드가 가득 담긴, 우리만을 위한 리스트면 좋겠다고 말이다.

"너무 좋은데요? 바로 제안 메일 써 볼게요!"

호섭과 다카포의 눈이 반짝였다. 애정을 꾹꾹 담아 러브콜 메일을 보냈고, 다행히도 평상시 오롤리데이를 좋아했다며 꼭 함께하고 싶다는 애정 넘치는 답변을 받을 수 있었다. 그리고 한 달 후, 해피어마트 1호점에는 오로지 해피어마트를 위해 제작한, 행복함이 뚝뚝 흘러넘치는 플레이리스트가 재생됐다.

오롤리데이 하면 행복, 행복 하면 오롤리데이!

요즘 인스타그램이나 블로그, 브런치 등에 올라오는 오롤리데이 후기 콘텐츠를 보면 '보기만 해도 행복해지는 브랜드' '행복 하면 떠오르는 브랜드' 등의 수식어가 많이 붙는다. 딱 우리가 바라던 바다. 행복은 모든 브랜드가 추구하는 궁극적인 목표가 아닐까 싶다. 그렇기에 '행복' 연관 키워드를 오롤리데이가 상당 부분 차지하고 있다는 것은 정말로 자랑스럽고 감사한 일이다. 물론 이렇게 되기까지 아주 많은 번뇌가 있었다.

"쟤네는 너무 행복해 보여서 재수 없어."

물론 직접 들은 얘기는 아니다. 건너 건너 우리를 평가하는 이야기를 종종 들었는데, 이런 뉘앙스의 이야기가 몇 번 있었다. 그럴 때마다 우리의 방법이 잘못됐는지 많이 고찰했다. 속이 상하기도 했다. 우리라고 어떻게 마냥 행복하기만 하겠나. 각자의 삶에는 슬픔도 존재하고 숱한 실패도 존재한다. 그럼에도 그 속에서 주도적으로 행복을 찾고, 심지어 그 행복을 다른 이들에게 나눠 주기까지 하니 마냥 행복해 보이기만 하나 보다. '행복해 보인다'는 건 너무 좋지만 '재수 없다'는 건 너무 마음 아프다.

그런데 사실 답은 매우 간단하다. 세상 모든 사람이 우리를 좋아할 순 없다. 갤럭시폰을 좋아하는 사람은 아이폰을 못 쓰고, 나이키만 신는 사람은 아디다스를 쳐다도 안 보는 것처럼 모든 사람의 입맛을 만족시킬 수 없고, 모든 사람의 마음에 들 수도 없다.

며칠 전 우연히 인스타그램에서 F&B 사업을 하는 분의 고민 글을 봤다. 본인이 최고라고 생각하는 맛을 내 판매하는데, 그 맛에 대한 의견이 손님마다 너무 달라 어디에 맞춰야 하고 무엇을 바꿔야 할지 고민하던 중에 "대표님이 맞다고 생각하면 대표님 입맛에 맞는 사람이 모일 때까지 좀 기다려야지, 너무 자주 맛을 바꾸면 안 돼요"라는 이야기를 듣고 본인이 원하는 대로 정진하기로 했다는 글이었다.

100명 중 99명이 'NO'라고 이야기한다면 당연히 내가 바꿔야 하겠지만, 100명 중 10명이 'NO'라고 한다면 굳이 내가 바꿀 필요는 없다. 그럴 때일수록 자신의 생각대로 꿋꿋하게 밀고 나가면 결국 그 진정성에 10명 중 1명이라도 마음이 바뀔 것이라 생각한다.

우리 메시지에 공감하지 못하는 분들도 있지만, 우리가 만드는 제품을 사용하고 우리가 제작하는 콘텐츠를 보며 삶이 건강하고 행복하게 바뀌었다고 하는 분들도 분명 있다. 우리 방법이 틀렸다면, 우리가 감히 어떻게 누군가의 삶을 더 나아지게 할 수 있었을까. 우리가 원하는 것은 딱 그것 하나다.

조금 더 욕심을 내자면, 우리가 이야기하는 '행복의 가치'에 대해 더 많은 사람을 잘 설득하고 싶다. 그 설득의 결말이 '오롤리데이를 좋아한다'가 아니어도 좋으니 많은 사람들이 각자의 행복을 발견하고 조금 더 행복해졌으면 좋겠다. 그 결말을 위해 우리는 끊임없이 '이런 행복도 있고, 저런 행복도 있고, 그런 행복도 있답니다'라며 다양한 행복의 형태를 제안할 것이다.

인스타그램에서 '#오롤리데이' 해시태그를 검색해서 보다가 어떤 분이 여러 브랜드의 옷과 양말과 액세서리를 걸치고 올린 사진에 각각의 브랜드를 수식한 내용을 봤다. 애정하는 브랜드 #○○○, 요즘 가장 힙한 브랜드 #○○○, 제일 편안한 브랜드 #○○○, 그리고 보기만 해도 기분 좋아지는 브랜드 #오롤리데이. 이 글을 보고 확실히 느꼈다. 물론 힙하고도 싶고 편안하고도 싶지만, 우리에게 최고의 칭찬은 '보기만 해도 기분 좋아지는, 행복해지는'이라는 것.

오롤리데이 하면 행복, 행복 하면 오롤리데이! 놓치지 않을 꼬예요.

새로운 세계로의 도약을 위한 준비

우리는 2022년 새해가 밝자마자 아주 바쁘게 움직이는 중이다. 1월 7일, 해피어마트의 두 번째 매장이 현대백화점 판교점에 오픈했다. 지난여름, 더현대 서울 팝업 스토어에서 얻은 성공적인 결과가 결국 백화점 정식 매장 오픈으로 이어진 것이다. 늘 그랬듯 여러 명이 혼신의 힘을 다해 만든 해피어마트의 두 번째 매장은 오픈하자마자 손님들로 바글거렸고, 현대백화점 4층에서 주목받는 매장 중 하나가 됐다.

그리고 우리는 2022년의 첫 해가 뜬 1월 1일에도 새로운 도전을 했다. NFT(Non-Fungible Token, 희소성 있는 대체 불가능한 디지털 자산)에 첫 도전장을 내민 것이다. 작년부터 오롤리데이의 다음 스텝에 대해 고민이 많았다. 단 한 번도 '제품을 만드는 브랜드 중 최고가 되는 것'을 목표로 삼은 적은 없다. 그저 누군가를 행복하게 하는 제품을 만들고 싶었고, 그 바람을 갖고 제품과 콘텐츠를 만들다 보니 어느새 우리 제품과 브랜드를 좋아하는 사람들이 늘어났다. 하지만 그 상황에 만족하고 싶지 않았다. 세상은 빠르게 변하고, 그 속에서 끊임없이 새로운 행복의 형태를 찾고 제안하는 것이 우리가 할 일이라고 생각한다.

요즘엔 스마트폰을 쓰지 않는 사람을 찾아보기 힘들 정도로 전 세계 대부분의 사람들이 생활 필수품으로 사용하고 있다. 15년 전쯤만 해도 소수의 젊은이들만 누리던 신식 기계가, 이제는 80대 백

발 노인들도 유튜브를 보는 데 사용하는 아주 흔한 기계가 된 것이다. 손바닥만 한 작은 금속 덩어리로 영화를 보고, 걸음 수를 측정하고, 전자책을 읽고, 사진을 찍고, 아침에 먹을 신선 식품을 살 줄 누가 알았을까. 하지만 그 와중에도 빠르게 예측하고 그 시장에 뛰어든 사람은 분명 있었다. 그 사람들이 시장을 선도했으며, 모두가 선망하는 안전한 회사, 안전한 브랜드를 만들었다.

오롤리데이도 우리가 안전하다고 느끼는 시장을 넘어 새로운 시장에 도전하는 것이 필요하다고 판단했다. 그리고 우리의 지적 자원을 통해 부가가치가 조금 더 높은 뭔가를 만들어 내고 싶다는 욕망도 생겼다. 아직 보편화되지 않은 새로운 시장에 대한 도전은 늘 위험이 따른다. 결국 그 위험을 감수할 것이냐 말 것이냐 하는 결정에 달린 것이다. 팀원들은 한마음으로 우리의 모험을 반가워했다.

누군가에게는 '가상 세계'가 먼 미래의 이야기일 수 있지만, 또 누군가는 그곳에서 벌써 새로운 삶의 형태를 만들어 가고 있다. 친구를 사귀고, 예술 활동을 하며, 경제행위도 한다. 그 새로운 세계를 즐기는 사람들은 점점 많아지고 있으며 연령대도 낮아지고 있다.

'누군가를 행복하게 하는 일'에 대해 진심으로 연구하고 상상하다 보니 그 세계관은 걷잡을 수 없이 무럭무럭 커져 갔다. 우리의 상상 속 해피어타운에는 오롤리데이 제품으로 가득 찬 거대한 해피어마트도 있고, 아이들이 맘껏 뛰놀 수 있는 놀이터도 있고, 노인들이 편안하게 노년을 즐길 수 있는 실버타운도 있고, 온갖 나무와 꽃으로 가득한 거대한 숲도 있고, 주민들이 모여 각자의 이야기를 자유롭게 나누는 커뮤니티도 있다. 인종과 성별과 나이의 차별 없이 모두 평등하며, 어느 누구의 눈치도 보지 않고 각자의 소확행을 누릴 수 있는 곳.

우리는 동화 속에 있을 법한 해피어타운을 꿈꾼다. 이런 네버랜드 같은 곳을 어떻게 실제로 만들 수 있을까. 만들 수 있다고 해도 얼마나 오랜 시간이 걸릴까. 그래서 우리는 그 꿈을 가상 세계에서 먼저 실행해 보기로 했다. 그리고 그 네버랜드를 현실 세계에서도 차근차근 만들어 가는 것이 우리의 바람이다.

이 생각의 변화는 오롤리데이도 NFT를 해 보라는 지인의 말에서 시작됐다. "NFT? 그게 뭔데?"라고 되묻던 나는 그 후 단 한 달 만에 첫 번째 NFT를 시장에 선보였고, 그 도전을 시작으로 우리의 시야가 확장돼 본격적으로 다음 스텝을 준비 중이다.

앞으로 오롤리데이가 어떻게 변할 것 같냐는 질문은 이제 조금 무의미한 것 같다. 솔직히 우리도 모른다. 하지만 어떻게 변하든 '누군가의 삶을 행복하게 만들기 위해 오롤리데이는 존재한다'라는 중요한 사실만 잊지 않으면 된다. 방향키가 잘못되지 않는 한 높은 파도에 올라타든, 수면 아래로 잠수하든, 날개를 달아 공중을 날든 바라던 목적지에 도착할 것이라고 믿기 때문이다. 새로운 것에 대한 두려움에 머뭇거리기보다는 서로를 믿고 즐기며 전진하는 것이 조금 더 우리답다.

내실이 단단해지니 더 많은 사람들과 동행할 힘이 생겼다. 간신히 2명을 태우기도 벅찼던 오롤리데이호는 어느덧 26명의 팀원은 물론 훨씬 많은 사람들을 태울 수 있는 크루즈가 됐다.

무척 안정적이고 평화로워 보이는 크루즈 안에도 치열하게 각자의 일을 하는 사람들이 분명 있다. 하지만 크루즈를 타고 있는 손님들은 선장실에서, 조타실에서, 엔진실에서, 식당에서 선원들이 무슨일을 하고 있는지 알 필요가 없다. 그저 배 위에 올라타 바다와 하늘을 구경하고, 사람들과 이야기를 나누고, 생각에 잠기기도 하며 행복에 집중하기만 하면 된다. 우리는 그들의 행복을 위해 자신의 자리에서 각자의 일을 치열하게 해낼 뿐이다. 열심히, 즐겁게, 때로는 울기도 하지만 누군가의 행복에 일조할 수 있다는 것은 우리에겐 큰 동력이며 그것이 곧 우리의 행복이다.

더 많은 사람들이 해피어가 됐으면 하는 마음으로 시작한 비 해피어 캠페인, 많은 사람들의 사랑을 확인할 수 있었던 오롤리데이 지키기 프로젝트, 더 넓은 세상에 눈을 뜨게 해 준 더현대 서울 팝업 스토어, 우리의 가능성에 큰 용기를 얻었던 수많은 컬래버레이션 프로젝트. 이 모든 일이 어느 날 갑자기 찾아온 행운이라고 생각하지 않는다. 그동안 수많은 실패를 반복하고, 편법이 아닌 곧은길로 달려온 우리의 끈질긴 시간 덕분에 많은 것을 해낼 수 있는 힘이 생겼고, 더 많은 사람들과 더 넓은 세상으로부터 신뢰를 얻었다고 생각한다.

앞으로 이 배가 어떤 파장을 그리며 나아갈지는 잘 모르겠다. 요트에서 통통배로, 통통배에서 돛단배로, 돛단배에서 요트로, 요트에서 크루즈로. 그럼 그다음은 뭐냐고? 글쎄. 꼭 배의 모습을 띨 필요가 있을까? 그게 배든, 로켓이든, 다른 무엇이든 간에 우리는 분명 바른 방향으로 가고 있을 것이라고 믿는다. 정신이 맑고 건강한 사람들이 모여 '최고'인지는 모르겠지만 늘 '최선'의 답을 찾으려고 노력하기 때문이다. 이렇게 매일 진심을 다하다 보면 바라는 것보다 더 근사한 미래가 우리를 찾아올 것이라고 믿는다. 그래서 우리는 오늘도 행복에 진심이다.

평소 인스타그램 디엠을 통해서나 브랜딩 강연을 다니며 받은 질문 중 책에 미처 얘기하지 못한 내용에 대한 질문을 선별했어요. 제 답이 조금이나마 도움이 되기를 바랍니다.

Q & A

아직 궁금한 게 많아요

Q. 성공하는 캐릭터를 만드는 비법이 있을까요? 그리고 브랜드에 캐릭터는 필수 조건일까요?

A. '못난이의 처음'에 대한 질문을 굉장히 많이 받곤 해요. 못난이는 낙서에서 시작됐어요. 누구라도 보면 행복해질 수 있는 얼굴을 그리고 싶어서 노트를 펴고 다양한 웃는 얼굴을 그려 봤어요. 여러 개를 그리고 며칠 동안 오가며 쳐다보는데, 유독 눈길이 가는 얼굴이 있더라고요. 그래서 그 얼굴을 일러스트 프로그램을 활용해 디지털로 옮겨 봤어요. 그렇게 못난이가 탄생했죠. 아마 '브랜드를 대표하는 얼굴을 만들어 보겠어!'라며 작정하고 시작했다면 그렇게 쉽게 그리지 못했을 거예요. 지금의 못난이처럼 인기 많은 캐릭터가 탄생했을지도 미지수고요. 항상 각을 잡고 한 것보다 본능에 이끌려 즉흥적으로 작업한 게 의외로 반응이 좋더라고요. 성공하는 음악은 샤워실에서 나온다고 했던가요? 아니면 화장실에서 나온다고 했던가요?(웃음) 제가 좀 그런 편이에요. 나사를 살짝 풀고 상상할 때 좋은 게 훨씬 많이 나오는 것 같아요.

동그랗고 큰 얼굴에 길쭉한 눈, 낮은 코에 웃고 있는 입, 거기에 주근깨까지. 예쁜 구석이 하나도 없고 못생긴 것 같지만, 보면 볼수록 매력이 있고 계속 보고 싶더라고요. 그래서 그 그림을 이용해 에코 백을 시작으로 휴대폰 케이스, 부채 등의 제품을 만들어 봤어요. 그 제품들을 처음 인스타그램에 공개했을 때 귀엽다는 댓글이 달리는 것을 보며 '아, 됐구나!' 싶었죠. 시간이 지나면서 이 얼굴이 그려진 제품이 점점 인기를 얻기 시작했어요. 종로에서 카페 겸 쇼룸을 하던 시절이었는데, 외국인 손님들이 와서 엽서를 여러 장씩 사 가기도 하고, 많은 손님들이 제품을 보며

"꺄꺄, 귀엽다"를 연발하시더라고요.

그렇지만 그때까지만 해도 이 웃는 얼굴을 오롤리데이의 마스코트로 삼겠다는 생각을 전혀 하지 못했어요. 처음부터 마스코트라고 계획하고 만들지 않았기에 당연히 이름도 없었죠. 저는 그냥 애칭 삼아 '못난이'라고 불렀어요. 요즘엔 "하나도 안 못나고 귀엽기만 한데 왜 이름이 못난이인가요?"라고 묻는 분들이 꽤 계세요. 우리는 진짜 못났다고 생각하는 사람한테 '못난이'라고 부르지 않잖아요? 정말로 그런 냉정한 사람이 있을지는 모르겠지만(웃음). 저는 외모뿐만 아니라 성격까지 사랑스럽고 귀여운 사람을 '못난이'라고 부르는 것 같아요. 어릴 때부터 누가 봐도 예쁜 사람보다는 항상 그런 사람들한테 더 매력을 느꼈어요. 저에게 '못난이'는 사랑이 담긴 애칭인 거죠. 그 애칭이 자연스럽게 저도 부르고 남도 부르는 이름이 됐어요.

못난이의 세계관이나 성별, 나이, 심지어 사람인지 사물인지도 얘기한 적이 없었기에 많은 분들이 다양하게 추측하셨어요. 쇼룸에 앉아 있으면 같이 온 친구들끼리 "이거 감자 같아!" "아니야~ 귤 같은데?"라며 투닥투닥 하는 모습도 자주 봤죠. 그럴 때마다 대답했어요. "뭐든 상관없어요. 감자든, 귤이든, 달이든, 사람이든 보이는 대로 보시면 돼요. 보고 기분 좋아지면 그걸로 됐죠, 뭐!" 지금은 못난이에게 몸도 생기고 손발도 생겨서 사람에 가까워졌지만, 그때는 얼굴만 있었기에 더 그랬던 것 같아요. 정체성에 혼동이 있던 그 캐릭터는 무럭무럭 자라서 지금은 오롤리데이를 대표하는 마스코트가 됐답니다.

못난이가 성공한 비결이 뭐냐고 물어보시면 '못난이'이기 때문인 것 같아요. 못생긴 것 같은데 자꾸 보고 싶고, 자꾸 보다 보니 정이 드는. 언제부터 못난이를 좋아했는지는 모르겠지만 자연스럽게 스며드는. 그게 바로 못난이의 매력 아닐까요? 그리고 제 진심이 잘 전달돼서인 것 같기도 해요. 최근에 오롤리데이에서 처음으로 애니메이터 채용 공고를 올렸는데 그 공고 글 중 일부를 소개할게요.

"캐릭터가 단순히 귀엽고 예쁘다고 이 시장에서 성장할 수 있다고 생각하지 않아요. 겉모습만 근사한 것이 아니라, 그 안에 만든 이의 사랑이 듬뿍 담겨야 누군가에게 더 큰 사랑을 받을 수 있다고 생각해요."

못난이를 그릴 때 '근사한 캐릭터를 만들어서 꼭 성공시킬 거야'가 아니라 '누구라도 이 그림을 보고 웃을 수 있으면 좋겠어. 따라 웃게 되는 웃는 얼굴을 그리고 싶어'라고 마음먹었기에 못난이가 많은 이들에게 그런 존재가 됐다고 생각해요.

브랜드의 진심을 전달해 줄 '캐릭터'가 있다는 것은 아주 든든한 일이 아닐 수 없어요. 메시지를 대신 전해 줄 인기 있는 대변인이 생기는 것과 같으니까요. 우리가 해피어레터를 못난이 말투로 쓰는 것처럼, 가끔 사람이 아닌 캐릭터의 목소리가 필요한 순간이 있더라고요. 캐릭터는 브랜딩에 있어 필수 조건은 아니지만, 든든한 존재인 건 확실해요.

Q. 하고 싶은 일을 하기 위해 사업을 시작했는데, 막상 시작해 보니 하고 싶은 일을 하는 것보다 하기 싫은 일을 해야 하는 시간이 더 많은 것 같아요. 시간은 한정돼 있고 할 일은 너무나 많고…. 어떡하죠?

A. 모든 일이 그렇겠지만, 특히 사업은 '하고 싶은 일'을 하기 위해 수없이 많은 '해야만 하는 일' '하기 싫은 일' '하기 힘든 일'과 싸움을 벌여야 하는 일 같아요. 제 MBTI는 극강의 ENFP예요. 아마 많은 ENFP분들이 공감하실 텐데, 머릿속으로 재미난 일을 떠올리고 기획하는 것을 굉장히 좋아하고, 추진력도 좋아 일을 엄청 잘 벌리지만, 계획하고 그것을 따르는 데는 아주 취약이죠. 그리고 흥미를 잃으면 에너지가 급격히 떨어지기 때문에 벌인 일을 전부 마무리하지도 못해요. 저도 제품을 기획하고 만들고 제품이 나오는 순간이 제일 재밌어요. 막상 나온 제품을 사진 찍고 상세 페이지를 만들고 사이트에 업로딩하고 팔고 포장해서 배송하는 일은 정말 재미없더라고요. 제품을 기획하고 만들 땐 속도가 치타 저리가라지만, 제품이 나오는 순간부터 느림보 거북이가 되곤 하죠.

특히 뭔가를 보기 좋게 정리하고 편집하고 문서화하는 일을 굉장히 못해요. 정확하게 말하면 못한다기보다 하기 힘들어하는 게 맞죠. 쉬운 문서 하나를 만드는 데 '하기 싫어, 미루고 싶어'라는 생각과 싸우느라 50분이 걸리고, 막상 본격적으로 문서를 작성하는 데는 10분도 채 걸리지 않는 걸 보면 못하는 게 아니라 안 하고 싶어 하는 게 맞는 것 같아요.

그래서 브랜드를 가꿔 오면서 참 많이 울었어요. 하지만 하기 싫다고 안 하면 누가 하겠어요? 어쩔 수 없이 스트레스 팍팍 받는 그 일들을 울며 겨자 먹기로 해냈더니, 어느샌가 조금 성장해 있더라고요. 지금은 그 힘든 일들이 조금씩 수월해지는 기분이 들기도 해요. 엑셀 파일이 가지런히 정리된 것을 보면 제품을 만들어 낼 때와는 또 다른 희열이 느껴진달까요. 원래 잘하는 것을 할 때보다 하기 힘든 일을 해낸 후 기분이 훨씬 좋더라고요.

사업 초반에는 조쓰랑 둘이서 했기 때문에 우리끼리 대충 알아볼 수 있을 정도로만 파일을 만들고 정리했어요. 그런데 직원이 하나둘 생기기 시작하니 우리끼리만 아는 것을 만들면 안 되겠더라고요. 수년 동안 많이 울면서 뼈저리게 느낀 게 있는데, 처음에 제대로 해야 할 일을 대충하면 나중에 정말 고생한다는 거예요. 특히 시스템을 만들어 가는 과정에서 대충 하다가는 직원이 하나둘 늘고 해야 할 일이 눈덩이처럼 불어나는 순간, 그걸 정상화하는 데 곱절의 시간과 에너지가 들더라고요. 눈물 10방울 흘리며 할 수 있는 일을 100방울 흘리며 하게 되는 거죠(웃음). 그래서 이제는 처음부터 조금 더 현명한 시스템을 찾아 가려고 노력하는 중이에요. 물론 함께 의논할 수 있는 팀원들이 있기 때문에 가능한 일이기도 해요. 그리고 어차피 해야 할 일이라면 빠르게 받아들이는 게 가장 좋은 방법이에요. 그건 저에게도 여전히 어려운 일이지만, 그래도 지금은 많이 트레이닝됐는지 예전보다는 괴로워만 하는 시간이 단축된 것 같아요.

시간은 한정돼 있는데 해야 할 일이 많을 땐, 내 안의 계획 세포를 다 깨워야 해요. 그렇지 않으면 급한 일을 해치우느라 중요한 일을 놓치는 경우가 많더라고요. 매일매일 주문 들어온 제품 배송에만 열중하느라 시즌 제품의 출시 시기를 놓친다거나 하는 일이요. 제품을 배송하는 것은 정말 급한 일인 동시에 중요한 일이기도 하지만, 조금만 더 멀리 내다보면 그것만큼 중요한 다른 일도 있는 거죠. 그래서 시간을 타이트하게 관리해야 해요. 바쁜 일에 치여서 지금만 보면 미래를 못 보게 되니까요.

저도 사업 초반엔 큰 그림을 전혀 보지 못해서 매일 저녁이 되면 배송하고 지쳐서 자고, 그 때문에 시즌 제품 출시 시기를 놓치고, 시즌에 닥쳐서 부랴부랴 만들곤 했던 것 같아요. 요즘은 그런 실수를 하지 않기 위해 주간 업무 리스트를 만들어 좀 더 체계적으로 시간을 관리하고 있어요.

Q. 직원을 채용해야 하는데 어떤 파트의 직원을 제일 먼저 뽑아야 하는지 모르겠어요. 그리고 어떻게 뽑아야 하는지도요.

A. 비즈니스 형태마다 다를 수 있겠지만, 제 경험을 이야기하자면 저는 제가 하지 못하는 일을 더 잘해 줄 직원을 1순위로 채용했어요. 제가 더 잘하는 일에 에너지를 집중하기 위해서였죠. 저의 부족한 부분을 채워 줄 수 있는 직원을 채용했더니 일을 더 재미있게 할 수 있었고, 회사의 성장에도 가속도가 붙었어요.

이런 결정을 할 수 있었던 이유는 저에 대한 탐구를 계속했기 때문이에요. 내가 무슨 일을 할 때 가장 에너지가 좋고 결과도 좋은지, 그리고 어떤 일을 가장 힘들어하고 시간과 에너지를 많이 소모하는지 끊임없이 생각했어요. 사람마다 갖고 태어난 체력과 에너지 양이 다르다고 생각하지만 그래도 누구에게나 똑같이 적용되는 건, 체력과 에너지는 한계가 있다는 거예요. 그렇기에 주어진 것을 잘 쓰는 게 중요해요.

내가 이미 기획과 디자인을 잘하고 있는데 또 그걸 잘하는 직원을 뽑는다면, 기획과 디자인이 더 근사하게 나올진 몰라도 내가 어려워하던 일을 그 직원도 마찬가지로 어려워할 가능성이 커요. 결국 힘든 일은 똑같이 남아 있게 되죠. 직원을 채용하는 가장 큰 이유 중 하나가 일손을 덜기 위해서예요. 일손을 던다는 것은 결국 직원을 채용함으로써 일이 수월해져야 한다는 거죠.

어떤 직원을 채용해야 할지 고민된다면 '어떤 사람을 채용해야 내가 일을 더 수월하게 할 수 있을까'를 고민해 보세요. 이건 단순히 채용 파트의 문제는 아닌 것 같아요. 그 사람의 일하는 스타일도, 성향도 중요하겠죠. 예를 들어 내가 덜렁거리고 계획적이지 않은 성향이라면, 조금 더 꼼꼼하고 계획을 잘 세울 수 있는 사람을 채용하면 도움이 되겠죠.

1인 기업뿐만 아니라 규모가 큰 기업도 마찬가지예요. 지금 팀의 사정을 정확히 분석해 어떤 파트에서 구멍이 생기는지, 아니면 어떤 파트에 어떤 성향의 팀원을 충원했을 때 회사가 한 단계 성장할 수 있는지 수시로 체크하는 게 중요해요.

Q. 팀원들에게 좋지 않은 피드백을 하는 게 정말 어려워요. 피드백을 잘하는 팁이 있나요?

A. 저도 처음엔 무척 어려웠어요. 사실 이건 팀원들뿐만 아니라 어느 누구에게나 어려운 일이죠. 그런데 대표인 제가 제대로 피드백하지 않으면 조직이 어려움에 처하게 되더라고요. 작은 문제를 방치하면 결국 걷잡을 수 없이 커져 버리거든요.

'피드백이 왜 어려울까?' 생각해 보면 마음이 상할까 봐, 내 말을 오해할까 봐, 사이가 서먹해질까 봐 등 감정적인 이유가 대부분이더라고요. 그래서 저는 피드백을 할 때 항상 명심하는 철칙이 있어요. '감정을 빼고 철저히 팩트 fact 로만 이야기한다'예요. 피드백으로 마음이 상하는 경우는 대부분 피드백에 부정적인 감정이 담겨 있기 때문이라고 생각하거든요. 부정적인 감정을 덜어 내고 팩트를 이야기하되, 개선점이 필요하다면 함께 제시하는 게 가장 좋은 방법이에요.

> a : 하… OO 님, 또 똑같은 실수를 했네요. 지난번에도 말한 것 같은데 매번 똑같은 이야기를 해야 할까요? 자꾸 이러면 OO 님 작업물을 볼 때 제가 더 예민해질 수밖에 없잖아요. OO 님은 꼼꼼하지 못한 게 참 단점이네요. 이러면 동료들도 OO 님께 실망할 거예요. 다음부턴 좀 더 주의 부탁드려요.
>
> b : OO 님, 오타 실수가 생겼네요. 지난번에도 같은 지점에서 오타가 났던 것 같은데, 아무래도 실수가 반복되는 걸 보니 이런 일을 다룰 땐 좀 더 신경 쓰고 집중하면 좋을 듯해요. 잘 보이는 곳

에 메모를 크게 써 두는 것도 좋은 방법이고요. 저도 예전에 비슷한 실수를 했는데 그때 이 방법이 가장 효과적이었거든요. 아무래도 계속 같은 실수를 하면 동료들에게 신뢰를 잃을 수도 있고 시간도 지체되니 조금 더 신경 써 주시기를 부탁드려요. 제 생각에 OO 님은 추진력과 행동력이 정말 좋지만 꼼꼼함이 부족한 게 약점인 것 같으니 이 부분을 개선하면 훨씬 더 성장할 수 있을 거예요. 노력해 보다가 어려운 점 있으면 언제든지 도움 요청해 주세요.

두 가지 중 더 듣고 싶은 피드백을 고르라면 100명 중 100명 모두 b를 고르겠죠? 사실 두 피드백의 목적은 같아요. '다음부턴 오타 실수를 내지 않았으면 좋겠다'라는 거죠. a 피드백을 듣고 싶지 않은 이유는, 내 실수에 대해 반성하고 각성하기 전에 감정이 상해 버리기 때문이에요. 감정이 상하면 어느 누구든 속이 좁아져요. '이번에도 똑같은 실수를 했구나. 다음엔 정말 조심해야겠다'라는 반성을 하기 전에 '자기는 완벽한가? 짜증 나. 꼭 한숨까지 쉬어야 하나? 표정은 왜 저래?'라는 생각이 먼저 들 수밖에 없는 거죠.

누군가의 잘못에 대해 내가 내린 판단이나 감정을 말하기 전에, 팩트만 말하고 상대가 스스로 생각할 시간을 주세요. '네가 이런 잘못을 해서 내가 너무 짜증 나'라는 마음을 전하기보다 "네가 이런 잘못을 했어. 너는 어떻게 생각하니?"라는 질문을 던지며 스스로 생각할 수 있게 도와주는 거죠. 그럼 반성을 강요하지 않아도 스스로 반성하게 된답니다. 물론 사람에 따라 그러지 못하는 경우도 종종 있지만, 일단 그 사람이 어떻든 나부터 현명한 태도를 취하는 게 좋으니까요.

그리고 피드백의 꽃은 그저 잘못에 대해 이야기하는 것에서 끝내는 게 아니라, 개선점을 같이 고민하고 찾아 주는 거예요. 그럼 그 과정에서 반성과 더불어 상대에 대한 고마움까지 생긴답니다. 아무리 피드백에 부정적인 감정을 섞지 않는다고 해도 좋지 않은 피드백을 들었을 땐 기가 죽을 수밖에 없어요. 그래서 피드백이 끝난 후 따로 티타임을 갖는다든지, 잘하는 것을 더 크게 칭찬하며 마음을 보듬어 주면 좋아요. '나는 너를 아끼고 있어. 너를 미워해서 한 말이 아닌 거 알지?'라는 마음을 적극적으로 보여 주는 거예요.

실수하지 않는 사람은 없어요. 대표도 당연히 실수하고요. 크고 작은 실수가 반복될 것이고, 그렇기에 피드백을 피할 수 없다면 가장 현명한 방법을 찾는 수밖에 없어요. 피드백의 목적은 상대의 기분을 상하게 하기 위함이 아닌, 똑같은 실수를 반복하지 않고 더 좋은 결과를 내기 위함이라는 것을 잊지 않으면 피드백을 하는 사람도 듣는 사람도 마음 상할 일은 없을 거라고 생각해요.

Q. 대표도 사람인지라 힘들 때가 분명 있을 텐데, 그럴 때 멘털 관리는 어떻게 하나요?

A. 당연히 힘들 때도 많았고요. 외로울 때도 있었어요. 팀원들한테 다 이야기하지 못하는 대표만의 고민도 분명히 있고요. 저는 고민의 종류에 따라 다른 방법으로 해결했던 것 같아요.

만약 팀원과 오해가 생겼다면 대화를 하는 편이에요. 대화로 풀지 못하는 것은 없다고 생각하기에 웬만하면 모두 대화로 푼답니다. 그 과정에서 생각지도 못했던 오해를 발견하기도 하고, 제가 놓친 게 있다면 사과하고 해결할 방법을 찾아요. 며칠 끙끙 앓다가도 의외로 대화로 가볍게 풀리는 일이 많아요. 그러니 하고 싶은 말을 마음속에 담아 두고 끙끙 앓으며 데면데면해질 필요가 없는 거죠.

왠지 모르게 외롭거나 울적할 때는 제가 좋아하는 것을 해요. 산책을 하거나, 좋아하는 예능 프로그램을 보며 맛있는 술을 마시거나, 잠을 푹 자거나, 아니면 같은 처지에 있는 사업가 친구들을 만나 수다를 나눠요. 이런 것들을 통해 기분이 괜찮아진다면 그다지 심각한 감정이 아니라, 한 번씩 찾아오는 가벼운 감정이라는 뜻이죠. 대표라서 느끼는 감정이 아니라 그냥 사람이라서 겪는 근본적인 외로움 같은 것 말이에요.

사실 제가 가장 이야기하고 싶은 건 '번아웃 탈출법'이에요. 저는 사업을 하면서 총 세 번의 번아웃을 겪었어요. 아무래도 제 성향 자체가 일을 벌이고 닥치는 대로 많은 일을 하다 보니 늘 과부하가 걸리고, 그게 결국 번아웃으로 이어진 것 같아요.

첫 번째 번아웃 땐 그게 번아웃인 줄도 모르고 그냥 무너졌어요. 종로의 카페 겸 쇼룸을 정리하던 시기였죠. 몸도 마음도 엉망진창이 된 채로 1년 동안 끙끙 앓다가 결국 하던 것을 모두 내려놓고서야 안정을 찾을 수 있었어요. 두 번째 번아웃 때도 첫 번째 때만큼은 아니지만 몸과 마음이 많이 아팠어요. 이때는 3개월 정도 힘들었던 것 같아요.

그렇게 두 번의 번아웃을 겪으며 느낀 건 회사의 정신적 지주여야 하는 대표가 정신을 못 차리니 회사도 함께 휘청거린다는 사실이었어요. 제가 무기력하면 팀원들도 무기력해지고, 제가 우울해하면 회사도 침체되더라고요. 특히 저는 회사에서 광대 역할을 담당하는 사람인지라 저의 무기력과 우울함이 팀원들에게 더 강력하게 전해졌던 것 같아요. 그래서 절대로 무너지면 안 된다는 다짐을 했어요.

세 번째 번아웃이 찾아왔을 땐 정말 빨리 그 존재를 알아차렸어요. 갑자기 감정 조절이 잘 안 되고 툭하면 눈물이 차오르길래 '아, 이거 번아웃이구나' 싶었죠. 그래서 빠르게 벗어날 방법을 궁리했어요. 번아웃은 '해야 할 것이 너무 많아서 나타나는 증상'이라잖아요. 그래서 일단 내가 해야 할 일, 그 일 때문에 하지 못하는 일, 현재 감정 상태를 생각나는 대로 메모장에 적었어요. 그렇게 한참 적다 보니, 무의식적으로 적어 내려간 순서가 바로 우선순위더라고요. 가장 먼저 적은 것들은 우선순위가 가장 높은 것, 그리고 가장 아래에 적은 것들은 그 반대 것. 그래서 미련 없이 가장 아래에 있는 것들을 내려놓기로 했어요. 그래야 정말 소중하게 생각하는 것들을 지속할 수 있으니까요. 실제로 바로 다음 날 행동했고, 동시에 제 마음에 응어리져 있던 답답한 것들이 함께 사라졌어요. 그렇게 세 번째 번아웃은 빠르게 극복했답니다.

첫 번째 번아웃은 약 1년, 두 번째는 약 3개월, 세 번째는 약 한 달. 점점 극복하는 속도가 빨라지고 있고 요령도 생기고 있어요. 애초에 번아웃에 빠지지 않도록 삶의 밸런스를 잘 조절하는 것이 중요하겠지만, 제 성향상 번아웃은 늘 친구처럼 따라다닐 것 같아요. 그래서 그냥 인정하고, 대신 빨리 극복하는 방법을 찾자고 다짐했죠. 이런 걸 보면 뭐든 경험이 중요하다는 게 맞는 말인 것 같아요.

Q. 오롤리데이를 운영하면서 자금 때문에 힘들었던 적은 없나요? 만약 있다면 어떻게 해결했나요?

A. 물론 있죠. 매 순간이 고비였어요. 첫 번째 고비는 첫 파트에 나오는 내용대로, 당장 가게를 오픈해야 하는데 레모네이드 재료인 레몬 살 돈도 없던 때였어요. 그때 신용보증재단의 소상공인 대출을 받으면서 대출에 눈을 떴죠. 발등에 불이 떨어져 부랴부랴 알아보는데, 생각보다 국가에서 지원하는 대출 제도가 많더라고요. 그 후로도 여러 번 대출을 받았어요.

특히 상계에서 성수로 옮길 때 큰 투자가 필요해 중소기업진흥공단에서 정책자금 대출을 받았어요. 과정이 쉽지는 않았어요. 단순히 지원하면 대출금이 나오는 절차가 아니라 아주 정성 들여 리포트를 준비해야 하고, 1차 통과되면 5명의 심사 위원 앞에서 브랜드의 현재와 비전, 그리고 앞으로의 구체적인 계획을 15분 정도 프레젠테이션한 후에 또 15분 동안 심사 위원의 날카로운 질문에 대답하는 시간을 가져요. 리포트 준비 과정부터 면접까지 만만치 않은 시간이었지만, 그래도 그 과정을 거쳐 원하는 자금을 대출받았을 땐 그간의 노력과 가능성을 인정받은 것 같아 눈물이 날 것처럼 기뻤어요. 그 덕분에 성수에서 새롭게 시작할 수 있었죠.

성향에 따라 대출이 부담스러운 분들도 있을 거예요. 회사의 성장 과정에서 안전한 자금을 확보하는 것은 정말 중요한 부분이기 때문에, 국가에서 지원해 주는 저금리 대출 제도를 현명하게 잘 이용해 보는 것도 추천합니다.

Q. 국가 지원 사업을 찾는 것도 보통 일이 아닌데 어떻게 준비했나요?

A. 개인 사업자로 오롤리데이를 운영하다가 5년 차쯤 법인 사업자로 전환했어요. 매출이 커지기 시작하면서 세금의 압박도 심해져 도저히 개인 사업자로는 유지하기 힘들 것 같더라고요. 그리고 정부에서 대출해 주는 여러 시스템이 법인 사업자에게 훨씬 유리했기에 앞으로 사업을 더 확장하고 성장해 나가려면 필수적이라고 생각했어요.

그 과정에서 회사의 시스템을 만들어 가는 과정을 컨설팅해 주는 '컴퍼니 시스템 빌더'팀을 만났어요. 법인 사업자로 전환하는 과정뿐 아니라 급여 테이블을 세팅하는 과정, 회계 분석, 국가 고용 지원 정책과 각종 정책자금에 대한 정보, 여성 기업 인증이나 메인비즈 같은 다양한 인증 절차 등 저희가 직접 찾아보기 힘든 것에 대해 정보를 공유하고 조언해 주는 팀이에요. 제가 정말 어려워하는 일을 도와줄 수 있는 팀을 만나 회사를 성장시키는 데 많은 도움을 받았어요. 특히 작은 회사에서는 인재에 투자하고 싶어도 인건비의 벽에 부딪칠 수밖에 없는데, 이에 대한 걱정을 좀 덜 수 있었어요.

국가가 작은 기업을 위해 제공하는 지원금이나 제도가 꽤 많아요. 이런 것들이 있다는 사실조차 알지 못하면 직접 찾아서 신청하는 일이 쉽지는 않아요. 이런 부분들을 좀 더 알기 쉽게 공지했으면 좋겠다는 생각을 늘 해요.

Q. 회사가 커지면 규칙도 생기고 그에 따른 통제도 해야 할 텐데, 그럼 자유로움이 사라질 것 같아요. 오롤리데이는 어떻게 하고 있나요?

A. 조직이 커지면서 규칙과 통제를 만들어야 한다는 생각이 저를 압박해 왔어요. '규칙'과 '통제'는 제가 정말 힘들어하는 단어예요. '대표인 나조차 힘든 문화를 만들고 싶지 않다'라는 마음과 '그래도 회사가 커지고 사람이 많아지는데 규칙은 필수 아닐까?'라는 마음이 강력하게 충돌했어요. 그런 고민을 하고 있을 때 《규칙 없음》이라는 책을 만났고, 그 책을 읽으며 생각이 바뀌었어요. 규칙과 통제가 아닌 '맥락으로 리드하라'라는 말이 가슴에 콕 박혔죠. '~하지 마라'라는 통제가 아닌, 회사에서 추구하는 맥락을 설득하면 팀원들이 알아서 잘할 거라는 말이었어요.

저는 팀원들에 대한 신뢰가 두터웠어요. 그동안 특별한 통제사항이 없음에도 늘 책임감 있고 배려심 있게, 그리고 즐겁게 일하고 있다고 생각했어요. 그래서 이 조직에 굳이 규칙과 통제가 필요할까 싶었던 거죠. 결국 오롤리데이는 규칙을 만들지 않았어요. 대신 우리 팀이 지향하는 '태도'에 대한 정의를 내렸죠. 아래 글은 오롤리데이가 새로운 팀원을 뽑을 때 인사말에 넣는 글이에요. 이게 바로 우리가 지향하는 태도랍니다.

> 오롤리데이는 '규칙 없음'을 지향합니다. 즉 '~하지 마라' '~해라' 등의 일방적이고 강압적인 말로 자유를 속박하고 싶지 않습니다. 하지만 자유로움 속에서 평화가 지속되려면 스스로에 대한 책임감과 상대에 대한 배려가 기본이 돼야 합니다. 우리는 그것을 '멋진 태도'라고 부릅니다. 모두의 멋진 태도가 모이면 근사한 오롤

리데이만의 문화가 생길 것이라고 확신합니다.

멋진 태도를 갖기 위해서는 본인의 모습을 객관적으로 볼 줄 알아야 합니다. 현재 내가 어떤 태도를 갖고 내 삶과 일 그리고 동료를 대하고 있는지 객관적으로 보려고 노력하며, 객관적인 판단이 어렵다면 동료들에게 적극적으로 질문해야 합니다.

멋진 태도를 가진 사람은 현재의 나 자신을 객관적으로 봄과 동시에, 더 나은 곳을 향해 꾸준히 움직입니다. 그리고 타인에게 좋은 영향을 줍니다. 더 멋진 사람이 되기 위해 노력합니다.

팀 오롤리데이는 충분히 '멋진 태도'를 가지고 있는, 앞으로 더 멋진 사람이 될 수 있는 사람들이라는 것을 확신합니다. 왜냐하면, 그런 사람들만 채용했거든요!

회사마다 지향하는 바가 다를 것이기 때문에 꼭 우리 방법이 맞는 것은 아니에요. 안전이 중요한 회사는 엄격한 룰이 존재해야만 하는 이유가 있을 거예요. 오롤리데이는 지금도, 앞으로도 현재보다 더 나은 내일을 생각해야만 하는 회사이기에 어떤 룰로 우리를 가두는 것보다는 자유로움 속에서 더 창의적인 방법을 찾기로 했어요. 그리고 그럴 수 있었던 이유는 규칙이 없는 대신 양심과 창의성과 자율성과 유연함과 책임감을 지닌 '알아서 잘하는' 팀원들이 함께하기 때문이라고 생각해요. 참 감사한 일이에요.

Q. 행복을 전하는 브랜드다 보니 밝고 긍정적인 것만 이야기해야 한다는 부담감은 없나요?

A. 아무래도 긍정의 기운을 뿜뿜! 하게 해야 한다는 사명감이 있다 보니 부담감이 완전히 없지는 않아요(웃음). 그런데 저는 애니메이션 <인사이드 아웃>에서 조이(기쁨이)를 보면 기분이 좋아지지만, 결국 마음이 가는 아이는 새드(슬픔이)더라고요. 슬픔이 덕분에 조이의 밝은 캐릭터가 더 돋보이기도 하고요. 모든 사람들에겐 다양한 감정이 존재해요. 슬프고 힘든 날이 있어야 별것 없는 평범한 날이 더 큰 행복으로 다가오겠죠?

그래서 오롤리데이도 다양한 감정에 대해 더 솔직하게 이야기하기로 했어요. 유튜브를 시작하면서 가장 좋았던 점이 우리의 고민, 어려움, 사건 사고를 진솔하게 이야기할 수 있는 채널이 생겼다는 거였어요. 우리가 전하는 행복 메시지가 그냥 나온 게 아니라 엄청난 고민과 실패가 있었기 때문이라는 이야기를 꼭 하고 싶었거든요. 삶이 잘 정돈돼 있는 사람보다 실수도 하고 인간적인 면모가 많이 느껴지는 사람에게 더 매력을 느끼는 것처럼, 가끔 빈틈이 보이는 브랜드에 더 큰 매력을 느끼지 않을까요? 그 빈틈을 브랜드의 팬들이 메워 주면 훨씬 좋고요! 함께 더 행복한 이야기를 완성해 나가는 거죠.

Q. 오롤리데이에서 판매하는 제품을 보면 습관을 관리하는 제품이 많던데, 특별한 이유가 있나요?

A. 처음엔 '습관'이 아닌 '목표'가 키워드였어요. 저를 행복하게 하는 것들을 생각하다가 '목표 설정하기'를 떠올렸죠. 매해 다이어리를 사면 가장 먼저 새로운 해의 목표를 정하고 투 두 리스트 to do list를 만들곤 했는데, 그걸 모두 달성한 미래의 제 모습을 상상하며 설레고 행복했던 것 같아요. 하지만 한 번도 거기에 쓰인 모든 걸 달성한 적이 없어요. 앞에서도 말했다시피 저는 기획하고 시작하는 단계에서 가장 흥미를 느끼고 에너지가 생기는 사람이니까요. 유지하는 데는 영 소질이 없었던 거죠. 그래서 '시작할 때의 마음을 오랫동안 유지할 수 있는 장치를 만들었으면 좋겠다. 목표 달력을 만들어 보자' 하는 생각에서 시작한 게 바로 지금의 습관 라인이에요.

2017년에 '목표 달력'이라는 이름으로 첫 제품을 출시한 이후로 꾸준히 새로운 제품을 만들고 있어요. 하지만 우리 제품의 위대함을 본격적으로 느끼기 시작한 건 2019년 봄부터예요. 그때 저와 조쓰는 오랫동안 사업을 하며 앞만 보고 달려온 우리를 위해 안식월을 갖기로 했어요. 한 달 동안의 스페인 여행을 계획 중이었고, 몇 달을 그 여행만 기다리며 설렜어요. 그런데 여행을 떠나기 며칠 전 코로나가 터진 거죠. 긴 고민 끝에 결국 그 소중한 휴가를 취소했어요. 처음엔 허무함에 마음이 힘들었지만 '이곳에서라도 나 스스로에게 집중하는 시간을 많이 갖자'는 다짐을 했고, 오후에는 업무를 하되 오전만큼은 온전히 나를 위해 쓰기로 마음먹었죠.

그렇게 저의 첫 아침 루틴이 시작됐어요. 아침잠이 많고, 특히 아침에 에너지가 너무 없는 편이라 늘 아침에 뭔가를 한다는 것이 굉장히 고역이었거든요. 그런데 아침 말고는 온전히 제 삶에 집중할 수 있는 시간이 별로 없더라고요. 그래서 너무 무리하지 않는 선에서 아침 루틴을 만들어 보기로 한 거죠.

아침에 일어나 물 한잔 먹고 스트레칭하는 간단한 것으로 시작해서 동네 산책하기, 러닝 30분, 요가 1시간, 건강한 음식 직접 만들어 먹기 등 점점 리스트를 늘려 나갔어요. 그렇게 약 3달 동안 아침 3시간을 온전히 저를 위해 보냈죠. 그때 제 컨디션은 어릴 적 시절을 포함한, 제가 기억하는 제 일생을 통틀어 최고였어요. 에너지가 흘러넘칠 듯 좋아서 맨날 동네를 방방 뛰어다니고, 책도 닥치는 대로 읽고, 사람도 많이 만나고, 무엇보다도 크리에이티브가 폭발했죠. 그 크리에이티브 덕분에 오롤리데이는 새로운 변화를 맞이하게 됐어요.

늘 지속하는 것을 어려워하는 저에게 루틴을 만들 수 있게 도와준 건 신기하게도 종이 한 장이었어요. 제가 만든 목표 달력이요. 제가 만들었지만 제대로 써 본 건 그때가 처음인데, 그 종이 한 장의 힘이 대단하더라고요. 생각보다 더 위대한 제품을 만들고 있다는 생각에 많이 뿌듯했어요. '누군가의 삶을 행복하게 바꿀 수 있는 제품을 만들고 있다는 사실'을 저 스스로 증명했으니까요. 그래서 그때부터 더 열심히 기획하고 만들었어요. 제품뿐만 아니라 그 제품을 잘 쓸 수 있게 도와줄 콘텐츠도 함께요.

목표와 습관을 관리하는 일은 미래의 더 멋진 모습을 위해 하는 일인 것 같지만, 사실은 현재에 가장 충실하고 행복하게 살기 위해 할 수 있는 행동이에요. 그 행동이 결국 미래에 더 큰 행복이 되어 돌아오죠. 그게 오롤리데이가 습관&목표 제품에 진심을 다하는 이유예요.

Q. 팀 오롤리데이가 자주 사용하는 워크 툴을 소개해 주세요.

1. 노션(www.notion.so)

우리 팀의 허브 역할을 하는 워크 툴이에요. 노션 사이트에 들어가 보면 첫 화면에 '올인원 워크스페이스'라는 말이 뜨는데, 정확한 표현인 것 같아요. 노션에서는 계획을 만들고, 분담하고, 공유하고, 과정을 기록하고, 결과를 모아 두는 등 업무에 필요한 모든 것을 할 수 있어요. 여기저기 흩어진 자료를 한눈에 볼 수 있게 노션에 정리해 두면 업무 효율성이 눈에 띄게 높아져요. 저희는 노션으로 미션 보드, 에티켓, 복지사항 등 팀원들이 꼭 읽어야 할 내용을 정리해 두죠. 회의록을 만들어 기록해 언제 어디서든 열어 보기도 하고, 팀별로 계획이나 로드맵을 정리해 두기도 해요. 내부 프로젝트나 컬래버레이션 등을 아카이빙하기도 하고, 새로운 직원을 채용할 때도 노션으로 공지를 만든답니다.

많은 기능이 있어서 막막할 수 있어요. 저희도 처음엔 메모 기능 정도만 열심히 썼어요. 막막할지라도 계속 이 기능 저 기능 건드려 보면서 팀에 잘 맞는 틀을 만들면 정말 유용해요. 유용하다 못해 노션 없이는 업무를 하지 못하는 지경까지 갈 수도 있어요(웃음). '갑자기 노션이 사라지면 어떡할까?'라는 상상을 한 적이 있어요. 상상만으로도 아연실색할 만큼 저희 팀에는 소중한 워크 스페이스가 됐답니다. 비즈니스 계정의 경우 한 달 사용료가 1인당 8달러라 결코 저렴하진 않지만, 저는 그만큼의 값을 한다고 생각해요. 개인의 경우 무료로 사용할 수 있으니 아직 팀에 적용하기가 두렵다면 무료로 테스트해 보는 것도 추천해요.

2. 슬랙(www.slack.com)

사내 메신저로 슬랙을 사용하고 있어요. 처음엔 카카오톡의 단체 채팅방을 사용했는데, 점점 사람이 많아지니 중요한 내용을 놓치기도 쉽고 특정 내용을 찾을 때 헤매게 되더라고요. 무엇보다 카카오톡은 대부분 사적으로 많이 사용하는 메신저라 업무 이야기를 하는 채널이 있으면 불편하겠다 싶었어요. 그래서 업무 얘기만 할 수 있는 다른 메신저가 필요하던 차에 슬랙을 만났어요. 처음엔 사용법을 잘 모르겠고 낯설어서 우리와 맞지 않는다고 생각했어요. 그렇지만 포기하지 않고 꾸준히 시도한 끝에 지금은 너무나 편하게 잘 사용하고 있답니다.

슬랙의 가장 큰 장점은 한 계정 안에서 채널을 여러 개 만들 수 있다는 거예요. 주제별로 채널을 만들어 두면 팀원들에게 업무를 전달하기도 좋고, 특정 내용을 찾아볼 때도 편하더라고요. 저희는 일단 팀별로 채널을 만들었고요. 추가로 #공지사항, #연차신청, #요청사항_to_각팀, #제품발주, #제품입고 등 다양한 목적별로 운영 중이랍니다. 알람을 꺼 두는 기능이 있어 휴가 중인 팀원에게도, 주말을 보내고 있는 팀원에게도 하고 싶은 말이 있으면 부담 없이 메시지를 보낼 수 있어서 좋아요. 슬랙도 마찬가지로 한 달 사용료가 1인당 8.8달러라 꽤 부담스럽긴 해요. 그렇지만 슬랙과 노션의 환상적인 컬래버레이션을 맛보고 나면 벗어날 수 없답니다. 슬랙에서 주로 활동하지 않아도 되는, 특정 채널만 봐도 되는 팀원이 있다면 금액을 지불하지 않고 게스트로 초대하는 방법도 있으니 참고하세요.

3. 구글 드라이브(drive.google.com)

구글에는 편하고 좋은 기능이 많지만 그중 최고는 드라이브가 아닐까요.
언제 어디서든 컴퓨터만 있다면 그곳이 내 작업실이 되죠. 무엇보다 다
른 팀원들과 파일을 공유하기가 편해요. 폴더별로 공유 범위를 지정할
수 있기 때문에 프로젝트별로 공유하는 팀원을 따로 배치하면 좋고요.
특히 디자인 파일은 각자 컴퓨터에 다른 최종본이 저장돼 있기가 쉬운
데, 드라이브에 잘 정리해 두면 최종 파일을 헷갈릴 위험도 없어요. 드라
이브에 파일을 저장하고 그 링크를 노션에 기록해 두거나, 슬랙을 통해
실시간으로 나누며 일하면 효율이 정말 높아진답니다.

사실 제가 생각하는 구글 드라이브의 장점은 단순히 파일 공유 기능의
클라우드뿐만 아니라 온라인 웹브라우저에서 오피스 프로그램을 편리
하게 사용할 수 있다는 거예요. 컴퓨터에 MS오피스가 설치돼 있지 않더
라도 구글에서 제공하는 구글 문서, 스프레드 시트, 프레젠테이션, 설문
지 등으로 어디서든 문서 작성이 가능해요. 우리가 자주 사용하는 워드,
엑셀, 파워포인트 등이랑 거의 흡사한 데다 호환도 되고 구글 드라이브
에 자동 저장도 돼서 정말 편리해요. 아직 구글 드라이브 기능을 사용하
고 있지 않다면 한번 제대로 활용해 보세요.

Q. 책에 소개하진 않았지만 특별히 기억에 남거나 좋아하는 프로젝트가 있나요?

A. 2021년 여름에 진행한 '해피어 테스트'요! 몇 가지 질문에 답하면 내가 어떤 유형의 '해피어'인지 결과가 나오는 테스트였어요. 나는 언제 행복을 느끼는 사람인지, 내가 더 행복해지려면 무엇을 하면 좋은지 결과가 나오는 형식이었죠. MBTI를 기반으로 정말 많은 형태의 테스트가 만들어져 배포되고 있는데 그중에 행복 유형 테스트는 없더라고요. 그래서 우리가 했죠!

이 테스트는 오롤리데이의 기획자를 채용할 당시 한 지원자가 제출한 기획서의 아이디어에서 시작했어요. 현재 오롤리데이에서 '아이디에이터'란 직책명으로 활동하는 '나요'라는 친구예요. 넘치는 아이디어를 주체할 수 없었는지 기획서에 엄청 다양한 아이디어를 적어 제출했죠. 그중 하나인 해피어 테스트가 마음에 쏙 들었어요.

나요가 입사하자마자 첫 번째로 준 과제가 테스트 제작이었어요. 혼자서 거의 한 달을 질문과 답의 로직을 짜며 고민하더니 어느 날 저와 마케팅 팀을 회의실로 불러 그 고민의 결과를 보여 주더라고요. 다 같이 모여 앉아 나요가 만든 질문지에 답하며 열을 올렸어요. 명확하지 않고 어색한 질문과 답을 수정하기 위해 성격 유형이 다양한 팀원들을 불러 모아 열심히 케이스 스터디를 했죠. 마지막으로 친분이 있는 심리상담가 선생님께 자문도 구했어요. 총 8개의 결괏값을 만드는 것이 쉬운 일은 아니었어요. 집단 지성으로 얻어 낸 결과였죠.

누구나 링크로 접속할 수 있도록 타입폼(www.typeform.com)이라는 서비스를 이용했어요. 해외 서비스인데, 설문 조사부터 퀴즈 등 다양한 문서 템플릿을 제공해요. 직관적으로 잘 만든 서비스라 그만한 도구가 없다고 생각했는데, 막상 만들다 보니 한계점이 보이더라고요. 디테일한 디자인 수정, 옵션 설정 등 안 되는 게 너무 많고 조금만 기능을 추가하려면 사용료가 확확 뛰어서 계산기를 수시로 두드려야 했어요. 디자이너를 만족시키기에는 너무 열악한 환경이었지만, 그럼에도 나요와 디자이너 강, 야무, 저까지 넷이서 최선의 방법을 찾는 데 성공했어요. 100% 만족스러운 결과는 아니었지만, 그래도 개발자가 없는 팀에서 타입폼으로 그 정도의 결과를 만들어 냈다는 게 꽤 성공적이었죠.

다음 날부터 테스트를 무료로 배포했어요. 테스트가 무료라고 해서 제품이 불티나게 팔린다든가, 브랜드 인지도가 갑자기 높아지지는 않을 거예요. 하지만 테스트를 만든 이유는 아주 심플했죠. 테스트를 통해 많은 사람들이 '내가 어떤 것에 행복해하는 사람인지 발견'했으면 했고, 테스트를 하는 동안 '조금이라도 더 행복해졌으면' 했고, 우리를 모르는 사람들도 '오롤리데이는 이런 걸 하는 팀이라는 것을 알게 됐으면' 했어요. 친구의 친구, 또 그 친구의 친구까지, 우리가 생각지도 못한 불특정 다수의 사람에게 널리 퍼질 거라는 기대를 갖고요.
그래서 결과는? 성공적이었습니다! 생각보다 훨씬 많은 분들이 테스트에 참여해 주셨고, 인스타그램에 인증 사진이 엄청나게 많이 올라왔어요. 그리고 블로그, 브런치 등 다양한 매체를 통해 우리의 활동을 칭찬받았죠. '오롤리데이는 진짜 행복에 찐이다'라는 후기를 볼 때면 '알아주셔

서 고맙습니다!'라고 마음속으로 크게 외쳤다니까요? 지금은 타입폼 기
간이 만료됐지만, 그보다 업그레이드된 버전으로 다시 짠! 등장하고 싶
어요.

Q. 오롤리데이 팀원들의 소확행을 들려주세요.

찰리의 소확행

햇빛 쨍쨍한 날 자전거 타기. 낯선 도시의 골목 구석구석을 돌아다니며 여행하기. 귀여운 반려동물 무무와 함께 있기. 치킨 뜯고 콜라 마시면서 e스포츠 경기 영상 보기. 미래에 하고 싶은 일 상상하기. 친구들과 만나서 하하호호 웃는 시간 보내기. 여자 친구와 카페에서 잡담하기. 사고 싶은 거 고르고 골라서 긴 시간 묵혔다가 쇼핑하기. 편집숍과 브랜드숍, 빈티지숍 탐험하기. 액세서리 장착하고 다니기. 분위기 좋은 바에서 술 한잔하기. DJ가 틀어 주는 음악 감상하기. 친구들이랑 연습실에서 춤추기. 가족들 포옹해 주기. 엄마 놀리기. 여자 친구랑 여행 가기. 친구들과 PC방에서 게임하기. 열심히 운동하고 땀 흘리기. 말싸움(토론)하기.

다카포의 소확행

이른 아침에 커피 내려 먹는 여유를 즐길 때. 키우는 식물이 파릇파릇 새잎을 낼 때. 롤리랑 춤출 때. 맛있는 음식에 와인 한 병 콸콸콸 마시는 순간. 누군가를 생각하며 편지를 쓸 때. 편지를 받을 때. 해피어분들이 해피어레터에 답장을 많이 보내 주실 때. 오롤리데이 인스타그램에 해피어분들이 좋아요와 댓글을 많이 남겨 주실 때. 길 건너려고 하는데 바로 초록불(오야쓰!). 내가 찍어 준 사진이 마음에 든다고 말해 주는 사람들. 아빠랑 손잡고 산책하기. 박효신 노래 듣기. 취향에 맞는 향수 칙칙 뿌리고 나갈 때.

에이미의 소확행

새로 산 운동복 입고 운동할 때. 퇴근길에 엄마 아빠랑 전화할 때. 주말에 일찍 눈이 떠질 때. 손 편지 받을 때. 미용실에 사진 들고 갔는데 '손이 고(손님 이거 고데기예요)' 소리 없이 흔쾌히 해 줄 때. 계획한 운동량 채웠을 때. 웃긴 짤 찾아서 보냈는데 친구들이 리액션 크게 해 줄 때. 아침에 커피 마실 때. 롤리가 상황극 해 줄 때. 편의점에서 새로 나온 과자 사 먹을 때. 본가 가는데 KTX 표 아빠가 끊어 준다고 할 때. 조쓰가 간식으로 탕비실 채워 줄 때. 길에서 우연히 오롤리데이 제품을 쓰는 누군가를 발견했을 때. 따뜻한 물로 샤워하는데 물 온도를 한 번에 맞췄을 때. 겨울에 전기장판 위에 누웠을 때. 사고 싶었던 옷 할인할 때. 요리했는데 생각보다 먹을 만할 때. 외출하는데 엘리베이터가 우리 집 층에 딱 서 있을 때. 친오빠 집에서 맛있는 거 시켜 먹고 드러누울 때. 비행기 탈 때.

뵤뵤의 소확행

봄 냄새 섞인 늦겨울 밤공기. 따스한 햇살 아래 앉아 있기. 달 올려다보기. 아침에 마시는 따뜻한 커피. 맘에 드는 옷 입어 보기(잘 어울리면 헤헷). 여름 바람에 흔들리는 초록 나뭇잎 소리. 꽃 시장 가기. 봉숭아물 들이기. 눈이 펑펑 내리다 쌓이기까지 하면 말도 못해. 등산화에 아이젠 끼고 눈 밟기. 조카 정지안이 '뵤 이모'라고 부를 때. 친구랑 친구 딸이랑 생일마다 사진 남기기. 해 질 녘. 비행기에서 내렸을 때 처음 맡는 타국 냄새. 비행기 창가 자리에서 원 없이 하늘 구경하기. 펭귄 영상 보기. 좋아하는 공간에서 맥주 마시기. 옥상에서 캠핑 의자 펼치고 앉아 와인 마시며 책

보고 노닥거리기. 개천 산책하다 오리 가족 만나기. 좋아하는 사람과 나란히 걷기. 전시 보고 좋았던 작품 굿즈 사기. 감나무 구경하기. 말랑말랑한 야무 손 만지기. 목표한 거리 쉬지 않고 달렸을 때. 샤워하고 바르는 보디로션 냄새. 정리되지 않는 생각을 책의 문장으로 만날 때. 따뜻한 곳에서 문밖을 나설 때 느껴지는 쾌청한 겨울 공기. 테라스에 앉기 좋은 날씨.

나요의 소확행

쉬는 날 오전 클래식 FM 켜고 창문 활짝 연 다음 이불 정리할 때. 말끔하게 청소+정리한 집을 가만히 보면서 뿌듯해할 때. 하루 일과 마치고 집으로 돌아와 노란 불 켰을 때. 따뜻한 물로 샤워할 때. 신나는 노래 들으면서 손 둠칫둠칫 할 때. 햇볕 잘 드는 카페에 앉아서 책 읽을 때. 제철 채소 사서 능숙하게 요리했을 때. 과일(특히 파인애플) 먹을 때. 야외에서 라면 먹을 때. 10회 정도 되는 드라마를 틀었는데 너무너무 재밌어서 끊지 못하고 계속 보다가 새벽 됐을 때. 좋아하는 영화 다시 볼 때. 공연 볼 때. 언어유희가 끝내주는 작가의 책이나 작품을 읽고 볼 때. 진짜 멋있는 스토리를 발견했을 때. 아~주 편한 사람이랑 아~주 편한 이야기를 끝도 없이 할 때. 햇볕 잘 드는 시간에 산책할 때. 열심히 운동할 때. 우리 집에 초대한 사람들이 아주아주아주 진짜 많이 배부르게 먹고 갔을 때. 작고 귀엽고 동그란 것들을 볼 때. 생각보다 힘들지 않은 산을 올라갈 때.

야무의 소확행

잠이 노곤노곤하게 올 때쯤 침대에 누워 있을 때. 제일 좋아하는 버스 자리에 앉아 그날 분위기에 어울리는 노래를 들으며 집에 갈 때. 버스를 기다리지 않고 바로 탈 때. 쉬는 날 밤에 안 보고 모아 뒀던 영상 볼 때. 엄마 아빠랑 이런저런 이야기 나눌 때. 소중한 사람들이랑 맛있는 밥 먹을 때. 맛있는 디저트 먹을 때. 노는 계획 짤 때. 귀여운 영상 볼 때. 집 들어가면 엄마랑 아빠가 반겨 줄 때.

해나의 소확행

방에 있는데 엄마 아빠가 거실에서 TV 보며 깔깔 웃는 소리가 들려올 때. 반려동물 랄라가 가끔씩만 보여 주는 귀한 애교 부릴 때. 귀가해서 가족들과 하이파이브하고 포옹할 때. 내 취향의 맛집 찾아내서 네이버지도에 즐겨찾기 추가할 때. 새로 산 옷이 핏도 예쁜데 편하기까지 할 때. 아빠가 요리해 주고 맛 어떠냐고 열 번 물어보며 뿌듯해하는 모습 볼 때. 자기 전에 좋아하는 웹툰 보며 하루를 마무리할 때. 묘하게 차가워진 공기와 겨울 냄새. 샤워하는데 재밌는 아이디어가 마구 떠오를 때. 넷플릭스에서 재밌는 드라마 발견했을 때. 선선한 가을 저녁에 야외 테이블에서 식사할 때.

강의 소확행

아침에 눈 떴는데 1시간쯤 더 잘 수 있을 때. 예쁜 물건으로 채운 공간을 볼 때. 사진을 찍었는데 색감이 예쁠 때. 평소에 먹지도 않는 커피를 마섰는데 너무 맛있을 때. 아무것도 안 해도 되는 토요일 오후. 겨울 아침 차가운 공기와 냄새를 맡을 때. 빨래하고 젖은 옷 털 때. 나요가 하이 톤으로 반겨 줄 때. 우연히 넷플릭스를 봤는데 재밌을 때. 형아가 용돈 줄 때. 아무 날도 아닌데 선물 받을 때. 수영할 때. 닌텐도 스위치로 고전게임 할 때. 집에서 좋은 냄새 날 때. 여름에 바다에서 수영할 때. 태연 콘서트에서 라이브로 노래 들을 때. <고잉 세븐틴>에서 드립 치는 게 내 취향일 때. 디즈니 영화 볼 때. 깐부들과 점심 먹을 때.

오미의 소확행

밤하늘의 별을 볼 때. 블라인드 사이로 비치는 햇빛을 볼 때. 맑은 하늘과 새하얀 구름을 볼 때. 석양이 예쁠 때. 여름에 푸르른 나무들을 볼 때. 맛있는 음식을 먹을 때. 새로운 맛집을 찾았을 때. 맛집에 기다리지 않고 들어갈 때. 차가 막히지 않을 때. 조카 시우가 이모 보고 싶다고 할 때. 조카들이 내게 안길 때. 잔잔한 바람에 흔들리는 나뭇잎을 보고 나뭇잎끼리 부딪히는 소리를 들을 때. 조용한 바닷가에서 파도 소리만 들릴 때. 맛있는 커피를 마실 때. 좋은 사람들과 편하게 대화하고 깔깔깔 웃는 순간. 집 청소 후 깨끗해진 모습을 볼 때. 아침에 알람의 도움 없이 가볍게 일어났을 때. 우리 집에서 친구들과 뒹굴뒹굴하며 놀 때. 좋아하는 음악들을 때. 취향 저격 드라마 볼 때. 사고 싶은 게 할인할 때. 상품을 최저가로 구매했을 때. 친구가 오랜만에 안부를 물을 때. 보고 싶다고 만나자는 얘기를 들었을 때. 종영된 드라마 몰아 볼 때. 떠오르는 맛있는 음식을 그날 바로 사서 먹을 때. 주위를 둘러보며 여유롭게 걸을 때. 주말 아침에 일찍 일어나 하루가 길게 느껴질 때.

앤의 소확행

매일 가족과 식탁에 앉아 하루 일과를 얘기할 때. 시간 날 때마다 하는 가족과의 통화. 애정하는 사람들과의 만남, 그리고 여행. 좋아하는 공간을 카메라에 담을 때. 새로 바꾼 화장품이 마음에 쏙 들 때. 맛집 탐방. 내 위로와 진심이 상대방에게 가닿은 것이 느껴질 때. 따스운 말과 사랑이 가득한 편지를 주고받을 때. 노을 보기. 근황 토크. 좋아하는 노래 틀어 놓고 바다 보면서 멍때리기. 쉬는 날 방 대청소. 주기적으로 바꾸는 포스터 고를 때. 레고 신상이 취향 저격일 때. 출퇴근 시간 지하철에 자리가 비어 있을 때. 더 이상 구하지 못하는 상품을 매물로 발견했을 때. 꿀잠 잤을 때. 친구가 강아지 사진 보내 줄 때. 좋아하는 작가님 책 읽을 때. 블로그로 소통할 때. 선물 고를 때. 휴무 전날 여유롭게 드라마나 영화 보다가 늦게 잘 때. 닌텐도로 '동물의 숲' 할 때. 즉흥적으로 떠나는 여행.

호섭의 소확행

(코로나19 확진 후 며칠간 격리됐다가 드디어 격리 해제된 다음 날의 기쁜 마음 상태라는 것을 감안해 주세요) 후유증으로 미각을 잃었다가 치킨을 한 입 베어 물었는데 그 촉촉함과 고소함, 달콤하면서도 감미로운 맛과 향이 느껴졌을 때. 일주일 만에 초록색 마이쮸 하나를 입에 딱 까서 넣는 순간 '아, 이게 사과 향이었구나'라고 알게 됐을 때. 오랜만에 출근하는 길. 청담대교를 지나면서 전철 안에서 윤슬을 봤을 때. 좋아하는 동료들과 힘들지만 결

국엔 어떤 프로젝트를 해내고 수고했다고 서로에게 박수 칠 때. 어렵고 불가능할 것만 같은 것들을 오롤리데이가 해 나가며 성장하고 있는 지금. 친구들이랑 점심 도시락 까먹을 때. 한적한 곳에서 신나는 음악을 켜고 조깅을 시작하려고 하는 그때. 밤 11시에 아내가 좋아하는 새우 감바스 요리할 때.

브라우니의 소확행

고양이 만지작거릴 때. 고양이 웃긴 순간 포착할 때. 귀여운 동영상 볼 때. 집에 햇빛 들어올 때. 날씨 좋을 때. 맛있는 음식 먹을 때. 노을이 예쁠 때. 하늘이 예쁠 때. 맛있는 아이스 라테 마실 때. 찾아간 맛집이 진짜 맛집일 때. 재밌는 드라마 볼 때. 늦잠 잘 때. 깨끗이 정돈된 집을 볼 때. 가족과 통화할 때. 여행.

모나의 소확행

날씨 좋은 날 나무 그늘이 드리운 벤치에 누워 낮잠 자기. 하늘이 예쁠 때 자전거 타기. 아침 일찍 대청소를 끝내고 햇살 받으며 낮잠 자기. 아무 생각도, 걱정도 없는 하루. 아침에 일찍 일어나서 멍때리며 따뜻한 차 마실 때. 여행 가서 마음에 쏙 드는 물건을 샀을 때. 좋아하는 순간을 사진과 영상으로 남길 때. 자연스럽게 흘러나오는 플레이리스트에서 오늘은 이 노래다 싶을 때. 느긋하게 요리할 때. 아빠랑 손 꼭 잡고 산책할 때. 가족들과 포옹할 때. 좋아하는 작가의 블로그 글이 업데이트됐을 때. 퇴근길에 친구들과 전화로 수다 떨 때.

조이의 소확행

우연히 마주친 사랑스러운 강아지가 신이 나서 뽀뽀해 줄 때. 내 고양이 발톱을 별 탈 없이 수월하게 잘랐을 때. 독서등을 켜고 침대에 기대앉은 내 옆으로 고양이가 다가와 앉아서 골골송 불러 줄 때. 고양이가 햇빛 들어오는 자리에서 일광욕하는 귀여운 모습을 볼 때. 길냥이 사료 주고 왔는데 다음 날 깨끗이 다 먹은 거 확인했을 때. 삽목에 성공한 식물에서 새순이 났을 때. 빨래 널어 놓은 베란다에 은은하게 섬유 유연제 향이 날 때. 반숙 달걀이 좋아하는 취향대로 잘 삶아졌을 때. 좋아하는 원두로 드립 커피 내려 마실 때. 그릭 요거트가 원하는 농도로 잘 만들어져 그래놀라 왕창 넣고 맛있게 먹을 때. 손 편지 받을 때. 만년필에 좋아하는 색의 잉크를 채워 넣을 때. 만년필로 글씨 썼을 때 잉크의 농담이 예쁘게 표현될 때. 서점에서 책 구경하고 필기구 쇼핑할 때. 도서관에서 오래된 책 냄새 맡을 때. 영화 채널 돌리다가 좋아하는 영화의 좋아하는 장면을 딱 마주칠 때. 우연히 듣게 된 플레이리스트에서 좋은 노래를 듣고 메모할 때. 휴무 전날 침대에 누워 좋아하는 동영상 볼 때. 날씨 좋은 날 산책할 때. 날씨 좋은 계절에 캠핑할 때.

얄루의 소확행

집에 있을 때. 식물 친구들의 잎을 만지작거리며 머릿속 생각을 비워 낼 때. 퇴근 후 집으로 오는 골목길에서 바라보는 별. 옥상에서 보는 노을과 비행기. 순대. 밀푀유 나베. 어묵탕. 소라 잔뜩 넣은 미역국. 따뜻한 고타쓰 안에서 좋아하는 국물 요리 먹다가 볼에 온기가 오를 때쯤 창문을 열어 시원한 밤공기를 쐴 때. 자기 전 이불의 보드라움과 머리맡 향초의 달콤한 향이 나를 감쌀 때. 좋아하는 버스 맨 앞자리에서 직관하는 창문 밖 풍경. 양화대교 진입로. 부산 영도 해양대 근처 나만의 힐링 스폿. 북적북적 친구들과 인생네컷 찍을 때. 집에서 애정하는 사람들과 맛있는 음식을 먹고서 즐거웠던 순간을 되새김질하며 뒷정리할 때. 요가나 스트레칭을 마치고 대자로 뻗어 있을 때. 홍제천. 불광천. 초여름 밤 산책. 배스킨라빈스 최애 '사랑에 빠진 딸기'에서 왕 큰 치즈케이크 조각을 발견했을 때. CD 플레이어로 좋아하는 노래를 틀어 놓고 그 노래들과 함께한 추억을 곱씹을 때. 가구 배치를 바꾸고 집을 꾸밀 때. 인스타그램 집 계정 (소등).

조쓰의 소확행

차가 한 대도 없는 고속도로 달릴 때. 피부에 닿는 바람이 적당할 때. 해변에 앉아 커피 한잔 마실 때. 롤리가 즐겁고 행복해 보일 때. 직원들이 즐겁고 행복해 보일 때. 자유롭다고 느낄 때.

롤리의 소확행

초여름 밤에 창문 열고 이불 꼭 덮고 자기. 풀벌레 소리 듣기. 하늘 구경하기. 춥지도, 덥지도 않은 날 오랫동안 산책하기. 눈 오는 날 멍하니 창밖 구경하기. 좋아하는 예능 프로그램을 보며 맥주나 와인 마시기. 찻잎 우려서 마시기. 바다보다는 산과 숲. 내가 만든 김치볶음밥이 끝내주게 맛있을 때. 집중이 잘되는 순간. 재미있는 드라마 몰아 볼 때. 맘에 쏙 드는 옷 덕분에 길거리 지나가다가 쇼윈도에 비친 내 모습이 꽤 괜찮아 보일 때. 회사에서 팀원들이랑 놀다가 개그 코드가 잘 맞아서 같이 빵 터질 때. 퇴근 후의 시원한 맥주 한잔과 바삭한 치킨. 누군가에게 생각지도 않은 칭찬을 들었을 때. 내가 누군가를 칭찬할 때. 누군가와 함께 있는 순간에 편안하다고 느낄 때. 내가 누군가에게 좋은 영향을 주고 있다는 생각이 들 때.

이 글을 읽고 있는
해피어의 소확행은 무엇인가요?
나만의 소확행을 적어 보세요.

_____의 소확행 ♧

창업을 준비 중이거나, 브랜드를 운영하며 골머리를 앓고 있거나, 브랜딩을 시작하려는 사람들을 위해 준비한 미션북입니다.
제 경험상 멋진 선배들의 책을 읽고 강연을 듣는 것도 좋지만, 딱 하루라도 나의 삶을 제대로 경험하는 것만큼 강력한 가르침은 없었어요. 고개를 끄덕이고, 줄을 치고, 노트에 옮겨 적는 일만으로 내 것이 된다고 생각하지 말아 주세요. 지금 고민하는 것이 있다면 꼭 행동으로 옮겨 보시길 바랍니다.

실전 미션북

나만의 건강한 브랜드 만들기

브랜딩을 시작하려는
사람들을 위해

Q1

'브랜드'를 생각하기 전에 일단 '나'와 더 가까워질 필요가 있어요.
나라는 사람을 정의하기 위해 어떤 단어를 사용하면 좋을까요?
떠오르는 단어들을 적은 후, 가장 마음에 드는 단어에 색칠해 보세요.

Q2

나는 무엇을 할 때 혹은 어떤 감정이 들 때 가장 행복한가요?

Q3

나는 다른 사람들보다 무엇을 더 잘하나요? (강점)

Q4

개선하고 싶은 나의 아쉬운 부분이 있나요? (약점)

Q5

뭔가를 지속하기 위해 나에게 가장 필요한 것은 무엇인가요?

예) 재미, 책임감, 명예, 경제적인 여유 등

Q6

나와 조금 더 가까워졌나요? 그럼 이제 본격적으로 '브랜드'에 대해 생
각해 볼게요. 내 브랜드를 통해 전달하고 싶은 메시지가 있나요?
어떤 수단으로 그 메시지를 실현할 수 있을까요? 22~25p 참고

Q7

위의 메시지를 한 문장으로 간결하게 정리해 보세요.

Q8

내 브랜드의 이름을 만들 때 어떤 기준을 세우면 좋을까요?
체크 리스트를 만들어 보세요. 25~28p 참고

○ _____

○ _____

○ _____

○ _____

○ _____

Q9

다른 사람들이 내 브랜드를 떠올렸을 때 어떤 단어들이 연상됐으면 좋
겠나요? 자유롭게 적어 보세요.

Q10

앞의 내용들을 종합해 내 브랜드의 이름을 만들어 볼까요?
일단 떠오르는 대로 적어 보세요. 혼자서 고르기 어렵다면, 주변 사람들
에게 선호도를 조사해 보는 것도 좋아요.

1.	16.
2.	17.
3.	18.
4.	19.
5.	20.
6.	21.
7.	22.
8.	23.
9.	24.
10.	25.
11.	26.
12.	27.
13.	28.
14.	29.
15.	30.

Q11

내 브랜드의 이름을 정했나요? 아래에 크게 적어 보세요.

건강한 팀을 만들고 싶은
사람들을 위해

〈 미션 보드 만들기 〉

Q1 미션

내 브랜드가 이 세상에 존재해야 하는 이유는 무엇인가요?

생각나는 대로 자유롭게 작성한 후, 한 문장으로 간결하게 정리해 보세요.

202~204p 참고

Q2 비전

미션을 달성하기 위해 무엇을 해야 할까요?
생각나는 대로 자유롭게 작성한 후, 장기 비전과 단기 비전으로 나눠 간
결하게 정리해 보세요. 204~206p 참고

장기 비전 |

단기 비전 |

Q3 코어 밸류

미션과 비전을 효과적으로 달성하기 위해 구성원들은 어떤 원칙과 태도를 가져야 할까요? 코어 밸류를 정리하고 그 가치를 완성하기 위해 필요한 태도를 구체적으로 적어 보세요. 206~210p 참고

〈 팀 빌딩 〉

Q1

원하는 인재상의 '결'에 대해 정의해 보세요.

나는 어떤 사람과 즐겁게 일할 수 있을까요?

어떤 사람이 우리 브랜드&회사&팀과 잘 맞는 사람일까요? 148~155p 참고

Q2

필요한 답을 얻기 위해 잘 질문하는 것은 정말 중요합니다.
그렇다면, 우리와 결이 맞는 인재를 뽑기 위해서는 어떤 질문을 해야 할
까요? 자기소개서에 꼭 들어가면 좋을 '필수 질문'을 정리해 보세요.

〈 팀 역할 보드 만들기 〉

팀원들과 함께 역할 보드를 만들어 보세요. 방법은 간단합니다.

121~123p 참고

1. 리더가 팀에서 일어나는 모든 프로세스를 세세하게 정리해 큼지막한 표로 만든다. 리더가 잘 모르겠다면, 각 담당자에게 업무 프로세스를 전달받아도 좋다.
2. 표를 잘 보이게 만든다. 디지털로 만들어 화면으로 공유하는 것도 괜찮지만, 큰 종이에 출력해 만들어 보는 것을 권한다.
3. 모든 팀원이 표 앞에 모여 앉는다.
4. 각자 자신을 표시할 수 있는 스티커 또는 컬러 펜을 준비한다. 서로 색이 겹치면 안 된다.
5. 프로세스를 순서대로 읽으며 본인이 담당하고 있는 업무에 표시한다(이 과정이 게임 같아 재미있기 때문에 종이 출력하는 것을 권하는 것!).
6. 과중된 업무의 담당자를 나누고, 인력이 부족한 업무에는 팀원을 새로 배치하는 작업을 한다.

이 작업을 하고 나면 인원이 과중된 업무가 무엇인지, 혹은 인력이 부족한 업무는 무엇인지 알 수 있습니다. 과중된 업무의 담당자를 나누고, 그럼에도 인력이 부족하다면 꼭 필요한 질문에 적확한 인재를 채용할 수 있습니다.

신제품 기획 및 제작, 출시 프로세스

● 롤리 ● 에이미 ● 보보 ● 오미 ● 브라우니 ⭐ 같이

각종 프로모션 및 이슈 공지 등록 프로세스

위 표는 2019년, 오롤리데이 팀원이 다섯 명이었을 때 작성한 팀 역할 보드 중 일부입니다. 종이에 표를 출력하고 그 위에 스티커를 붙이며 게임하는 것처럼 역할 보드를 완성했어요.

〈 마이 리포트 〉

나 자신에 대한 리포트를 스스로 작성해 보는 것은 대표에게도, 팀원에
게도 좋습니다. 나에 대해 객관적으로 바라보고 평가하며 칭찬도 하고
반성도 하는 시간이 되거든요. 남이 하는 평가보다 스스로 하는 객관적
인 평가가 성장에 훨씬 도움이 된답니다. 106~107p 참고

아래의 표는 오롤리데이의 2021년 연말 리포트 양식입니다. 이를 바탕으로
리포트를 작성해 보세요.

2021 My Report

성장하는 데 있어 지난 시간들을 회고하는 것만큼 중요한 절차가 있을까요.
새로운 계획을 세우기에 앞서 나의 지난 모습을 객관적으로 돌아보며 실수한
부분이 있다면 반성하고, 아쉬운 부분이 있다면 새로 다짐하고, 잘한 것이 있
다면 맘껏 칭찬해 주길 바랍니다.
지금은 부끄러운 실수일지 몰라도, 그 실수를 회피하지 않고 정확하게 바라
보는 순간 성장에 아주 중요한 자양분이 될 거예요.
그리고 남이 해 주는 칭찬보다 내 스스로 하는 칭찬이 최고라는 것, 알고 있죠?

2021년을 되돌아보며 나의 모습에 대한 생각을 적어 주세요.

1. 새로 발견하거나 확실히 알게 된 나의 강점 혹은 자질이 있나요? 그 이유는 무
   엇인가요?

2. 스스로에게 아쉬운 점이 있나요? 그 이유는 무엇인가요?

3. 2022년에 발전시키고 싶은 점과 해결점은 무엇인가요?

4. 오롤리데이 안에서의 나의 비전은 무엇인가요? 앞으로 나의 모습이 어떻게 성장해 나가길 바라나요?

5. 비전을 찾을 수 없었다면 그 이유는 무엇인가요?

코어 밸류에 근거해 돌아본 나의 2021년은?

1. 성장하자 : 내 자아와 능력이 얼마나 성장했나요?

2. 협력하자 : 동료들과 건강하게 협력했나요?

3. 솔직하자 : 동료들과 솔직하게 의사소통하고 피드백했나요?
   실수를 했을 때, 솔직하게 잘못을 공개하고 인정하고 반성했나요?

4. 행복하자 : 나의 행복과 동료들의 행복을 위해 최선을 다했나요?

아쉽다 ○○○○○ 충분했다
○○○○○
○○○○○
○○○○○
○○○○○

오롤리데이에 대한 생각을 적어 주세요.

1. 오롤리데이는 정말 빠르게 변화하고 있습니다. 이 변화에 대해 어떻게 생각하나요?

2. 오롤리데이 소속원으로서 좋았던 점은 무엇인가요?

3. 오롤리데이 소속원으로서 아쉬웠던 점, 개선됐으면 하는 부분은 무엇인가요?
4. 오롤리데이의 새로운 복지인 '자기개발비 제도'가 유용했나요? 어떤 부분에 개발비를 사용했고, 덕분에 어떤 변화가 있었는지 알려 주세요.
5. 칭찬하고 싶은 동료가 있나요? 이유도 함께 적어 주세요. 여러 명을 칭찬해도 좋습니다.
6. 앞으로 더 발전할 수 있을 것 같은 동료가 있나요? 그 동료의 성장을 위해 어떤 부분이 보완되면 좋을지 적어 주세요.
7. 대표도 늘 평가에 목이 마릅니다. 저에게 하고 싶은 피드백이 있다면 두 팔 벌려 환영입니다. 꾸준히 성장하는 리더가 되는 것이 제 꿈이니까요. 피드백, 건의사항, 요구사항, 칭찬 등 뭐든 좋으니 적어 주세요.

고맙고 많이 좋아해요!

여러분에게 할 말이 늘 "고맙다" "좋아한다" "사랑한다"라는 표현밖에 없어서 가끔은 답답한 마음이 들기도 한답니다. 다들 알겠지만 빈말을 못 하는 사람이라 제가 이런 말을 자주 한다는 것은 정말 1000000% 진심이라는 거예요. 날마다 성장하는 오롤리데이의 시간에 여러분과 함께라서 정말 감사하고 영광입니다.

연말에 아란한테 편지를 받았는데, 저 혼자만 보기엔 아까운 문장이 있어 공유합니다.
"한 인간이 다른 인간에게 '무엇'일 수 있을 때, 그것은 곧 우리의 희망이 될 수 있다고 봅니다. 올바른 공동체를 경험하게 해 줘서 고맙습니다."

우리는 서로에게 굉장히 소중한 '무엇'이라고 믿어요. 매일 함께 올바른 공동체 안에서 서로의 희망이 돼 주는 여러분, 고맙습니다!

오롤리데이의 방법이 모두에게 해답이 될 순 없습니다.

저도 매일매일 새로 공부하며, 깨닫고, 성장하고 있거든요.

오늘보다 내일이 조금 더 나아지길 바라면서요.

이 미션북에 내용을 다 적으셨다면,

일단 준비 체조는 끝났습니다.

이제는 신발 끈을 꽉 매고, 나만의 길을 찾아

달려 나가야 할 때입니다.

그 과정에서 힘에 부칠 때도 있고,

포기하고 싶은 날도 생기겠지만

그럼에도 꿋꿋하게 나만의 방법을 찾아가다 보면

분명 오늘보다 더 나은 내일이 있을 거라고 장담합니다.

온 마음을 다해 여러분을 응원할게요!

- 롤리 드림